Die *sittliche Pflicht* im Sinne von § 814 Alternative 2 BGB
- ein Tor zum rechtsfreien Raum?

Europäische Hochschulschriften
Publications Universitaires Européennes
European University Studies

Reihe II
Rechtswissenschaft

Série II Series II
Droit
Law

Bd./Vol. 3468

PETER LANG
Frankfurt am Main · Berlin · Bern · Bruxelles · New York · Oxford · Wien

Christina Manchot

Die *sittliche Pflicht* im Sinne von § 814 Alternative 2 BGB - ein Tor zum rechtsfreien Raum?

PETER LANG
Europäischer Verlag der Wissenschaften

Die Deutsche Bibliothek - CIP-Einheitsaufnahme

Manchot, Christina:

Die „sittliche Pflicht" im Sinne von § 814 Alternative 2 BGB - ein Tor zum rechtsfreien Raum? / Christina Manchot. - Frankfurt am Main ; Berlin ; Bern ; Bruxelles ; New York ; Oxford ; Wien : Lang, 2002
(Europäische Hochschulschriften : Reihe 2, Rechtswissenschaft ; Bd. 3468)
Zugl.: Berlin, Humboldt-Univ., Diss., 2001
ISBN 3-631-39224-9

ISSN 0531-7312
ISBN 3-631-39224-9

www.peterlang.de

Für Torsten, Sophie und Emilia

Vorwort

Die vorliegende Arbeit hat im Wintersemester 2001/2002 der juristischen Fakultät der Humboldt-Universität als Dissertation vorgelegen. Sie geht auf eine Anregung meines Lehrers, Herrn Professor Dr. Christoph Paulus zurück. Für seine Unterstützung und Geduld möchte ich ihm von ganzem Herzen danken.

Danken möchte ich auch meiner Familie, meinem Mann Dr. Torsten Poeck, meinen Töchtern Sophie und Emilia sowie meiner Mutter Hildegard Manchot für die stete Ermunterung, die Durchsicht des Manuskripts und die zur Verfügung gestellte Zeit, ohne die diese Arbeit nicht hätte entstehen können.

München, im April 2002 Christina Manchot

Inhaltsverzeichnis

Literaturverzeichnis 15
Abkürzungsverzeichnis 29

Einleitung

I. Gegenstand dieser Arbeit 33
II. Aufbau der Arbeit 34

Erster Teil:

§ 814 BGB im Kontext der bereicherungsrechtlichen Leistungskondiktionen

A. Zweck der bereicherungsrechtlichen Leistungskondiktion 37
I. Überblick 38
II. Neuere Strömungen: Hinwendung zu einer "neuen Einheitslehre" 39
III. Stellungnahme 40

B. Grenzen dieses Zweckes: die Kondiktionssperren 42
I. § 814 Alt. 1 BGB 44
II. § 814 Alt. 2 BGB 45
III. § 815 Alt. 1 BGB 46
IV. § 815 Alt. 2 BGB 47
V. § 817 S. 2 BGB 49

Zweiter Teil:

Die Bedeutung des § 814 BGB

Erster Abschnitt:

Leistung trotz Kenntnis der Nichtschuld, § 814 Alt.1 BGB

A. Grammatische Auslegung 53
I. Die Bedeutung von Kenntnis i.S.v. § 814 Alt.1 BGB 54
II. Der Zweifel 55
III. Leistung um des lieben Friedens willens 56
IV. Kenntnis bei Vornahme der Leistung durch Dritte 57

B. Systematische Auslegung 59
I. Anwendbarkeit 59
II. Erfordernis einer von wirklicher Billigung getragenen Leistung 61
1. Freiwilligkeit der Leistung 62
2. Freiwilligkeit bei Leistungen aufgrund von Beweisschwierigkeiten 62
3. Endgültigkeit der Leistung 64
III. Sonderfälle 64
1. Erwartung der Erfüllung trotz Kenntnis der Nichtschuld 64
2. Mangelnde Berechtigung des Leistenden 66

C. Historische Auslegung und Rechtsvergleich 67

D. Teleologische Auslegung 70

E. Zwischenergebnis zur Auslegung des Begriffs „Kenntnis der Nichtschuld“ 71

Zweiter Abschnitt:

„Sittliche Pflicht“ und „Anstand“, § 814 Alt. 2 BGB 73

Erster Unterabschnitt:

Auslegung der Begriffe

A. Grammatische Auslegung 73
I. Der Begriff der sittlichen Pflicht 73
1. Die Sittlichkeit 73
a. Charakterisierung des Begriffs der Sittlichkeit. Terminologische Differenzierung von dem Begriff der „Sitte“ 73
b. Die autonome und die heteronome Sittlichkeit 77
2. Die sittliche Pflicht 81
II. Der Begriff des Anstandes 82

B. Historische Auslegung 83
I. Entstehungsgeschichte von Regelungen zur sittlichen Relevanz von Rechtsgeschäften im allgemeinen 84
II. Kondiktionsverbote bei Vorliegen „sittlicher Leistungen“? Untersuchung bis zur Kodifikation des BGB 88
III. Entstehungsgeschichte des heutigen § 814 Alt. 2 BGB 92

C. Systematische Auslegung 95
I. Anwendbarkeit 95
II. Verhältnis der sittlichen Pflicht zur zu kondizierenden Leistung 97
III. Verhältnis zum Terminus „Sittliche Pflicht und auf den Anstand zu nehmende Rücksicht“ in anderen Bereichen des BGB 99
1. § 534 BGB 99
2. § 1425 Abs. 2 BGB 100
3. §§ 1641 S. 2 und 1804 S. 2 BGB 101
4. § 2113 Abs. 2 S. 2 BGB 102
5. §§ 2205 S. 3 und 2207 S. 3 BGB 103
6. Zusammenfassung und Stellungnahme 104

IV. Verhältnis zum Begriff der "guten Sitten" bzw. der "Sittenwidrigkeit" im BGB 107
1. Der Begriff der guten Sitten in § 138 BGB 108
2. Der Begriff der guten Sitten in § 826 BGB 113
3. Konkretisierungsversuche der Rechtsprechung und Literatur 117
a. Die sogenannte Anstandsformel 117
b. Die wesentlichen Strömungen in der Literatur 120
c. Analyse der Lösungsansätze in der Literatur 121
d. Stellungnahme 123
D. Teleologische Auslegung 125
E. Zwischenergebnis zur Auslegung der Begriffe 126

Zweiter Unterabschnitt:

Die einer sittlichen Pflicht oder einer auf den Anstand zu nehmenden Rücksicht entsprechende Leistung 128

Dritter Unterabschnitt:

Anwendungsfälle und Bedeutung sittlicher Pflichten bzw. Anstandsrücksichten im praktischen Sinn 129

A. Die sittliche Pflicht bzw. Anstandsrücksicht in der Rechtsprechung 129
I. Irrtümliche Zuwendungen an Verwandte 132
II. Formnichtige Zuwendungen des Erblassers 135
III. Verstöße gegen das Börsengesetz 136
IV. Sittliche Pflichten bei entgegenstehender Rechtskraft? 137
V. Formnichtige Verträge 138
B. Analyse der Rechtsprechung 139

Dritter Teil:

§ 814 BGB als implizite Anerkennung eines rechtsfreien Raumes? 141

A. Hintergrund der unterschiedlichen Rezeption des rechtsfreien Raumes innerhalb Europas 141

B. Meinungsstand zum rechtsfreien Raum 144
I. Die zwei großen Strömungen: Universalisten und Nicht-Universalisten 144
1. Die Universalität der Rechtsordnung 145
2. Die Begrenztheit der Rechtsordnung 147
a. Heinrich Comes 147
b. Karl Engisch 149
c. Flume, Medicus und Canaris 151
d. Wolfgang Fikentscher 152
e. Arthur Kaufmann 153
II. Analyse und Kritik 155
1. Das Recht als „ideelles Gebilde“ 156
2. Das Recht als in sich geschlossenes System 157
a. Die Begründung von Comes 157
b. Die Begründung auf der Grundlage des Rechtsbegriffs 159
III. Zwischenergebnis 162

C. Charakterisierung des rechtsfreien Raumes 163
I. Wesensmerkmale des rechtsfreien Raumes aus der Gegenüberstellung mit der Rechtsgeltung 163
1. Meinungsstand zur Geltungsproblematik des Rechts 163
a. Der faktische Ansatz zur Erklärung der Rechtsgeltung 164
b. Der normative Ansatz zur Erklärung der Rechtsgeltung 166
c. Analyse 170
2. Folgerungen für den rechtsfreien Raum und sein Verhältnis zum rechtlichen Raum 172
II. Abgrenzung des rechtsfreien Raumes vom Recht 173

1. Differenzierung verschiedener rechtlicher und nicht-rechtlicher Sphären ____ 173
2. Abgrenzung des rechtsfreien Raumes vom rechtsgeschäftlichen Bereich ____ 176

a. Entwicklung vor Verabschiedung des BGB ____ 176
b. Entwicklung während und nach Verabschiedung des BGB ____ 180
c. Gegenwärtiger Diskussionsstand ____ 187
aa. Die herrschende Meinung ____ 188
bb. Werner Flume ____ 191
cc. Harald Kallmeyer ____ 192
dd. Dietmar Willoweit ____ 194
ee. Harro Plander ____ 200
ff. Jürgen Schmidt ____ 201
c. Stellungnahme ____ 204
3. Abgrenzung des rechtsfreien Raumes vom Bereich der gesetzlichen Schuldverhältnisse? ____ 209
a. Die verschiedenen Möglichkeiten des „Schweigens des Gesetzes" ____ 210
aa. Die Lücke ____ 211
bb. Das argumentum e contrario ____ 213
b. Abgrenzung des rechtsfreien Raumes von den Fällen gesetzlicher Nichtregelung ____ 215
c. Das arg. e silentio als eigenständige Gruppe? ____ 216
aa. Darstellung ____ 216
bb. Stellungnahme ____ 218
III. Zusammenfassung ____ 219

D. Konsequenz für § 814 Alt. 2 BGB ____ 220

E. Ergebnis ____ 226

F. Ausblick ____ 227

Literaturverzeichnis

Anzenbacher, Arno: Einführung in die Ethik, Patmos Verlag, Düsseldorf 1992.

Aristoteles: Nikomachische Ethik, übersetzt von Eugen Rolfes, 2. Auflage, Felix Meiner Verlag Leipzig 1921.

Bähr, Otto: Gegenentwurf zu dem Entwurfe eines bürgerlichen Gesetzbuches für das Deutsche Reich, Verlag Max Brunnemann, Kassel 1892.

Baron, J.: Pandekten, 6. Auflage 1887, Verlag Duncker & Humblot, Leipzig.

Batsch, Karl Ludwig: Vermögensverschiebung und Bereicherungsherausgabe in den Fällen unbefugten Gebrauchens bzw. sonstigen Nutzens von Gegenständen (Eine Kritik der Lehre von der „Eingriffskondiktion"), N.G. Elwert Verlag Marburg 1968.

Baumbach/Hefermehl: Wettbewerbsrecht, 18. Aufl., Beck Verlag München 1995.

Berg, Hans: Bereicherung durch Leistung und in sonstiger Weise in den Fällen des § 951 Abs. 1 BGB, AcP 160, S. 505 ff.

Bergbohm, Karl: Jurisprudenz und Rechtsphilosophie, 1. Band, Verlag Detlev Auvermann KG Glashütten im Taunus 1973.

Beuthien, Volker: Leistung und Aufwendung im Dreiecksverhältnis - Grenzen des Handelns im Doppelinteresse -, JuS 1987, S. 841 ff.

Binder, Julius: Philosophie des Rechts, Neudruck der ersten Auflage Berlin 1925, Scientia Verlag Aalen 1967.

Blasi, Augusto: Psychologische und philosophische Definition der Moral.

Blomeyer, Arwed: Allgemeines Schuldrecht, 4. Auflage, Verlag Franz Vahlen GmbH, Berlin und Frankfurt a. M. 1969.

Blume, W. von: Das Reichsgericht und die Gefälligkeitsverträge, Recht 1908, S. 650.

Brauweiler, Heinrich: Der Vermögensbegriff im Privat- und Strafrecht, Diss. Lüttich, Kunst und Gewerbe Industrie-Gesellschaft 1910.

Brockhaus, Enzyklopädie in 24 Bänden, 19. Aufl., F.A. Brockhaus, Mannheim 1993.

Bühler, Christoph: Die Naturrechtslehre und Christian Thomasius (1655-1728), S. Roderer Verlag Regensburg 1991.

Caemmerer, Ernst von: Leistungsrückgewähr bei gutgläubigem Erwerb, Festschrift für Gustav Boehmer, 1954, S. 145 ff., Ludwig Röhrscheid Verlag Bonn 1954.

Caemmerer, Ernst von: Bereicherung und unerlaubte Handlung, Festschrift für Ernst Rabel 1954, S. 333 ff.

Canaris, Claus-Wilhelm: Die Feststellung von Lücken im Gesetz. Eine methodologische Studie über Voraussetzungen und Grenzen der richterlichen Rechtsfortbildung praeter legem. Schriften zur Rechtstheorie Heft 3, Duncker & Humblot, Berlin 1964.

Cian, Giorgio; **Trabucchi**, Alberto: Commentario breve al Codice civile, 4a edizione, CEDAM Milano 1992.

Coing, Helmut: Grundzüge der Rechtsphilosophie, 3. Aufl. 1986.

Comes, Heinrich: Der rechtsfreie Raum. Fragen der moralischen Grenzen des Rechts. Schriften zur Rechtstheorie, Bd. 54, Verlag Duncker & Humblot, Berlin 1976.

Cosack, Konrad; **Mitteis**, Heinrich: Lehrbuch des Bürgerlichen Rechts, Bd. 1, 8. Aufl. Jena, Verlag Gustav Fischer 1927.

Cramer, Alfons: Gefälligkeitsverträge unter besonderer Berücksichtigung der Kraftfahrzeug-Gefälligkeitsfahrt, Diss. Erlangen 1934.

Creifelds, Carl: Rechtswörterbuch, herausgegeben von Lutz Meyer-Grossner, bearbeitet von Dieter Guntz, 10. Aufl. 1990, Beck Verlag München.

Crome, Carl: System des Deutschen Bürgerlichen Rechts, 2. Band, Recht der Schuldverhältnisse, Verlag J.L.B. Mohr, Tübingen 1902.

Dabelow, Christoph C. von: Handbuch des Pandecten-Rechts in einer kritischen Revision seiner Hauptlehren, 2. Teil, Verlag Hemmerde und Schwetschke, Halle 1817.

Dahmann, Guido: Gefälligkeitsbeziehungen, Diss. Erlangen 1935. **Dauner**, Barbara: Der Kondiktionsausschluß gemäß § 817 Satz 2 BGB, JZ 1980, S. 495 ff.

Dernburg, Heinrich: Pandekten, Bd. 2 (Obligationenrecht), 5. Aufl., Verlag H.W. Müller Berlin 1897.

Ders.: Das Bürgerliche Recht des Deutschen Reichs und Preußens, 2. Band, 4. Aufl., Verlag der Buchhandlung des Waisenhauses Halle 1909.

Dick, Otto: Der Verstoß gegen die guten Sitten in der gerichtlichen Praxis, Buchdruckerei Julius Sittenfeld, Berlin 1909.

Digesten. Corpus Iuris Civilis, Volumen primum, Berolini apud Weidmannos MDCCCLXXVII.

Drewitz, Bernd von: Gefälligkeitsverhältnisse im Bürgerlichen Recht, Diss. Tübingen 1923.

Ehrlich, Eugen: Das zwingende und das nichtzwingende Recht im Bürgerlichen Gesetzbuch für das Deutsche Reich, Neudruck der Ausgabe Jena 1899, Scientia Verlag Aalen 1970.

Elze, Hans: Lücken im Gesetz. Begriff und Ausfüllung. Abhandlungen zur Rechtswissenschaft und zu ihrer Methode, Heft 2, Verlag Duncker & Humblot, München und Leipzig 1916.

Endemann, F.: Lehrbuch des Bürgerlichen Rechts, 9. Aufl., Carl Heymanns Verlag Berlin 1903.

Enneccerus, Ludwig: Lehrbuch des Bürgerlichen Rechts, 15. Aufl., bearbeitet von Heinrich Lehmann, J.C.B. Mohr, Tübingen 1958.

Engisch, Karl: Der Begriff der Rechtslücke, Festschrift für Wilhelm Sauer, Walter de Gruyter & Co. Berlin 1949.

Ders.: Einführung in das juristische Denken, 5. Auflage, W. Kohlhammer Verlag Stuttgart, Berlin, Köln, Mainz 1971.

Ders.: Der rechtsfreie Raum, ZStW (Zeitschrift für die gesamten Staatswissenschaften) 108 (1952) S. 385 ff.

Ders.: Auf der Suche nach Gerechtigkeit. Hauptthemen der Rechtsphilosophie, R. Piper & Co. Verlag München 1971.

Erman: BGB-Handkommentar zum Bürgerlichen Gesetzbuch, 9. Aufl., Aschendorff'sche Verlagsbuchhandlung GmbH Münster 1993.

Esser, Josef: Grundsatz und Norm in der richterlichen Fortbildung des Privatrechts, 4. Aufl., J.C.B. Mohr, Tübingen 1990.

Ders: Vorverständnis und Methodenwahl in der Rechtsfindung. Rationalitätsgarantien der richterlichen Entscheidungspraxis, Athenäum Verlag Frankfurt am Main 1970 in: Studien und Texte zur Theorie und Methodologie des Rechts, in Verbindung mit Helmut Coing, Heinz Wagner und Thomas Würtenberger herausgegeben von Josef Esser, Band 7.

Esser, Josef; **Weyers**, Hans-Leo: Schuldrecht Band 2, Bes. Teil, 7. Aufl., C.F. Müller Verlag, Heidelberg 1991.

Esser, Josef; **Schmidt**, Eike: Schuldrecht, Band 1, Allg. Teil, 7. Aufl., C.F. Müller Verlag, Heidelberg 1992.

Ferid, Murad; **Sonnenberger**, Hans-Jürgen: Das französische Zivilrecht Band 2, 2. Aufl., Verlagsanstalt Recht und Wirtschaft mbH, Heidelberg 1986.

Fikentscher, Wolfgang: Schuldrecht, 8. Aufl., Walter de Gruyter, Berlin, New York 1992.

Fikentscher.: Methoden des Rechts in vergleichender Darstellung, Band 1, 1. Buch: Frühe und religiöse Rechts, 2. Buch: Romanischer Rechtskreis, Band 2: Anglo- amerikanischer Rechtskreis, beide J.C.B. Mohr, Tübingen 1975.

Ders.: Methoden des Rechts in vergleichender Darstellung, Band 4: Dogmatischer Teil, J.C.B. Mohr, Tübingen 1976.

Flume, Werner: Allgemeiner Teil des Bürgerlichen Rechts, 2. Band: Das Rechtsgeschäft, 3. Aufl., Springer-Verlag Heidelberg, New York 1979.

Froben, H.: Erörterung einzelner Lehren des Römischen Rechts, Commentar zur 8. Auflage des Pandektenrechts von F. A. I. Thibaut, 1. Abtheilung, Verlag Franz Heinrich Köhler, Stuttgart 1836.

Gagnér, Sten: Studien zur Ideengeschichte der Gesetzgebung, Almqvist & Wiksell, Stockholm, Uppsala, Göteborg 1960.

Geigel: Schadensersatzansprüche aus Gefälligkeiten, Seuff.Bl. 77 (1912), S. 37 ff.

Gernhuber, Joachim: Das Schuldverhältnis in: Handbuch des Schuldrechts in Einzeldarstellungen, Herausgegeben von J. Gernhuber, Band 8, J.C.B. Mohr, Tübingen 1989.

Gierke, Otto: Deutsches Privatrecht, 3. Band, Schuldrecht, Verlag Duncker & Humblot, München und Leipzig 1917.

Ders.: Recht und Sittlichkeit, Sonderausgabe MCMLXIII, Wissenschaftliche Buchgesellschaft Darmstadt.

Ders.: Der Entwurf eines Bürgerlichen Gesetzbuchs und das deutsche Recht; in: Jahrbuch für Gesetzgebung, Verwaltung und Volkswirtschaft im Deutschen Reich, 12. Jahrgang 1888, S. 182 ff, 13. Jahrgang 1889, S. 192 ff., herausgegeben von Gustav Schmoller, Verlag v. Duncker & Humblot, Leipzig.

Haberstrumpf, Helmut: Die Formel vom Anstandsgefühl aller billig und gerecht Denkenden in der Rechtssprechung des BGH,
Duncker & Humblot, Berlin 1976.

Hartmann, G.: Der Civilgesetzentwurf, das Äquititätsprinzip und die Richterstellung, AcP 73, S. 310 ff.

Heck, Philipp: Gesetzesauslegung und Interessenjurisprudenz, in: Studien und Texte zur Theorie und Methodologie des Rechts, S. 46 ff. Verlag Max Gehlen, Bad Homburg, Berlin, Zürich 1968.

Ders.: Grundriß des Schuldrechts, Verlag J.C.B. Mohr (Paul Siebeck), Tübingen 1929.

Hellwig: Über die Grenzen der Vertragsmöglichkeit, AcP 86 (1896) S. 223 ff.

Henkel, Heinrich: Einführung in die Rechtsphilosophie. Grundlagen des Rechts, 2. Aufl., Beck Verlag München 1977.

Ders.: Das Problem der Rechtsgeltung, in: Dimensionen des Rechts, Gedächtnisschrift für René Marcic, 2. Band, Duncker & Humblot, Berlin 1974.

Heldrich, Andreas: Die Bedeutung der Rechtssoziologie für das Zivilrecht, AcP 186, S. 74 ff.

Hoerster, Norbert: Die rechtsphilosophische Lehre vom Rechtsbegriff, JuS 1987, S. 181 ff.

Hölder, Eduard: Zum allgemeinen Theil des Entwurfs eines deutschen bürgerlichen Gesetzbuchs, AcP 73, S. 1 ff (1888).

Honsell, Heinrich: Die Rückabwicklung sittenwidriger oder verbotener Geschäfte. Eine rechtsgeschichtliche und rechtsvergleichende Untersuchung zu § 817 BGB. Münchner Universitätsschriften, Reihe der Juristische Fakultät Band 29, C.H. Beck'sche Verlagsbuchhandlung München 1974.

Hübner, Ulrich; **Constantinesco**, Vlad: Einführung in das französische Recht, 3. Aufl., Beck Verlag München 1994.

Jhering, Rudolph von: Ein Rechtsgutachten, betreffend die Gäubahn. Jh.Jb. 18 (1880), S. 1 ff.

Ders.: Der Zweck im Recht, 5. Aufl., Verlag Breitkopf und Härtel, Leipzig 1916.

Jacobi, Leonhard: Die sittliche Pflicht im Bürgerlichen Gesetzbuch, Festschrift für Heinrich Dernburg zum fünfzigjährigen Doktorjubiläum am 4. April 1900, Berlin, Verlag H.W. Müller 1900.

Jaeger, Ernst: Kommentar zur Konkursordnung, 2. Band, 1. Halbband, bearbeitet von Friederich Weber, 8. Auflage Walter de Gruyter Verlag Berlin New York 1973.

Jakobs, Horst Heinrich; **Schubert**, Werner (Herausg.): Die Beratung des Bürgerlichen Gesetzbuchs in systematischer Zusammenstellung der unveröffentlichten Quellen,

- Allgemeiner Teil, §§ 1 – 240, 2. Teilband, Walter de Gruyter Verlag Berlin, New York 1985;
- Recht der Schuldverhältnisse I, §§ 241 - 432, Walter de Gruyter Verlag Berlin, New York 1978;
- Recht der Schuldverhältnisse III, §§ 652 - 853, Walter de Gruyter, Berlin, New York 1985.

Kallmeyer, Harald: Die Gefälligkeitsverhältnisse. Eine rechtsdogmatische Untersuchung. Zugleich ein Beitrag zum sog. Handeln auf eigene Gefahr. Diss. Göttingen 1968.

Kant, Immanuel: Kritik der praktischen Vernunft, 6. Aufl., Verlag Felix Meiner, Leipzig 1915.

Ders.: Grundlegung zur Metaphysik der Sitten, unveränderter Nachdruck der 3. Auflage, Verlag Felix Meiner, Leipzig 1947.

Kaufmann, Arthur: Grundprobleme der Rechtsphilosophie. Eine Einführung in das rechtsphilosophische Denken, Beck Verlag München 1994.

Ders.: Rechtsfreier Raum und eigenverantwortlichen Entscheidung, in: Strafrecht zwischen Gestern und Morgen, München 1983.

Ders.: Recht und Sittlichkeit, in: Recht und Staat in Geschichte und Gegenwart, Reihe Recht und Staat Heft 282/283, J.C.B. Mohr Verlag, Tübingen 1964.

Ders.: Strafloser Schwangerschaftsabbruch: rechtswidrig, rechtmäßig oder was? JZ 1992, S. 981 ff.

Ders.: Grundprobleme der zeitgenössischen Rechtsphilosophie und Rechtstheorie, Athenäum Verlag Frankfurt am Main 1971.

Kaufmann, Erich: Das Wesen des Völkerrechts und die clausula rebus sic stantibus. Rechtsphilosophische Studie zum Rechtsstaats- und Vertragsbegriffe, Verlag J.C.B. Mohr, Tübingen 1911.

Kelsen, Hans: Reine Rechtslehre, 2. Aufl., Franz Deuticke Verlag, Wien 1960.

Klein, Peter: Zur Lehre von der "Anzeigepflicht im Schuldrecht", Seuff. Bl. 74 (1909), S. 24 ff.

Klingmüller, Fritz: Die Lehre von den natürlichen Verbindlichkeiten. Eine historisch-dogmatische Untersuchung, J. Guttentag Verlagsbuchhandlung GmbH, 1905.

Klug, Ulrich: Juristische Logik, 4. Aufl., Springer Verlag Berlin, Göttingen, Heidelberg, 1982.

Koch, Harald: Bereicherung und Irrtum. Rechtsvergleichende Untersuchungen zum anglo- amerikanischen, französischen, schweizerischen und deutschen Leistungsbereicherungsrecht. Hamburger Rechtsstudien, Heft 66, Duncker & Humblot, 1973.

Köbler, Juristisches Wörterbuch, 6. Aufl. 1994, Verlag Vahlen, München.

Kölner Schrift zur Insolvenzordnung, Das neue Insolvenzrecht in der Praxis, herausgegeben vom Arbeitskreis für Insolvenz und Schiedsgerichtswesen e.V., Verlag für die Rechts- und Anwaltspraxis Köln, Herne/Berlin 1997.

Kötter, Hans-Wilhelm: Zur Rechtsnatur der Leistungskondiktion, AcP 153, S. 193 ff.
Kohler, Josef: Zwölf Studien zum Bürgerlichen Gesetzbuch, ABR (1897) Band 12 S. 1 ff.
Ders.: Über den Willen im Privatrecht, Jh.Jb. 28 (1889), S. 166 ff.
Kothe, Wolfhard: Die Kondiktionssperre nach § 814 Alt. 1 BGB, BB 1988, S. 633 ff.
Krawielicki, Robert, Grundlagen des Bereicherungsrechts, Neudruck der Ausgabe Breslau 1936, Scientia Verlag Aalen, 1964.
Kress, Hugo: Lehrbuch des allgemeinen Schuldrechts, C.H. Beck'sche Verlagsbuchhandlung München 1929.
Krückmann, Paul: Gefälligkeitsverträge, Seuff.Bl. 74, S. 113 ff.
Ders.: Die Gefälligkeitsfahrt. Ein Beitrag zu der Lehre von den sogenannten Gefälligkeitsverträgen, JW 1932, S. 3658.
Kübel, Franz Philipp von: Die Vorlagen der Redaktoren für die erste Kommission zur Ausarbeitung des Entwurfs eines Bürgerlichen Gesetzbuchs. Recht der Schuldverhältnisse Teil 1 AT und Teil 3, herausgegeben von Werner Schubert, Walter de Gruyter Verlag Berlin, New York 1980.
Kuhn, Georg und **Uhlenbruck**, Wilhelm: Kommentar zur Konkursordnung, 11. Auflage Verlag Franz Vahlen, München 1994.
Kunkel, Wolfgang: Quellen zur Neueren Privatrechtsgeschichte Deutschlands, herausgegeben im Auftrag der Straßburger Wissenschaftlichen Gesellschaft an der Universität Frankfurt, bearbeitet von Wolfgang Kunkel, Hans Thieme und Franz Beyerle, Band 1, 1. und 2. Halbband, Verlag Herrmann Böhlaus Nachfolger, Weimar 1936.
Kupisch, Berthold: Ungerechtfertigte Bereicherung, geschichtliche Entwicklungen, R.v. Decker & C.F. Müller Verlag Heidelberg 1987.
Laband, Paul: Zum Zweiten Buch des Entwurfs eines Bürgerlichen Gesetzbuchs für das Deutsche Reich, AcP 73, S. 161 ff.
Larenz, Karl: Allgemeiner Teil des deutschen Bürgerlichen Rechts, 7. Aufl., Beck Verlag, München 1989.
Ders.: Methodenlehre der Rechtswissenschaft, 6. Aufl., Springer-Verlag Berlin, Heidelberg, New York 1991.
Larenz, Karl; **Canaris**, Claus-Wilhelm: Lehrbuch des Schuldrechts Bd. 2: Bes. Teil, 2. Halbband, 13. Aufl., C.H. Beck Verlag München 1994.

Larenz, Karl; **Canaris**, Claus-Wilhelm: Methodenlehre der Rechtswissenschaft, 3. Aufl., Springer Verlag Berlin, Heidelberg, New York 1995.

Leonhard, Franz: Besonderes Schuldrecht des BGB, zweiter Band, Verlag Duncker & Humblot München und Leipzig 1931.

Liebs, Detlef: Bereicherungsanspruch wegen Mißerfolgs und Wegfall der Geschäftsgrundlage, JZ 1978, S. 697 ff.

Luig, Klaus: Das Privatrecht von Christian Thomasius zwischen Absolutismus und Liberalismus, in: Christian Thomasius 1655-1728, Interpretationen zu Werk und Wirkung, herausgegeben von Werner Schneiders, Felix Meiner Verlag Hamburg 1989.

Malinowski, Bronislaw: Sitte und Verbrechen bei den Naturvölkern, A. Francke Verlag Bern, nach der 3. Auflage übersetzt von Dr. H. Schwarz.

Matthiaß, Bernhard: Schuldrecht, 6. und 7. Auflage Berlin, Verlag Julius Springer 1914.

Mayer-Maly, Theo: Die guten Sitten als Maßstab des Rechts, JuS 1986, S. 596 ff.

Ders.: Was leisten die guten Sitten? in: AcP 194 (1994) S. 105 ff.

Ders.: Rechtsirrtum und Bereicherung, Festschrift für Heinrich Lange zum 70. Geburtstag am 25.3.1970, C.H. Beck Verlag, München.

Mayr, Robert von: Der Bereicherungsanspruch des Deutschen Bürgerlichen Rechts, Verlag Duncker & Humblot, Leipzig 1903.

Medicus, Dieter: Bürgerliches Recht, 16. Aufl., Carl Heymanns Verlag KG, Köln, Berlin, Bonn, München 1993.

Ders.: Allgemeiner Teil des BGB, 6. Aufl., C.F. Müller Verlag Heidelberg 1994.

Ders.: Schuldrecht II, Besonderer Teil, 7. Aufl., C.H. Beck Verlag München 1995.

Meier-Hayoz, Arthur: Berner Kommentar zum schweizerischen Privatrecht, Bd. IV, Verlag Stämpfli & Cie. AG Bern 1985.

Ders.: Der Richter als Gesetzgeber. Eine Besinnung auf die von den Gerichten verfolgten Verfahrensgrundsätze im Bereich der freien richterlichen Rechtsfindung gem. Art. 1 Abs. 2 des schweizerischen Zivilgesetzbuchs, Juris Verlag Zürich 1951.

Michaelis, Heinz: Gefälligkeitsleistung und Vertrag, Diss. Leipzig 1937.

Migsch, Erwin: Die sogenannte Pflichtschenkung, AcP 173 (1973), S. 46 ff.

Mitteis, Heinrich: Deutsches Privatrecht, neubearbeitet von Heinz Lieberich, 9. Auflage, C. H. Beck'sche Verlagsbuchhandlung München 1981.

Moore, G.E.: Principia ethica, aus dem Englischen übersetzt und herausgegeben von Burkhard Wisser, Philipp Reclam Jun. Stuttgart 1970.

Mugdan, B. (Herausgeber und Bearbeiter): Die gesamten Materialien zum Bürgerlichen Gesetzbuch für das Deutsche Reich, 2. Band, R. von Decker's Verlag Berlin 1899.

Motive zu dem Entwurfe eines Bürgerlichen Gesetzbuchs für das Deutsche Reich, Bd. 2, Recht der Schuldverhältnisse, 2. Aufl., J. Guttentag Verlagsbuchhandlung Berlin 1896.

Mühlenbruch, C. F. : Lehrbuch des Pandektenrechts, 3. Auflage, 1. Theil, C. U. Schwezschke und Sohn, Halle 1839.

Müller, Friedrich: Juristische Methodik, 4. Aufl. Duncker & Humblot Berlin 1990.

Münchner Kommentar zum Bürgerlichen Gesetzbuch, 3. Auflage, C.H. Beck'sche Verlagsbuchhandlung München 1994.

Oertmann, Paul: Recht des Bürgerlichen Gesetzbuchs, 2. Buch, Schuldrecht, G.J. Göschen'sche Verlagsbuchhandlung Leipzig 1907.

Pallmann, Hans-Dietrich: Rechtsfolgen aus Gefälligkeitsverhältnissen, Diss. Tübingen 1971.

Pauly, Anton: Der neuere Stand der Lehre von den sogenannten Gefälligkeitsverträgen, insbesondere von der Gefälligkeitsfahrt im Lichte der Rechtsprechung des Reichsgerichts, Diss. Erlangen 1935.

Palandt, Kommentar zum Bürgerlichen Gesetzbuch, 53. Aufl., Beck Verlag München 1994.

Pawlowski, Hans-Martin: Die Aufgabe des Richters bei der Bestimmung des Verhältnisses von Recht, Sittlichkeit und Moral, ARSP Bd. 50 (1964) S. 503 ff.

Planck, G.: Bürgerliches Gesetzbuch, 2. Bd.: Recht der Schuldverhältnisse, 3. Aufl., J. Guttentag Verlagsbuchhandlung Berlin 1907.

Plander, Harro: Lottotippgemeinschaft und Rechtsbindungswille, AcP (1976) 176, S. 425 ff.

Plessen, Richard: Die Grundlagen der modernen condictio, A. Deichert'sche Verlagsbuchhandlung Nachf., Leipzig 1904.

Pietzker, Ed.: Kondiktion und Anfechtung, JW 1920, S. 486 ff.

Propach, Hans-Günther: Die Gefälligkeiten des täglichen Lebens, insbesondere die Gefälligkeitsfahrt, Diss. Erlangen 1935.

Protokolle der Kommission für die zweite Lesung des Entwurfs des Bürgerlichen Gesetzbuchs Bd. 2, J. Guttentag Verlagsbuchhandlung 1898.

Radbruch, Gustav: Rechtsphilosophie, Verlag Quelle & Meyer, Leipzig 1914.

Ders. : Der Geist des englischen Rechts, Verlag Vandenhoeck & Ruprecht, 4. Auflage Göttingen 1956.

Rebe, Bernd: Privatrecht und Wirtschaftsordnung. Zur vertragsrechtlichen Relevanz der Ordnungsfunktion dezentraler Interessenkoordination in einer Wettbewerbswirtschaft, Gieseking Verlag Bielefeld 1978.

Regelsberger, Ferdinand: Pandekten, 1. Bd., Verlag Duncker & Humblot, Leipzig 1893.

Reuter, Dieter; **Martinek**, Michael: Ungerechtfertigte Bereicherung, in: Handbuch des Schuldrechts in Einzeldarstellungen, Bd. 4, herausgegeben von J. Gernhuber, J.C.B. Mohr, Tübingen 1983.

RGRK, Großkommentar der Praxis, Das Bürgerliche Gesetzbuch, Kommentar herausgegeben von den Mitgliedern des Bundesgerichtshofs, 12. Aufl. 1989, Walter de Gruyter Berlin, New York.

Sack, Rolf: Das Anstandsgefühl aller billig und gerecht Denkenden, NJW 1985, S. 767 ff.

Ders.: Die lückenfüllende Funktion der Sittenwidrigkeitsklauseln, WRP 1985, S. 1 ff.

Sartre, Jean-Paul: L´existentialisme est un humanisme, Les Editions Nagel, 7, Rue de Savoie, Paris VIe 1946, Paris.

Savigny, Friedrich Carl v., System des heutigen Römischen Rechts, Bd. 3, Veit und Comp. Berlin 1840.

Scheerer-Buchmeier, Heike: Die Abgrenzung des Rechtsgeschäfts von der nicht rechtsgeschäftlichen Vereinbarung unter besonderer Berücksichtigung der Diskussion im 19. Jahrhundert, Diss. Köln 1990.

Scheyhing, Robert: Leistungskondiktion und Bereicherung "in sonstiger Weise", AcP 157 (1958/59), S. 371 ff.

Schieferstein, Rudolf: Die Gefälligkeitsfahrt im Kraftfahrzeug im alten und im neuen Recht, Diss. Gießen 1936.

Schischkoff, Georgi (Herausg.): Philosophische Wörterbuch, 21. Aufl., Alfred Kröner Verlag Stuttgart 1982.

Schmidt, Helmut: Die Lehre von der Sittenwidrigkeit der Rechtsgeschäfte in historischer Sicht, J. Schweitzer Verlag Berlin 1973.

Schmidt, Karsten: Gesellschaftrecht, Carl Heymanns Verlag KG 1986

Schnauder, Franz: Zu Grundlagen und Grenzen des finalen Leistungsbegriffs, AcP 187, S. 142 ff.

Schollmeyer, Friedrich: Das Recht der einzelnen Schuldverhältnisse im Bürgerlichen Gesetzbuche. Eine Darstellung und Erläuterung der Hauptbestimmungen, 2. Aufl. Berlin 1904, J. Guttentag Verlagsbuchhandlung GmbH.

Schreiber, Rupert: Die Geltung von Rechtsnormen, Springer Verlag Berlin Heidelberg New York, 1966.

Schreiber, Otto: Gemischte Verträge im Reichsschuldrecht, Jh.Jb. 60, S. 106 ff.

Schröder, Rainer: Abschaffung oder Reform des Erbrechts, Diss. 1979, Verlag Rolf Gremer, Ebelsbach am Main 1981.

Ders.: Die Entwicklung des Kartellrechts und des kollektiven Arbeitsrechts durch die Rechtsprechung des Reichsgerichts vor 1914, Verlag Rolf Gremer, Ebelsbach am Main 1988.

Schulz, Fritz: System der Rechte auf den Eingriffserwerb, AcP 105, S. 1 ff.

Schumacher, Maria: Die rechtliche Beurteilung von Gefälligkeitsfahrten nach Kraftfahrzeugrecht, Diss. Marburg 1932.

Seuffert, Lothar: Die allgemeinen Grundsätze des Obligationenrechts in dem Entwurfe eines Bürgerlichen Gesetzbuchs für das Deutsche Reich, Verlag J. Guttentag, Berlin 1889.

Siber, Heinrich: Der Rechtszwang im Schuldverhältnis nach Deutschem Recht, Verlag C.L. Hirschfeld, Leipzig 1903.

Siebenhaar, Eduard: Commentar zu dem bürgerlichen Gesetzbuche für das Königreich Sachsen, 1. Bd., J. C. H. Heinrichs'sche Buchhandlung Leipzig 1864.

Simitis, K.: Gute Sitten und ordre public, N.G. Elwert Verlag Marburg 1960, Marburger Rechts- und Staatswissenschaftliche Abhandlungen, Reihe A, Rechtswissenschaftliche Abhandlungen, Band. 4.

Sliosberg, Mark: Die guten Sitten im Zivilrecht, Buchdruckerei Robert Noske, Borna-Leipzig 1910.

Somló, Felix: Juristische Grundlehre, 2. Aufl. 1927, Verlag Felix Meiner, Leipzig.

Soergel, Kohlhammer Kommentar, begründet von Hs. Th. Soergel, 12. Aufl., Verlag W. Kohlhammer, Stuttgart, Berlin, Köln 1991.

Spaemann, Robert: Moralische Grundbegriffe, 4. Auflage, Beck Verlag München 1991.

Spiro, Karl: Die unrichtige Beurkundung des Preises beim Grundstückskauf, Basler Studien zur Rechtswissenschaft Heft 70, Helbig & Lichtenhahn, Basel 1964.

Staatslexikon Recht Wirtschaft Gesellschaft in 5 Bänden, herausgegeben von der Görres-Gesellschaft, 7. Aufl., Verlag Herder Freiburg Basel Wien 1988.

Staudinger, J. von Staudinger's Kommentar zum Bürgerlichen Gesetzbuch, 13. Aufl., Sellier-de Gruyter Berlin.

Stenographische Berichte; Erste, zweite und dritte Berathung des Entwurfs eines Bürgerlichen Gesetzbuchs im Reichstage, J. Guttentag Verlagsbuchhandlung Berlin 1896.

Stern: Der Code Civil, Verlag Eugen Crusins, Kaiserslautern 1887.

Terwiel, Gerd: Zum Problem der Gefälligkeitsleistungen, Diss. Freiburg 1935.

Teichmann, Arndt: Die Gesetzesumgehung, Verlag Otto Schwarz & Co. Göttingen 1962.

Teubner, Gunther: Standards und Direktiven in Generalklauseln. Möglichkeiten und Grenzen der empirischen Sozialforschung bei der Präzisierung der gute-Sitte-Klauseln im Privatrecht, Studien und Texte zur Theorie und Methodologie des Rechts, Bd. 8, Athenäum Verlag Frankfurt am Main1971.

Teubner, Werner: Kodifikation und Rechtsreform in England. Ein Beitrag zur Untersuchung des Einflusses von Naturrecht und Utilitarismus auf die Idee einer Kodifikation des englischen Rechts, Verlag Duncker & Humblot, Berlin 1972.

Thomasius, Christian: Fundamenta Juris Naturae et gentium, Neudruck der 4. Auflage Halle 1718, Scientia Verlag Aalen 1963.

Trabucchi, Alberto: Istutuzioni di Diritto Civile, 35. Aufl. 1994, CEDAM, Milano.

Unger, Joseph: System des österreichischen allgemeinen Privatrechts, 2. Bd., 5. Unveränd. Auflage, Verlag Breitkopf und Härtel, Leipzig 1892.

Wacke, Andreas: Donatio non praesumitur, AcP 191, S. 1 ff.

Weber, Max: Wirtschaft und Gesellschaft. Grundriß der verstehenden Soziologie, 1. Halbband, 5. Aufl. 1976, hrsg. von Johannes Winckelmann, J.C.B. Mohr, Tübingen.

Ders.: Rechtssoziologie, Hermann Luchterhand Verlag, Neuwied/Rhein 1960.

Weinkauff, Herrmann: Über das Widerstandsrecht, Vortrag, gehalten vor der Juristischen Studiengesellschaft in Karlsruhe am 24. Februar 1956, in: Widerstandsrecht, hrsg. von Arthur Kaufmann in Verbindung mit Leonhard

Backmann, Wege der Forschung Band CLXXIII, Wissenschaftliche Buchgesellschaft Darmstadt 1972.

Welker, Gerhard: Bereicherungsausgleich wegen Zweckverfehlung? Kritisches zu § 812 Abs. 1 S. 2 2. Alt. BGB. Zugleich ein Beitrag zur Struktur der Leistungskondiktion, in: Schriften zum Bürgerlichen Recht Bd. 17, Duncker & Humblot Verlag Berlin 1974.

Wiesner, Georg: Zum Beginn der Ausschlußfrist des § 626 Abs. 2 BGB bei Kenntniserlangung durch Organmitglieder, BB 1981, S. 1533 ff.

Wilburg, Walter, Die Lehre von der ungerechtfertigten Bereicherung nach österreichischem und deutschem Recht, Kritik und Aufbau, Graz 1934.

Willoweit, Dietmar: Abgrenzung und rechtliche Relevanz nichtrechtsgeschäftlicher Vereinbarungen, Schriften zur Rechtstheorie Heft 19, Duncker & Humblot, Berlin 1969.

Ders.: Die Rechtssprechung zum Gefälligkeitshandeln, JuS 1986, S. 96 ff.

Ders.: Schuldverhältnis und Gefälligkeit - dogmatische Grundfragen - JuS 1984, S. 909 ff.

Windscheid, Bernhard: Lehrbuch des Pandektenrechts, Bd. 2, bearbeitet von Theodor **Kipp**, 9. Aufl. Literarische Anstalt Rütten & Loening, Frankfurt/Main 1906.

Wolf. Joachim: Der Stand der Bereicherungslehre und ihre Neubegründung, Carl Heymanns Verlag KG Köln Berlin Bonn München 1980, in: Schriftenreihe Annales Universitatis Saraviensis, Rechts- und wirtschaftswissenschaftliche Abteilung Bd. 93.

Wolter, Udo: Termingeschäftsfähigkeit kraft Information. Eine rechtshistorische, rechtsdogmatische und rechtspolitische Studie über die stillschweigende Entfunktionalisierung des § 764 BGB durch die Börsengesetz-Novelle 1989, Verlag Ferdinand Schöningh, Paderborn, München, Wien, Zürich 1991 in: Rechts- und Staatswissenschaftliche Veröffentlichungen der Görres-Gesellschaft, herausgegeben von Alexander Hollerbach, Hans Maier, Paul Mikat, Neue Folge Heft 59.

Zachariä von Lingenthal, Carl Salomon: Handbuch des französischen Civilrechts, herausgegeben von Sigismund Puchelt, 2. Bd., 8. Auflage, Ernst Mohr's Verlag Heidelberg 1894.

Zippelius, Reinhold: Rechtsphilosophie, ein Studienbuch, 3. Aufl., C.H. Beck Verlag München 1994.

Zippelius, Reinhold: Das Wesen des Rechts. Eine Einführung in die Rechtsphilosophie, Beck´sche schwarze Reihe Bd. 35, C.H. Beck Verlag 1965.
Ders.: Juristische Methodenlehre, 5. Aufl. München, C.H. Beck Verlag München 1990.
Zitelmann, Ernst: Lücken im Recht, Verlag Duncker & Humblot, Leipzig 1903.
Ders.: Die Rechtsgeschäfte im Entwurf eines Bürgerlichen Gesetzbuches für das Deutsche Reich, 2. Theil, Verlag v. J. Guttentag, Berlin 1890.
Zuleger, Hans: Die Haftung des Kraftfahrzeughalters bei Gefälligkeitsfahrten in rechtsvergleichender Darstellung unter Berücksichtigung der Reform des deutschen Rechts, Diss. Leipzig 1933.
Zusammenstellung der gutachtlichen Äußerungen zu dem Entwurf eines Bürgerlichen Gesetzbuchs gefertigt im Reichs-Justizamt, Bd. II, Äußerungen zum Recht der Schuldverhältnisse, Neudruck der Ausgabe 1890, Otto Zeller, Osnabrück 1967.

Quellen, sofern nicht in Kunkel, Quellen zur Neueren Privatrechtsgeschichte enthalten:

- Allgemeines bürgerliches Gesetzbuch für die gesammten deutschen Erbländer der Österreichischen Monarchie,
  I. Theil, Wien, Aus der k.k. Hof- und Staats-Druckerey 1811.
- Allgemeines Landrecht für die Preußischen Staaten von 1794. Mit einer Einführung von Dr. Hans Hattenhauer und einer Bibliographie von Günther Bernert, 3. Aufl. Verlag Luchterhand, Neuwied 1996.
- Code Civil des Français, Edition stéréotype, conforme à l´édition originale de l´imprimerie de la République, Garnery, Libraire, Rue de Seine, Paris 1804.
- Codex Maximilianeus, gedruckt von Johann Jacob Vötter, churfürstl. Hof- und Landschaftsdruckern, München 1756.
- Der Statt Franckenfurt erneuwerte Reformation M.D. LXXVIII (1578).
- Churfürstlicher Pfalz bey Rhein erneuert und verbessertes Landrecht, Mit Befreyhung/gedruckt zu Heidelberg/bey Gotthard Voegelin MXCXI (1611).

Abkürzungsverzeichnis

A.a.O.	am angegebenen Ort
ABGB	Österreich, Allgemeines Bürgerliches Gesetzbuch (1811)
AcP	Archiv für die civilistische Praxis
a.E.	am Ende
Alt.	Alternative
ALR	Allgemeines Landrecht für die Preußischen Staaten (1794)
Anm.	Anmerkung
arg.	argumentum
ARSP	Archiv für Rechts- und Sozialphilosophie
AT	Allgemeiner Teil
Aufl.	Auflage
BB	Der Betriebs-Berater
BGB	Bürgerliches Gesetzbuch
BGH	Bundesgerichtshof
BT	Besonderer Teil
BürgR	Dieter Medicus, Bürgerliches Recht
bzw.	beziehungsweise
d.	der
Ders.	Derselbe
d.h.	das heißt
Dig.	Digesten
Diss.	Dissertation
Einl.	Einleitung
Erklärg.	Erklärung
f.	folgende
ff.	fortfolgende
Fn.	Fußnote
FS	Festschrift
ggf.	gegebenenfalls
Gruchot	Gruchot Beiträge und Erläuterung des Deutschen Rechts
GWB	Gesetz gegen Wettbewerbsbeschränkungen
h.M.	herrschende Meinung

Hrsg.	Herausgeber
hrsg.	Herausgegeben von
Hs.	Halbsatz
insbes.	Insbesondere
i.S.v.	im Sinne von
Jh.Jb.	Jahrbücher für die Dogmatik des heutigen römischen und deutschen Privatrechts, herausgegeben von Rudolf von Jhering
JuS	Juristische Schulung
JW	Juristisch Wochenschrift
JZ	Juristenzeitung
Kenntn.	Kenntnis
LG	Landgericht
MDR	Monatsschrift für deutsches recht
Mot.	Motive
Münch.Komm.	Münchner Kommentar
m.w.N.	mit weiteren Nachweisen
NJW	Neue Juristische Wochenschrift
o.	oben
OLG	Oberlandesgericht
Prot.	Protokolle der Kommission für die zweite Lesung des Entwurfs des Bürgerlichen Gesetzbuchs
Rdnr.	Randnummer
RGRK	Großkommentare der Praxis. Das Bürgerliche Gesetzbuch, Kommentar, herausgegeben von den Mitgliedern des Bundesgerichtshofs
RG	Reichsgericht
Rspr.	Rechtsprechung
re.	Rechts
S.	Seite
Seuff.Bl.	Johann Adam Seuffert's Blätter für Rechtsanwendung
sog.	sogennant
u.	unten
UWG	Gesetz gegen den unlauteren Wettbewerb
v.	vor; bei Namen: von

vgl. __________ vergleiche
Vorbem. ______ Vorbemerkung
wirkl. ________ wirklich
z. ____________ zur
z.B. __________ zum Beispiel
z.T. __________ zum Teil
ZStW ________ Zeitschrift für die gesamten Staatswissenschaften

Einleitung

I. Gegenstand dieser Arbeit

Wer irrtümlich auf eine nicht bestehende Verpflichtung hin leistet, kann seine Leistung kondizieren, wenn sie nicht einer sittlichen Pflicht oder einer auf den Anstand zu nehmenden Rücksicht im Sinne von § 814 Alt. 2 BGB entspricht. In den letzten beiden Fällen muß der Leistende die Vermögensverschiebung hinnehmen, obwohl sie eines rechtlichen Grundes entbehrt: § 814 Alt. 2 BGB läßt anstelle eines Rechtsgrundes die sittliche Pflicht oder die Anstandsrücksicht genügen. Mit dieser „Ersetzung“ des Rechtsgrundes halten zwei wesensfremde Elemente Einzug in den Regelungskomplex des Bereicherungsrechts. Denn das rechtliche System öffnet sich und scheint mit der sittlichen Pflicht und der Anstandsrücksicht auf den ersten Blick zwei „außerrechtliche“ Aspekte in die bereicherungsrechtliche Wertung mit einzubeziehen.

Das Verhältnis von Bereicherungsrecht und sittlicher Pflicht, die in der Regelung des § 814 Alt. 2 BGB offensichtlich miteinander verschmelzen, steht im Mittelpunkt dieser Arbeit. Es stellt sich die Frage, ob § 814 Alt. 2 BGB als Mittler von Recht und rechtsfreiem Raum angesehen werden kann. In diesem Zusammenhang soll das Wesen der sittlichen Pflicht i. S. v. § 814 Alt. 2 BGB untersucht und sein Verhältnis zur bereicherungsrechtlichen Regelung beleuchtet werden. Dabei interessiert insbesondere die Problematik, ob es einen rechtsfreien Raum gibt, ob die sittliche Pflicht als Teil dieses rechtsfreien Raumes angesehen werden kann und ob - wenn dies zu bejahen wäre - die Regelung des § 814 Alt. 2 BGB ein „Tor zum rechtsfreien Raum“ darstellt.
Die Frage nach dem rechtsfreien Raum hatte Mitte der neunziger Jahre wieder neue Brisanz erlangt, da vielfach die Ansicht vertreten wurde, beim Internet handele es sich um ein im rechtsfreien Bereich angesiedeltes Phänomen, auf das daher rechtliche Normen nicht anwendbar seien. Heute wird freilich niemand mehr ernsthaft behaupten können, daß die allgemeinen gesetzlichen Regelungen

nicht für das Internet gelten sollen – im Gegenteil. Neben allgemeinen Vorschriften hat der Gesetzgeber mit dem Signaturgesetz und dem TDG sogar eine Reihe Internet-bezogener Spezialgesetze erlassen. Gleichwohl existierten aber auch schon vor dieser Erkenntnis
und den staatlichen Reglementierungen im Internet von seinen „Usern" aufgestellte Regeln für den Umgang der Nutzer untereinan-
der, die sogenannte „Netiquette". Diese Verhaltensanforderungen waren letztlich nichts anderes, als auf das spezifische Gebiet des Internet bezogene, „moderne" Anstandsregeln, wie sie auch § 814 Alt. 2 BGB zum Gegenstand hat.

Am Schluß dieser Arbeit soll die gesetzgeberische Wertung, eine irrtümlich erbrachte Leistung deshalb nicht zurückfordern zu können, weil es sich zugleich um ein „sittliche Leistung" handelt, kritisch beleuchtet werden. Dabei wird vor allem interessieren, ob der Kondiktionsausschluß, zu dessen Rechtfertigung ursprünglich das „sittliche Bewußtsein des Volkes" angeführt worden war, heute noch überzeugen kann.

II. Aufbau der Arbeit

Die Arbeit gliedert sich in drei Teile:

Im ersten Teil wird die Regelung des § 814 Alt. 2 BGB im Kontext des Systems bereicherungsrechtlicher Kondiktionen untersucht. Es wird die allgemeine Funktion der Kondiktionssperren als Einschränkung der verschiedenen Leistungskondiktionen aufgezeigt, woran sich eine kurze Darstellung der einzelnen Kondiktionssperren anschließt.

Der zweite Teil konzentriert sich auf die Regelung des § 814 BGB, welche in ihren beiden Alternativen ausgelegt wird, wobei der Schwerpunkt auf der zweiten Alternative des § 814 BGB und hierbei auf dem Begriff der sittlichen Pflicht liegt.

Im dritten Teil wird der Begriff der sittlichen Pflicht in ein gedankliches Verhältnis zum rechtsfreien Raum gebracht. Im Anschluß an eine Darstellung der unterschiedlichen Konzeptionen des rechtsfreien Raumes innerhalb Europas werden die verschiedenen Ansichten zur Frage der Existenz eines rechtsfreien Raumes dargestellt. Dabei wird sich zeigen, daß auch für das deutsche Recht von der Existenz eines rechtsfreien Raumes auszugehen ist. Dieser rechtsfreie Raum wird näher charakterisiert; es wird entwickelt, wie er in seiner Ausprägung bei Rechtsgeschäft und gesetzlichem Schuldverhältnis vom Begriff des Rechts abgegrenzt werden kann. Der so bestimmte rechtsfreie Raum wird schließlich der sittlichen Pflicht i. S. v. § 814 Alt. 2 BGB gegenübergestellt.

Am Ende der Arbeit wird die Frage nach der Berechtigung eines Konditionsausschlusses aus heutiger Sicht, d.h. fast 100 Jahre nach Erlaß des BGB und den damals herrschenden Wertvorstellungen gestellt.

Erster Teil
§ 814 BGB im Kontext bereicherungsrechtlicher Leistungskondiktionen

A. Zweck der bereicherungsrechtlichen Leistungskondiktion

Die sittliche Pflicht und mit ihr § 814 BGB ist eingebettet in den Kontext des Bereicherungsrechts der §§ 812 ff. BGB. In diesem Rahmen stellt § 814 Alt. 2 BGB eine Ausnahmevorschrift dar. Um sich ihr umfassend nähern zu können, muß zuvor ein Blick auf den Zweck des Bereicherungsrechts geworfen werden.

Dabei ist es bereits strittig, ob den §§ 812 ff. BGB überhaupt ein einheitlicher Zweck oder tragender Grundgedanke z.B. in dem Sinne, daß ungerechtfertigte Vermögensverschiebungen generell rückgängig zu machen sind, zugrunde liegt[1]. Die §§ 812 bis 822 BGB haben nämlich verschiedene gemeinrechtliche Ursprünge und regeln darüber hinaus unterschiedliche Fallkonstellationen: während § 812 Abs. 1 Satz 1 BGB ebenso wie § 346 BGB ein gesetzlich anderweitig veranlaßtes Rückgewährschuldverhältnis betrifft, regelt § 812 Abs. 1 Satz 2 BGB Sachverhalte, die eher mit Konstellationen vergleichbar sind, die über §§ 119 Abs. 2, 321 oder 779 BGB gelöst werden. Schon innerhalb des § 812 Abs. 1 Satz 1 BGB unterscheiden sich die beiden Alternativen durch das Vorliegen - respektive Nichtvorliegen- einer Leistungsbeziehung[2].

Die Schwierigkeit, den Zweck des Bereicherungsrechts umschreiben zu können, hat ihren Grund in einem immer noch nicht gänzlich abgeschlossenen Tauziehen um die dogmatische Natur der einzelnen Kondiktionen. Während eine Auffassung § 812 BGB als einen Generaltatbestand mit unterschiedlichen Ausprägungen ansieht[3], geht die andere Ansicht von einer aufgefächerten Ordnung von

[1] Esser-Weyers, S. 415; Fikentscher, Schuldrecht, S. 662.

[2] Fikentscher, Schuldrecht, S. 662.

[3] v. Mayr, S. 422; R. Krawielicki, S. 1 ff.; zur geschichtlichen Entwicklung allgemein vgl.

Spezialvorschriften, das heißt verschiedenen und zu trennenden Anspruchsgrundlagen, aus.

I. Überblick

Die ältere Einheitslehre ging von einem in § 812 BGB normierten allgemeinen Bereicherungsanspruch aus, bei dem ein Tatbestandsmerkmal lediglich alternativ bestimmt sei[4]. Es sollte sich hiernach bei der Leistungs- und Nichtleistungskondiktion um „Beispiele" innerhalb eines Generaltatbestandes handeln, der immer dann zu einem Bereicherungsanspruch führe, wenn zwischen Ent- und Bereichertem eine rechtsgrundlose Vermögensverschiebung vorliege[5].

Die Einheitslehre versuchte, aus einem gemeinsamen Grundgedanken für das Bereicherungsrecht allgemein gültige und damit einheitliche Anspruchsvoraussetzungen zu entwickeln[6]. Einzig „das ungerechtfertigte Haben der Bereicherung auf Kosten eines anderen" sollte maßgeblich sein, wobei § 812 Abs.1 S.1 BGB als Generalklausel verstanden wurde[7].

Kritiker warfen der Einheitslehre vor, einen „Billigkeitsausgleich höherer Ordnung"[8] vorzunehmen. Aber auch ihre konkrete Anwendung brachte Probleme mit sich. Insbesondere in den „Anweisungsfällen", in denen die Leistung auf Wunsch des eigentlichen Empfängers an einen Dritten erbracht wird, vermochte die Einheitslehre nicht zu befriedigenden Ergebnissen zu gelangen. Ohne das Merkmal der „Zweckgerichtetheit" einer Leistung, die nach heutiger Ansicht schon dem Leistungsbegriff immanent ist, waren die wirklichen Kondiktions-

Kupisch.

4 Reuter/Martinek, S. 23; Krawielicki, S. 1 ff.

5 Batsch, S. 24.

6 Fikentscher, Schuldrecht, S. 663; vgl. aus rechtshistorischer Sicht Reuter/Martinek, S. 22 ff.

7 Plessen, S. 28.

8 Reuter/Martinek, S. 23.

verhältnisse bei mehreren beteiligten Personen nicht hinreichend genau zu ermitteln. Angesichts diese Dilemmas entwickelten insbesondere Wilburg[9] und v. Caemmerer[10] die sog. Trennungstheorie. Sie bildeten auf Grundlage der Vorarbeiten von Fritz Schulz[11] die Kondiktion „in sonstiger Weise" heraus und unterschieden § 812 Abs. 1 Satz 1 BGB damit erstmals in die Alternativen der Leistungskondiktion (Fall 1) und der Nichtleistungskondiktion (Fall 2), letztere mit dem Hauptanwendungsfall der Eingriffskondiktion[12].
Anfang der sechziger Jahre setzte sich die Trennungstheorie auch in der Rechtsprechung durch, die in der Folgezeit den Leistungsbegriff mit der Formel der „bewußten und zweckgerichteten Vermehrung fremden Vermögens" definierte und ihn entsprechend von der Nichtleistung abgrenzte[13].

II. Neuere Strömungen: Hinwendung zu einer „neuen Einheitslehre"

Obwohl sich die Trennungstheorie in der Praxis bewährte und immer noch als herrschende Meinung in Literatur und Rechtsprechung bezeichnet werden kann[14], wurden in neuerer Zeit vermehrt Stimmen laut, die sich wieder für eine einheitliche Betrachtungsweise und gegen die Trennungstheorie aussprachen[15]. Die Vertreter dieser Ansicht führten an, daß die Trennungstheorie bei konsequenter Verfolgung letztlich zu einem wahllosen Nebeneinander der einzelnen

---

9 Walter Wilburg, die Lehre von der ungerechtfertigten Bereicherung nach österreichischem und deutschem Recht, Kritik und Aufbau, 1934 (Graz).

10 Ernst v. Caemmerer, Bereicherung und unerlaubte Handlung, FS für Ernst Rabel, 1954, S. 333 ff.

11 Fritz Schulz, System der Rechte auf den Eingriffserwerb, AcP 105, S. 1 ff.

12 Reuter/Martinek, S. 26.

13 BGHZ 40, 272, 277 (Elektrogerätefall).

14 Vertreter der Trennungstheorie: v. Caemmerer, Bereicherung, S. 334ff., 340 ff., 352 ff.; Esser/Weyers, S. 421 ff; Reuter/Martinek, S. 22 ff., Fikentscher, Schuldrecht, S. 663.

15 Übersicht bei Wolf, S. 47 ff.

Kondiktionstatbestände führe[16]. Daher widersetze sich die „neue Einheitslehre“ dem Ansatz der Trennungslehre, eine gemeinsame, allen Rückabwicklungsmodalitäten zugrunde liegende ratio im Sinne einer dem Bereicherungsanspruch innewohnenden Korrekturfunktion in toto zu leugnen. Dem Bereicherungsrecht liege, wie den meisten anderen Regelungsgesamtheiten des Zivilrechts[17], ein gemeinsames Wertungsfundament zugrunde[18]. Bei aller Suche nach Anspruchsgrundlagen und Tatbestandsvoraussetzungen sollte man zumindest „die gemeinsame Wurzel der Kondiktionen nicht aus dem Blick verlieren“[19].

III. Stellungnahme

Die Kompromißlosigkeit, die die Vertreter dieser beiden aktuellen Strömungen einander entgegenbringen, beruht primär auf unterschiedlichen Vorstellungen hinsichtlich des verfolgten Zieles. Die Vertreter der Trennungstheorie berufen sich auf deren Nutzen bzw. Akzeptanz und fürchten, mit der „neuen Einheitslehre“ wieder in den Generaltatbestand zurückzufallen. Keiner der Anhänger der „neuen Einheitslehre“ vertritt jedoch tatsächlich eine Rückkehr zu deren historischer Form. Der Ansatz, die verschiedenen bereicherungsrechtlichen Kondiktionsfälle unter ein allgemeines Tatbestandsmerkmal zusammenzuziehen, hat sich nicht bewährt und wurde erfolgreich überwunden. Grund für die Befürwortung einer „neuen Einheitslehre“ ist vielmehr das Streben nach einem allgemeinen, dem Bereicherungsrecht zugrundeliegenden Prinzip. Dabei unterscheiden die Vertreter dieser Meinung streng zwischen Prinzip und Tatbestand: wenn auch (mit der Trennungstheorie) kein gemeinsames und für alle Kondiktionsfälle pas-

---

[16] Vgl. die Kritik vor allem bei Larenz/Canaris, Lehrbuch, S. 142.

[17] So gilt im Deliktsrecht beispielsweise der Grundsatz, für verschuldetes Unrecht einstehen zu müssen.

[18] Larenz/Canaris, Lehrbuch, S. 142.

[19] A.a.O.

sendes *Tatbestandsmerkmal* gefunden werden könne, so stehe diese Erkenntnis jedoch nicht der Annahme eines allgemeinen *Prinzips* entgegen[20].
Dieses Argument ist nicht von der Hand zu weisen[21]. Das Bereicherungsrecht soll einheitlich gewährleisten, daß der ungerechtfertigte Vermögenserwerb korrigiert werden kann[22]. Es stellt somit - ohne dies als Voraussetzung auf der Tatbestandsebene anzusehen - eine Erscheinungsform der ausgleichenden Gerechtigkeit dar[23].

Diese Funktion geht auf den allgemeinen Satz römischen Rechts zurück: Jure naturae aequum est neminem cum alterius detrimento et iniuria fieri locupeltiorem (Pomponius D. 50,17,206), niemand darf sich mit dem Schaden eines anderen unrechtmäßig bereichern. Als Maxime der ausgleichenden Gerechtigkeit ist er fast allen Rechtsordnungen vertraut[24].
Wie der Gesetzgeber diese Formel im jeweiligen Einzelfall ausfüllt, ist Frage der Gesetzgebungs*technik*[25]. Das grundsätzliche, dahinterliegende Prinzip bleibt aber unabhängig davon bestehen, ob der Gesetzgeber Einzeltatbestände oder eine Generalklausel wählt.

Wenn der neuen Einheitslehre über weite Strecken zugestimmt werden muß, so hat die einheitliche Formel allerdings keine Relevanz für die einzelnen Tatbestandsvoraussetzungen. Zwar übt ein allgemeines Prinzip in seiner Allgültigkeit stets „einen Zauber aus, wie er allgemeinen Sätzen eigen ist“[26]. Jedoch hat sich gezeigt, daß es zugleich nicht in der Lage ist, den konkreten Grund für das Ungerechtfertigte der Bereicherung zu ermitteln[27]. Dies gelang erst mit der Tren-

---

20 Larenz/Canaris, Lehrbuch, S. 142.

21 Münch. Komm./Lieb, § 812 Rdnr. 3 ff., insbes. 6 bis 8.

22 Münch. Komm./Lieb, § 812 Rdnr. 1;

23 Erman/Westermann, Vor § 812 Rdnr.1; Aristoteles, Nikomachische Ethik, 5. Buch, 7. Kap. (S. 96 f.).

24 Z.B.: Art. 2041 Codice civile it.; amerikanisches Restatement of the Law Restitution § 1.

25 v. Caemmerer, Bereicherung, S. 335.

26 A.a.O., S. 339.

27 A.a.O., S. 340.

nungstheorie, indem selbstständige Typen der Bereicherung voneinander abgegrenzt und benannt wurden[28].
Über diese Errungenschaft der Trennungstheorie sollte sich keine neue Lehre hinwegsetzen. Allerdings ist es der neuen Einheitslehre zweifellos zu verdanken, daß man sich nach jahrelangem Subsumieren unter einzelne Fallgruppen wieder darauf besonnen hat, sich auch wieder mit dem grundsätzlichen, hinter dem Bereicherungsrecht stehenden Zweck auseinanderzusetzen. Allein das ist sehr verdienstvoll.

So wird man heute nicht ernsthaft bestreiten können, daß das System des Bereicherungsrechts auf verschiedenen Anspruchsgrundlagen aufbaut. Diese werden allerdings durch ein gemeinsames Band zusammengehalten, welches bei der konkreten Lösung bereicherungsrechtlicher Probleme nicht im klassischen Sinne angewendet wird, sondern nur latent zu berücksichtigen ist: bereicherungsrechtliche Rückabwicklung findet letztlich nur statt, weil der ausgleichenden Gerechtigkeit Tribut gezollt wird.

B. Grenzen dieses Zweckes: die Kondiktionssperren

Das „bereicherungsrechtliche Prinzip ausgleichender Gerechtigkeit" bedient sich im Rahmen der Leistungskondiktion folgender verschiedener Anspruchsgrundlagen:

1. condictio indebiti,	§ 812 Abs. 1 Satz 1 Alt.1 BGB, Fehlen des Rechtsgrundes;
2. condictio ob causam finitam,	§ 812 Abs. 1 Satz 2 Alt.1 BGB, Wegfall des Rechtsgrundes;
3. condictio ob rem,	§ 812 Abs. 1 Satz 2 Alt.2 BGB, Nichteintritt des bezweckten Erfolges

---

28 Vgl. oben, S. 39 f.

4. Kondiktion von Schuldanerkenntnissen,	§ 812 Abs. 2 BGB;
5. Kondiktion wegen Bestehens einer dauernden Einrede,	§ 813 Abs. 1 Satz 1 BGB;
6. condictio ob turpem causam,	§ 817 Satz 2 BGB; gesetzes- oder sittenwidriger Empfang.

Trotz dieser Einzelaufstellung und des Verzichts auf einen Generaltatbestand sind diese Anspruchsgrundlagen vom Gesetz weit konzipiert, so daß sie grundsätzlich auch solche Fälle erfassen, für die die vorgesehene Rechtsfolge nicht gelten soll[29]. Hier werden die Kondiktionssperren relevant, die den Anwendungsbereich der verschiedenen Leistungskondiktionen partiell wieder einschränken[30].

Man unterscheidet folgende Tatbestände:

- § 814 Alt. 1 BGB,	keine Rückforderung bei Kenntnis der Nichtschuld;
- § 814 Alt. 2 BGB,	keine Rückforderung, wenn die Leistung einer sittlichen Pflicht oder einer auf den Anstand zu nehmenden Rücksicht entsprach;
- § 815 Alt. 1 BGB,	keine Rückforderung, wenn der Eintritt des Erfolges von Anfang an unmöglich war und der Leistende dies gewußt hat;
- § 815 Alt. 2 BGB,	keine Rückforderung, wenn der Leistende den Eintritt des Erfolges wider Treu und Glauben verhindert hat;
- § 817 S. 2 BGB,	keine Rückforderung, wenn dem Leistenden ein Verstoß gegen ein gesetzliches Verbot oder die guten Sitten zur Last fällt.

29 Reuter/Martinek, S. 182.
30 A.a.O.

I. § 814 Alt. 1 BGB

Die erste Alternative des § 814 BGB bestimmt, daß eine Kondiktion bei Kenntnis der Nichtschuld ausscheidet. Wer leistet, obwohl er zu diesem Zeitpunkt bereits weiß, daß er zur Leistung nicht verpflichtet ist, bedarf keines späteren Kondiktionsanspruches, er ist insofern nicht schutzbedürftig[31]. Durch eine Rückgängigmachung würde sich der Leistende zu seinem vorherigen Verhalten in Widerspruch setzten. Das „venire contra factum proprium" bildet damit den Hintergrund des § 814 Alt. 1 BGB[32].

Man könnte auf die Idee kommen, den Gedanken des Vertrauensschutzes als einen § 814 Alt. 1 BGB zugrunde liegenden Gesichtspunkt heranzuziehen, vor allem, wenn der Empfänger bei Kenntnis des Leistenden von seiner Nichtschuld mit dem Behaltendürfen rechnen konnte[33].
Für die Kondiktionsmöglichkeit des Leistenden kann es jedoch i.R.v. § 814 BGB nicht auf subjektive Merkmale beim Empfänger ankommen. Eine solche Auslegung ist mit dem eindeutigen Wortlaut der Vorschrift nicht zu vereinbaren. Voraussetzung von § 814 Alt. 1 BGB ist allein die dem Leistenden bewußte Diskrepanz zwischen Verpflichtung und vorgenommener Handlung: er muß von der Tatsache seiner Nicht-Schuld positive Kenntnis haben. Eine Ausnahme hiervon kann lediglich dann gelten, wenn der Leistende die Vermögensverschiebung unter dem Vorbehalt der Rückforderung[34] oder in einer Zwangslage vornahm[35], denn dann kann von positiver Kenntnis einer „Nichtschuld" nicht gesprochen werden.

---

[31] Heck, Grundriß, § 142, Ziff. 2, Anm. b (S. 424).

[32] Reuter/Martinek, S. 183; Larenz/Canaris, Lehrbuch, S. 160.

[33] Larenz/Canaris, Lehrbuch, S. 160 f. Canaris lehnt dies mit dem Einwand ab, es sei unverhältnismäßig, dem, der sich des einfachen Selbstschutzes der Leistungsverweigerung begebe, dennoch die „knappe Resource" gerichtlichen Schutzes zu gewähren.

[34] RGZ 138, 122, 124; BGH WM 1973, 146, 148; BGHZ 83, 278, 282.

[35] RGZ 147, 17, 21; 97, 140, 142; 112, 355, 358.

II. § 814 Alt. 2 BGB

Die zweite Alternative des § 814 BGB schließt die Kondiktion dann aus, wenn die Leistung einer sittlichen Pflicht oder einer auf den Anstand zu nehmenden Rücksicht entspricht.
Im Verhältnis zu § 814 Alt. 1 BGB wirkt die zweite Alternative dieser Vorschrift dabei „als zweite Sperre“[36]: Voraussetzung für ihr Vorliegen ist - damit der Sachverhalt nicht schon unter die vorrangige Norm § 814 Alt. 1 BGB fällt[37] - daß der Leistende zunächst irrtümlich das Bestehen einer rechtlichen Verpflichtung angenommen hatte[38].
Wird ihm deren Fehlen später bewußt, so scheidet eine Kondiktion des Geleisteten dann aus, wenn die Leistung *zugleich* einer sittlichen Pflicht bzw. Anstandsrücksicht genügte. Die Qualifikation „einer sittlichen Pflicht oder Anstandsrücksicht entsprechend“ wiegt somit das Fehlen eines rechtlichen Grundes auf[39].
Hintergrund für diesen - im ersten Entwurf zum BGB noch gar nicht vorhandenen - Kondiktionsausschluß war der Gedanke, die Rechtsordnung dürfe dem nicht entgegenstehen, was dem Gefühl für Sitte und Anstand entspreche[40].
Hauptanwendungsbereich von
§ 814 Alt. 2 BGB war zunächst die Fallgruppe der Versorgungsleistungen im weiteren Sinne, hier insbesondere der Unterhaltszahlungen innerhalb der Familie, deren Rückforderung jedoch 1957 durch das Gleichberechtigungsgesetz spezialgesetzlich ausgeschlossen wurde und die seither nicht mehr § 814 Alt. 2 BGB unterfällt[41].

---

36 Reuter/Martinek, S. 193.
37 RGZ 78, 71, 78.
38 Staudinger/Lorenz, § 814 Rdnr. 15.
39 Reuter/Martinek, S. 193; Staudinger/Lorenz, a.a.O.
40 Prot. II, S. 695; Staudinger/Lorenz, § 814 Rdnr. 16.
41 Vgl. unten, S. 131 f.

III. § 815 Alt. 1 BGB

Gem. § 815 Alt.1 BGB kommt die Kondiktion nicht in Betracht, „wenn der Eintritt des Erfolges von Anfang an unmöglich war und der Leistende dies gewußt hat (...)“.
Die Vorschrift ist parallel zu der des § 814 Alt. 1 BGB ausgestaltet[42] und erstreckt die dort für die condictio indebiti geltende Sperre nun auch auf die condictio ob rem: wer wissentlich für einen unmöglichen Zweck eine Leistung erbringt, hat ihn in Wahrheit nicht gewollt[43] und verdient in seinem Verlangen nach Rückforderung keinen Rechtsschutz[44]. Ob dieser Zweck nun juristisch oder rein tatsächlich unmöglich ist, macht keinen Unterschied. Wesentlich ist lediglich - wie in der Parallelvorschrift des § 814 Alt. 1 BGB - daß dem Leistenden die Unmöglichkeit positiv bekannt war.

Die vereinzelt vorgeschlagene analoge Anwendbarkeit des § 815 Alt. 1 BGB auf die condictio ob causam finitam kann nicht überzeugen[45]. Denn maßgeblich ist wie auch bei § 814 Alt. 1 BGB der Zeitpunkt der Leistung. Nur auf diesen wird abgestellt, nicht dagegen auf den eines eventuellen späteren Wegfalls[46]. Wer also zu einem Zeitpunkt leistet, in dem die *causa* noch besteht, tut nichts anderes, als das, wozu er verpflichtet ist[47].

---

42 Welker, S. 115.

43 Staudinger/Lorenz, § 815 Rdnr. 1; Reuter/Martinek, S. 196.

44 Prot. II, S. 701.

45 Für eine derartige Erweiterung des Anwendungsbereichs sprechen sich Soergel/ Mühl, § 815 Rdnr. 1 und Enneccerus/Lehmann, S. 898 (§ 224 I 4b) aus; vgl. zur Problematik Münch. Komm./Lieb, § 815 Rdnr. 2; Medicus, Schuldrecht II, Rdnr. 658.

46 Münch. Komm./ Lieb, § 815 Rdnr. 2 mit Verweis auf § 814 Rdnr. 3; Welker, S. 115.

47 Medicus, Schuldrecht II, Rdnr. 310.

IV. § 815 Alt. 2 BGB

Die Rückforderung ist weiterhin ausgeschlossen, wenn der Leistende den Eintritt des mit der Leistung bezweckten Erfolges entgegen Treu und Glauben verhindert hat. Der Leistende muß - um diese Kondiktionssperre auszulösen - eine Handlung vornehmen, die objektiv geeignet ist, den mit dem Rechtsgeschäft bezweckten Erfolg zunichte zu machen[48], wobei er sich der Wirkung seiner Handlung bewußt sein muß[49].

Während § 815 Alt. 1 BGB den Anwendungsbereich des § 814 Alt. 1 BGB auch auf die Fälle der in § 812 Abs. 1 Satz 2 Alt. 2 BGB geregelten „Zweckverfehlung" erweitert[50], stellt § 815 Alt. 2 BGB einen eigenständigen Kondiktionsausschlußgrund dar[51].
Dieser ist Ausdruck eines klassischen Rechtsgedankens, der schon bei den römischen Juristen Geltung erlangt hatte[52] und auch in § 162 BGB - der Bedingung- zu finden ist. In beiden Fällen muß sich derjenige, der bewußt in ein Gegenseitigkeitsverhältnisses eingreift, um eine für ihn nachteilhafte Situation abzuwenden, so behandeln lassen, als sei der für ihn nachteilige Fall tatsächlich eingetreten[53]. Seinem Wesen nach ist die zweite Alternative des § 815 BGB jedoch enger der Vorschrift des § 324 BGB verwandt, die das vom Gläubiger zu vertretende Unmöglichwerden regelt[54]: so, wie derjenige, der trotz der Unmöglichkeit seiner eigenen Leistung einen Anspruch auf die Gegenleistung dessen behält, der die Unmöglichkeit der Leistung zu vertreten hat, darf auch der Leis-

---

48 Staudinger/Lorenz, § 815 Rdnr. 2.
49 A.a.O.; RG Gruchot 67, 176 (180).
50 Vgl. oben S. 46.
51 Münch. Komm./ Lieb, § 815, Rdnr.1.
52 Dig. 35,1,24 (Julian); 50,17,161 (Ulpian).
53 Staudinger/Lorenz, § 815 Rdnr. 2; Münch. Komm./Lieb, § 815 Rdnr. 1.
54 So schon Heck, Grundriß, § 142, Ziff. 4, Anm. b; ebenso Staudinger/Lorenz, § 815 Rdnr. 2, Reuter/Martinek, S. 197; Larenz/Canaris, Lehrbuch, S. 161.

tungsempfänger das ihm aufgrund einer Zweckvereinbarung Zugewandte behalten, wenn der Leistende den Erfolgseintritt vereitelt hat[55].
Ein Verstoß gegen Treu und Glauben i.S.d. § 815 Alt. 2 BGB ist also unter denselben Voraussetzungen anzunehmen, nach denen ein Gläubiger i.S.v. § 324 Abs. 1 BGB eine Unmöglichkeit zu vertreten hat[56]. Man kann § 815 Alt. 2 BGB damit als „Ausdruck eines vorvertraglichen Synallagmas" verstehen[57]. Dies bedeutet, daß ein Verstoß gegen Treu und Glauben i.S.v. § 815 Alt. 2 BGB nicht erst bei „Absicht" bzw. schlechthin unlauterem Verhalten zu bejahen ist[58]. Hinreichend sind alle objektiv zur Erfolgsverhinderung geeigneten Handlungen, die der Leistende ohne rechtfertigenden Grund vornimmt[59]. Sind allerdings die Gründe für eine Abweichung von der bisher eingeschlagenen Handlungsweise nachvollziehbar, scheidet § 815 Alt. 2 BGB als Kondiktionssperre aus[60].
Einer Entscheidungsfindung muß daher in diesen Fällen eine penible Prüfung aller Umstände des Einzelfalles vorausgehen. Eine „Treuwidrigkeit" wurde z.B. von der Rechtsprechung verneint, als sich ein Vertragspartner nach Abschluß eines formnichtigen Vertrages nicht bereiterklärt hat, denselben Vertrag später formgültig zu schließen[61]. § 815 Alt. 2 BGB ist auch i.V.m. § 1301 BGB von Relevanz: so kann ein Verlobter, der die Eheschließung wider Treu und Glauben verhindert hat, die von ihm gemachten Geschenke nicht zurückfordern[62].

---

55 Staudinger/Lorenz; Reuter/Martinek; Larenz/Canaris, Lehrbuch, alle a.a.O.

56 Larenz/Canaris, Lehrbuch, a.a.O.

57 Reuter/Martinek, S. 197.

58 Reuter/Martinek, a.a.O.; Erman/Westermann, § 815 Rdnr. 3; RGRK/ Heimann-Troisen § 815 Rdnr. 5.

59 Erman/Westermann, a.a.O.

60 OLG Celle MDR 61, 687; Liebs, S. 699.

61 RGZ 72,342; RG JW 1910, 17; BGH WMP 1966, 194; BGH NJW 1980, 451.

62 BGHZ 45, 258 (262f.); NJW 1966, 1653 m.w.N.

V. § 817 S. 2 BGB

Gem. § 817 S. 2 BGB ist die Rückforderung einer Leistung dann ausgeschlossen, wenn dem Leistenden ein Verstoß gegen die guten Sitten oder ein gesetzliches Verbot zur Last fällt.
Wer sich außerhalb des von Gesetz und guten Sitten umrissenen Bereichs stellt, verdient nicht, sich des rechtlichen Instrumentariums zur Rückabwicklung zu bedienen.
Diese auf den ersten Blick leicht einleuchtende Regelung erweist sich aber bei genauerem Hinsehen als eine der kompliziertesten Bestimmungen unter den Kondiktionssperren[63].
Ursprünglich war nach dem römische Vorbild der Vorschrift die Kondiktionssperre nur bei einer auf eine sog. causa futura gerichteten, gesetzes- oder sittenwidrigen Handlung, zu der ein anderer bestimmt werden sollte, anwendbar. Von dieser speziellen Anwendungsform hat sie sich im Laufe der Zeit zur Universalsperre des BGB schlechthin entwickelt.

§ 817 S. 2 BGB erscheint dem Wortlaut nach lediglich auf § 817 S. 1 BGB bezogen, weil er systematisch als zweiter Satz im Rahmen eines einheitlichen Paragraphen konzipiert wurde. Da jedoch fast immer neben § 817 Alt. 1 BGB zugleich ein Anspruch aus § 812 Abs. 1 Satz 1 Alt. 1 BGB gegeben ist, würde die Sperre aus § 817 Alt. 2 BGB überflüssig, wenn sie nicht auch die anderen Leistungskondiktionen erfaßte[64]. Die Ausdehnung auf sämtliche Fälle der Leistungskondiktion wird daher von der Rechtsprechung[65] und Literatur[66] fast ausnahmslos bejaht. Verneint wird hingegen eine Anwendbarkeit auf die Fälle

---

[63] Honsell, S. 1 dazu: „Kaum eine Bestimmung des Bürgerlichen Gesetzbuches ist so umstritten wie § 817 S. 2 BGB".

[64] Larenz/Canaris, Lehrbuch, S. 162; Erman/Westermann, § 817 Rdnr. 11.

[65] RGZ 64, 354; 70, 4; 99,166; 111, 153; 151, 70 (72); 161, 52 (55); BGHZ 8,348 (371); 44, 1 (6); 50, 90 (91); BGH WMP 1951, 857; vgl. auch Honsell, S. 32 ff.

[66] Staudinger/Lorenz, § 817 Rdnr. 10; Erman/Westermann, § 817 Rdnr. 11; Medicus, Bürgerliches Recht, Rdnr. 696; Reuter/Martinek, S. 201.

der Nichtleistungskondiktion sowie eine entsprechende Anwendbarkeit über das Bereicherungsrecht hinaus[67].
Es ist weiterhin keine Voraussetzung für § 817 S. 2 BGB, daß dem Leistenden und auch dem Empfänger ein Gesetzes- oder Sittenverstoß zur Last fällt, denn es wäre sinnwidrig, wenn sich dies auf die Beurteilung der vom Leistenden vorgenommenen Handlung auswirkte[68]. Der Kondiktionsausschluß muß vielmehr dann erst recht gelten, wenn er allein, d.h. ohne „Unterstützung" durch den Empfänger den Verstoß zu verantworten hat.

Der Grund für die Verweigerung der Rückabwicklung bei Vorliegen eines derartigen Verstoßes wird heute von der Rechtsprechung[69] und herrschenden Lehre[70] in dem Gedanken der „Rechtsschutzverweigerung" gesehen: derjenige, der sich durch seinen Gesetzes- oder Sittenverstoß außerhalb der Rechtsordnung gestellt hat, soll nicht fakultativ auf sie zurückgreifen können, indem er einen Bereicherungsanspruch für sich nutzt[71].

Früher wurde § 817 S. 2 BGB anders aufgefaßt. Aus den Motiven geht hervor, daß man die Kondiktionssperre als „zivilrechtliche Strafvorschrift" ansah[72].
Diese Sichtweise hat sich jedoch als problematisch erwiesen. Denn es ist nicht einleuchtend, warum bei beiderseitigem Verstoß nur derjenige bestraft wird, der schon geleistet hat, nicht dagegen, wer die Leistung noch zurückhält[73] bzw. warum „die Bestrafung des Klägers sich als Prämie für den nicht minder strafwür-

---

67 Palandt/Thomas, § 817 Rdnr. 2.

68 Fikentscher, Schuldrecht, S. 681; Palandt/Thomas, § 817 Rdnr. 1 und 13; Staudinger, § 817 Rdnr. 10, Reuter/Martinek, S. 202; RGZ 161, 52 (55); 151, 70 (72).

69 BGHZ 96, 395; 44, 1.

70 Larenz/Canaris, Lehrbuch, S. 162; Reuter/Martinek, S. 204; Esser/Weyers, S. 458; Dauner, S. 499; Palandt/Thomas, § 817 Rdnr. 14; Münch Komm./Lieb § 817 Rdnr. 9 und 39.

71 Honsell, S. 60 ff.

72 Mot. II, 849; vgl. auch Honsell, S. 1.

73 Larenz/Canaris, Lehrbuch, S. 162; Reuter/Martinek, S. 204.

digen Beklagten auswirken soll"[74]. Schließlich fehlt es auch gänzlich an einer Proportionalität zwischen Höhe der Strafe und Gewichtigkeit des Verstoßes[75].

Demgegenüber paßt der Gedanke der Rechtsschutzverweigerung besser in die zivilrechtliche Systematik. Neben dem „schutzlos - Stellen" des Leistenden hat § 817 Satz 2 BGB eine generalpräventive Note: selbst wenn keine Strafe vorgesehen ist, so schreckt doch die Tatsache, für ein Geschäft im Streitfall nicht das Instrumentarium der Gesetze nutzen zu können, in der Regel ab[76].

Die in der Öffentlichkeit viel zu unbekannte Vorschrift des § 817 S. 2 BGB hat somit neben dem regulierenden auch eine deutlich erzieherischen Auftrag – „schlechte Taten lohnen sich nicht".

Die Kondiktionssperren zeigen, daß es Bereiche gibt, für die der Gesetzgeber seinen Rechtsapparat nicht zur Verfügung stellen will um „rechtsgrundlos Geleistetes" wieder zurückzuerhalten. Der Gesetzgeber schafft so z.B. für die Fallgruppen des §§ 814 Alt. 2 und 815 Alt. 2 BGB einen schwer justiziablen Graubereich. Rechtsgeschäfte in „Ganovenkreisen" gem. § 817 S. 2 BGB nimmt er von der Rechtsordnung sogar ganz ausdrücklich aus und schafft somit ganz bewußt einen Bereich, in dem letztlich nur das Faustrecht regieren kann. Ob das bei ohnehin schon reduziertem Moralverständnis der beteiligten Personen wünschenswert ist, ist fraglich.

---

74 Reuter/Martinek, a.a.O.

75 Larenz/Canaris, Lehrbuch, S. 162.

76 Reuter/Martinek, S. 206.

Zweiter Teil
Die Bedeutung des § 814 BGB

Der zweite Teil dieser Arbeit konzentriert sich auf die Regelung des § 814 BGB. Seinen beiden Alternativen entsprechend soll in einem ersten Abschnitt die Kondiktionssperre wegen Kenntnis der Nichtschuld und in dem zweiten das Rückabwicklungsverbot bei Vorliegen einer sittlichen Pflicht bzw. Anstandsrücksicht behandelt werden.
Der Gesetzestext wird systematisch im Wege der Auslegung untersucht. Dabei werden vor allem die Gesichtspunkte der Wortauslegung, der systematischen und der Zweckauslegung herangezogen[77].

Erster Abschnitt
Leistung trotz Kenntnis der Nichtschuld, § 814 Alt. 1 BGB

§ 814 Alt. 1 BGB sieht vor: „Das zum Zwecke der Erfüllung einer Verbindlichkeit Geleistete kann nicht zurückgefordert werden, wenn der Leistende gewußt hat, daß er zur Leistung nicht verpflichtet war (...).“

A. Grammatische Auslegung

Die grammatische Auslegung bzw. Wortsinninterpretation fragt danach, was das Gesetz überhaupt sagt und damit dem Wortsinn nach meint[78]. Jede Textauslegung wird daher i.d.R. hiermit beginnen[79].

---

[77] Fikentscher, Methoden Bd. IV, S. 356 und S. 370 weist explizit auf den „historisch-zufälligen Charakter“ des jeweiligen Auslegungskanons hin.

[78] A.a.O., S. 361.

[79] Larenz/Canaris, Methodenlehre, S. 141.

Das wesentliche Merkmal von § 814 Alt. 1 BGB ist, daß „der Leistende gewußt hat, daß er zur Leistung nicht verpflichtet war“. Es soll daher im Folgenden geprüft werden, welchen Grad von Kenntnis dieses in § 814 Alt. 1 BGB geforderte Wissen voraussetzt und insbesondere, wie sich „Zweifel“ bzw. „Gleichgültigkeit“ hinsichtlich des Bestehens der eigenen Leistungsverpflichtung auswirken.

I. Die Bedeutung von Kenntnis i.S.v. § 814 Alt. 1 BGB

Wie sich aus dem Wortlaut von § 814 Alt. 1 BGB ergibt, greift die Kondiktionssperre nur bei „Kenntnis“ vom Fehlen einer Leistungsverpflichtung ein[80]. Diese muß zur Zeit der Leistung vorgelegen haben[81] und dem Betreffenden im Sinne einer „Parallelwertung in der Laiensphäre“ bekannt gewesen sein[82].

Dabei reicht es nach allgemeiner Ansicht nicht aus, daß der Leistende lediglich von den Tatsachen Kenntnis hat, aus welchen sich - in einem weiteren Schritt – das Fehlen der rechtlichen Verpflichtung ergibt[83]. Unter Kenntnis kann auch nicht solches Wissen gefaßt werden, das in zumutbarer Weise ohne große Mühe erlangt werden kann[84]; auch „Kennenmüssen“ ist daher nicht ausreichend[85].

---

80 BGHZ 52, 39 = NJW 1969, 1165, 1167; BGH WM 1972, 283, 286; BGH NJW 1978, 2392, 2393; RGZ 107, 7, 10; RGRK/Heimann-Troisen, § 814 Rdnr. 2; Staudinger/Lorenz, § 814 Rdnr. 3; Erman/Westermann, § 814 Rdnr. 7.

81 Erman/Westermann, a.a.O.

82 Staudinger/Lorenz, § 814 Rdnr. 3; Münch. Komm/Lieb, § 814 Rdnr. 7. Der Kenntnis vom Fehlen des Rechtsgrundes steht die Kenntnis der Anfechtbarkeit gleich, vgl. dazu Münch. Komm./Lieb, § 814 Rdnr. 10.

83 Palandt/ Thomas, § 814 Rdnr. 3.

84 Erman/Westermann, § 814 Rdnr. 7; anders LG Frankfurt, NJW-RR 1986, 1085.

85 RGZ 44, 141; 60, 421; BGH WM 1973, 294.

Sofern das Nichtverpflichtetsein auf einer Einwendung beruht, muß sich die Kenntnis auf diese Einwendung beziehen[86]. Wenn mehrere Einwendungen greifen, der Leistende aber nur einen Teil von ihnen kennt, ist „volle Kenntnis“ zu verneinen und die Kondiktion möglich[87]. Erforderlich ist damit „positive“ i.S.v. umfassender Kenntnis auf seiten des Leistenden.

II. Der Zweifel[88]

Hat der Leistende noch Zweifel hinsichtlich seiner Leistungsverpflichtung, ist positive Kenntnis von der Nichtschuld schon dem Wortsinn nach nicht gegeben. Solange noch Zweifel bleiben, kommt nach allgemeiner Meinung die Kondiktionssperre des § 814 Alt.1 BGB nicht zum Tragen[89].

Teilweise wurde dieser eindeutigen Rechtsprechung[90] von einzelnen Vertretern in der Literatur vorgeworfen, dies sei „zuviel des Guten“[91], denn so werde jede zweifelhafte Forderung - falls zur Erledigung der Angelegenheit erfüllt - zurückgefordert[92].
Es muß jedoch hinsichtlich der Art des Zweifels differenziert werden: handelt es sich um einen Zweifel im Sinne der allgemeinen Wortbedeutung, dann stellt der Leistende seine Verpflichtung innerlich in Frage, ohne sich jedoch sicher zu sein, daß sie nicht besteht. Ein solcher Zweifel kann nach überwiegender Ansicht die Kondiktion so lange nicht verhindern, als der Bereicherte nicht die positive Kenntnis des Leistenden tatsächlich nachzuweisen in der Lage ist[93].

---

86 Erman/Westermann, § 814 Rdnr. 7.

87 RGRK/Heimann-Troisen, § 814 Rdnr. 6.

88 Er ist „mehr“ als Irrtum, aber „weniger“ als Kenntnis - vgl. Koch, S. 144.

89 RGZ 56, 346, 353; 59, 351, 354; 72, 192, 199; 112, 355, 358; 146, 355, 360; 154, 385, 397; Staudinger/Lorenz, Rdnr. 3; Münch.Komm./Lieb, Rdnr. 7.

90 Vgl. oben Fn. 89.

91 Pietzcker, S. 488.

92 Koch, S. 144.

93 A.a.O.

Hat sich der Leistende dagegen trotz der eigenen Unsicherheit bezüglich eines Bestehens seiner Verpflichtung zu einem bestimmten Verhalten durchgerungen, liegt kein Zweifel im klassischen Sinne mehr vor. Der Betreffende hat sich vielmehr über den Zweifel hinweggesetzt und seine Leistung damit psychisch auf eine andere
Ebene gestellt. Damit handelte er *auch*, um die Angelegenheit endgültig beizulegen. Seine Leistung beruht in diesem Fall auf einer Art „neuem Schuldgrund", welcher der Kondiktion unabhängig von
§ 814 Alt. 1 BGB entgegensteht[94].

Wann ein Zweifel als überwunden angesehen werden kann, ist nur durch eine genaue Ermittlung des Willens des Leistenden feststellbar. Als „Faustregel" kann man aber wohl festhalten: zweifelt der Leistende und erbringt er die Leistung trotzdem, so geschieht dies in der Regel auf Grund von psychischem Druck (Klageandrohung, Vollstreckungsanordnung o.ä.) und nicht, weil sich der Leistende innerlich vom Zweifel freigemacht hat; d.h. von sich aus leisten wollte. Das Vorhandensein von derartigem Druck kann damit als Indiz für einen immer noch bestehenden Zweifel gelten, so daß die Kondiktionsmöglichkeit erhalten bleibt. Fehlt psychischer Druck, wird dies darauf hindeuten, daß eine Erledigung gewollt war und eine nachträgliche Kondiktion der Leistung folglich ausscheidet[95].

III. Leistung um des lieben Friedens willen

Leistet der scheinbar Verpflichtete nur, um die Angelegenheit aus der Welt zu schaffen, so schließt diese vom Empfänger der Leistung zu beweisende Motivation die Kondiktion aus[96]. Denn bei „Leistungen um des lieben Friedens willen, Leistungen, die der Vermeidung rechtlicher oder geschäftlicher Auseinanderset-

---

94 Koch, S. 144.

95 In diesem Sinne Koch, a.a.O.

96 Münch. Komm./Lieb, Rdnr. 8.

zungen dienen“[97] handelt es sich um solche, die auch für den Fall des Nichtbestehens der Schuld gewollt sind und so als freiwillig und vorbehaltlos erbracht angesehen werden[98].

Z.T. wurde zur Begründung dieser Gleichstellung mit der positiven Kenntnis auf den Gedanken des § 242 BGB zurückgegriffen, wenn dem Leistungsempfänger erkennbar gemacht wird, der Leistende wolle die Leistung auch für den Fall bewirken, daß keine Verpflichtung dazu bestehe, d.h. wenn der Empfänger aus dem Verhalten des Leistenden den Schluß ziehen darf, der Leistende wolle die Leistung - einerlei wie der Schuldgrund beschaffen sei - gegen sich gelten lassen[99].

Unabhängig davon, ob man hier den Gedanken aus § 242 BGB heranzieht, hat der Leistende bei einer Leistung um des lieben Friedens willen ein Motiv, das der Kenntnis von der Rechtsgrundlosigkeit deshalb gleichzustellen ist, weil es - ebenfalls - den Vorwurf des venire contra factum proprium auslöst. Aus diesem Grund muß die Kondiktionssperre aus § 814 Alt. 1 BGB auch in dieser Fallgruppe gelten.

IV. Kenntnis bei Vornahme der Leistung durch Dritte

Erfolgte die Leistung durch einen Vertreter, so ist für die Frage, ob positive Kenntnis der Nichtschuld vorliegt, i.e. ob § 814 Alt. 1 BGB eingreift, nach herrschender Meinung auf das Wissen des Vertreters abzustellen[100]. Insofern handelt es sich um eine gewöhnliche Wissenszurechnung gem. § 166 Abs. 1 BGB, meist analog, da die Leistung in der Regel nicht in der Abgabe einer Willenserklärung besteht[101].

---

[97] Caemmerer, Leistungsrückgewähr, S. 145 ff.

[98] Staudinger/Lorenz, Rdnr. 5.

[99] RGZ 144, 89, 91; RG JW 1932, 3060.

[100] Staudinger/Lorenz, Rdnr. 4; Münch. Komm./Lieb, Rdnr. 11.

[101] Münch. Komm./Lieb, Rdnr. 11; Kothe, S. 635.

Problematischer gestaltet sich die Frage nach der Zurechenbarkeit bei juristischen Personen. Insbesondere Neuerungen wie die Zentralisierung der Datenverarbeitung lassen es oft schwierig erscheinen, auf juristische Personen die auf natürliche Personen zugeschnittenen Regelungsmodelle wie § 166 BGB zu übertragen.
Der Großteil der Kommentarliteratur geht in Anlehnung an die Situation beim Vertreter davon aus, daß das Wissen von Organwaltern nur dann für § 814 Alt. 1 BGB relevant ist, wenn die fragliche Person auch für die Leistung zuständig war. Die Kenntnis einer unzuständigen Person (als Organ) schade folglich nicht. Gegen diese Ansicht wurde in letzter Zeit insbesondere vorgebracht, daß diese Gleichsetzung von Organ und Vertreter allgemeinen Zurechnungsgrundsätzen widerspreche. Denn bei Organen sei das Wissen unabhängig von der konkreten Zuständigkeit grundsätzlich zuzurechnen (vgl. z.B. § 28 Abs. 2 BGB). Die Abweichung von § 166 Abs. 1 BGB rechtfertige sich zum einen durch das Strukturprinzip juristischer Personen[102], zum anderen aus der Überlegung, daß von Organmitgliedern erwartet werden könne, daß sie zumindest ihr gesamtes dienstlich erworbenes Wissen i.R. der Geschäftsführung einsetzten[103].
Die Unterschiede zwischen Organ und Vertreter sprechen dafür, die Kenntnis bei Organen grundsätzlich zuzurechnen. Dienstliche Kenntnis von Organmitgliedern steht damit immer dann der Kondiktion entgegen - indem sie § 814 Alt. 1 BGB auslöst - , wenn das Wissen vom Nichtvorliegen der Verbindlichkeit z. Zt. der Leistungshandlung vorgelegen hat.

Bei dem „normalen Wissensvertreter“ hingegen kommt es maßgeblich auf den Umfang der Vertretungsmacht an. Dabei hat sich in neuerer Zeit über § 166 BGB hinausgehend der Grundsatz entwickelt, daß derjenige, der eine andere Person mit der Erledigung bestimmter Angelegenheiten beauftragt, sich deren in diesem Rahmen erlangtes Wissen als eigenes zurechnen lassen muß[104].

---

102 K. Schmidt, S. 228 f.

103 Kothe, S. 636; Wiesner, BB 1981, S. 1533.

104 Kothe, a.a.O.; BGHZ 83, 293, 296; BGH NJW 1984, 1953, 1954, NJW 1985, 2583.

Leistet ein Dritter gem. § 267 BGB auf die Schuld eines anderen, kommt § 814 Alt. 1 BGB nur zum Tragen, wenn der Dritte positive Kenntnis von dem Nichtbestehen einer Verbindlichkeit zwischen Schuldner und Gläubiger hatte[105].
Bei mangelnder Kenntnis kann der Dritte gegen den Schuldner Regreß nehmen, ohne daß § 814 Alt. 1 BGB seine Kondiktion vereitelt.
Unerheblich ist in diesem Zusammenhang die Kenntnis der Tatsache, daß zwischen Drittem und Schuldner keine Leistungsverpflichtung besteht[106].

B. Systematische Auslegung

Die systematische Auslegung gibt Aufschluß über das Eingebundensein einer Gesetzesstelle einmal in den Kontext von Sätzen und Wörtern, in die sie eingebettet ist, zum anderen in die sie umgebenden Regelungen.

I. Anwendbarkeit

§ 814 Alt. 1 BGB ist seinem Zweck nach Kondiktionssperre und bezieht sich direkt nur auf die condictio indebiti (§ 812 Abs. 1 Satz 1 Alt. 1 BGB), denn nur hier bildet Irrtum oder Kenntnis des Leistenden über das Bestehen der Schuld eine Voraussetzung des Anspruchs[107].
Darüber hinaus kann § 814 Alt. 1 BGB aber auf die Rückforderung bei einredebehafteten Forderungen i.S.v. § 813 Abs. 1 S. 1 BGB analog angewendet werden, weil es sich hierbei letztlich auch um einen Unterfall der condictio indebiti handelt[108]. § 813 Abs. 1 BGB stellt nämlich eine ergänzende Sondervorschrift des Bereicherungsanspruchs wegen Erfüllung einer Nichtschuld (§ 812 Abs. 1

---

105 Staudinger/Lorenz, § 814 Rdnr. 10; Münch. Komm./Lieb, § 814 Rdnr. 12.
106 Münch. Komm./Lieb, a.a.O.
107 Reuter/Martinek, S. 182.
108 Reuter/Martinek, S. 182; RGRK/Heimann-Troisen, § 814 Rd. 1.

Satz 1 Alt. 1 BGB) dar, durch den der Fall des Nichtbestehens der Schuld der Konstellation gleichgestellt wird, in dem eine Verbindlichkeit zwar besteht, ihr jedoch einen dauernde Einrede entgegensteht, so daß die Schuld praktisch nicht als existent angesehen werden kann[109].

Da sich die für § 814 Alt. 1 BGB erforderliche Kenntnis hinsichtlich des Nichtbestehens der Verpflichtung schon logisch nur auf eine bereits vorhandene Rechtsgrundlosigkeit beziehen kann, ist die Regelung nicht anzuwenden, wenn die Rechtsgrundlosigkeit erst später, d.h. nach der Leistung eintritt (§ 812 Abs. 1 Satz 2 Alt. 1 BGB, condictio ob causam finitam)[110]. Dies gilt selbst dann, wenn der Leistende zum Zeitpunkt der Leistung zwar auf eine noch bestehende Schuld hin leistet, jedoch bereits weiß, daß der rechtliche Grund später wegfallen wird[111]. Entscheidend ist lediglich, daß zunächst noch eine Verpflichtung zur Leistung gegeben war[112]. Der Kenntnis von der Rechtsgrundlosigkeit (§ 814 Alt. 1 BGB) wird also nicht der Fall gleichgestellt, in dem der Leistende von einer zukünftigen Rechtsgrundlosigkeit Kenntnis hat. Während er nämlich bei ersterer gar nicht verpflichtet gewesen wäre, zu leisten, kann er sich im letzteren Fall der Leistung (noch) nicht entziehen. Deshalb ist es angemessen, wenn § 814 Alt. 1 BGB die Kondiktion im ersten Fall versagt, sie aber im zweiten Fall gem. § 812 Abs. 1 Satz 2 Alt. 1 BGB (condictio ob causam finitam) möglich ist.

Sofern beide Parteien zum Zeitpunkt des Vertragsschlusses den Eintritt des Erfolges als unsicher bzw. den Wegfall des Rechtsgrundes als möglich angesehen haben, ist die Haftungsverschärfung des § 820 Abs. 1 BGB zu beachten[113]. Hatte lediglich der Empfänger der Leistung Kenntnis vom Mangel des rechtli-

---

109 Vgl. statt aller: Palandt/Thomas, § 813 Rdnr. 1.

110 Münch. Komm./Lieb, § 814 Rdnr. 3; Erman/Westermann, § 814 Rdnr. 1; Medicus, Schuldrecht II, Rdnr. 309.

111 Münch. Komm./Lieb, a.a.O.

112 A.a.O.

113 Palandt/Thomas, § 820 Rdnr. 1; Münch. Komm./Lieb, § 814 Rdnr. 3 a.E.

chen Grundes, haftet er nach § 819 Abs. 1 BGB. Vorbehalte des Leistenden allein führen nicht zu einer verschärften Haftung, denn er ist im Falle einer späteren Kondiktion Berechtigter und nicht Herausgabeverpflichteter.

§ 814 Alt. 1 BGB findet weiterhin keine Anwendung in den Fällen von § 812 Abs. 1 Satz 2 Alt. 2 BGB (condictio ob rem), d.h. wenn die Leistung in Kenntnis der Formnichtigkeit oder schwebenden Unwirksamkeit in der Hoffnung erbracht wurde, der Formmangel werde geheilt bzw. die fehlende Genehmigung erteilt[114]. Dasselbe gilt für den Fall, daß eine aufschiebend bedingte Verbindlichkeit bewußt vor dem Eintritt der Bedingung erfüllt wird, dann jedoch ausfällt[115].

II. Erfordernis einer von wirklicher Billigung getragenen Leistungshandlung

Entgegen dem bisher Dargestellten wird durch Kenntnis des Leistenden vom Nichtbestehen der Schuld die Rückforderung nicht immer ausgeschlossen. Für die Erfüllung des Tatbestands von § 814 Alt. 1 BGB bedarf es nach herrschender Meinung neben der Leistung bei gleichzeitiger Kenntnis der Nichtverpflichtung noch die innere Billigung der vorgenommenen Leistungshandlung. Der Leistende muß die Vornahme der Leistung von sich aus wirklich wollen.
Die Kondiktionssperre des § 814 Alt. 1 BGB greift nämlich nicht ein, wenn die Leistung unfreiwillig erfolgte oder nicht als endgültige erbracht worden war[116].

---

114 Medicus, Schuldrecht II, Rdnr. 656; Staudinger/Lorenz, § 814 Rdnr. 8; Münch. Komm./Lieb, § 814 Rdnr. 3 und 4; Erman/Westermann, § 814 Rdnr. 1.

115 Staudinger/Lorenz, § 814 Rdnr. 8; Erman/Westermann, § 814 Rdnr. 1; die condictio ob rem komme auch zum Tragen, wenn der Leistende nur hofft, der Partner werde seine Gegenleistung trotz Ungültigkeit bewirken, Erman/Westermann, a.a.O. mit Verweis auf RGZ 98, 240; 108, 333; BGH JZ 71, 283; NJW 80, 451; 83, 1907.

116 Staudinger/Lorenz, § 814 Rdnr. 6.

1. Freiwilligkeit der Leistung

Wenn die Leistung unter Druck erfolgte steht selbst positive Kenntnis einer Kondiktion nach herrschender Meinung nicht entgegen[117]. Die Leistung ist dann als unfreiwillig zu qualifizieren.
Dies ist zum einen dann der Fall, wenn in einer Zwangslage gehandelt wurde, z.B. um einer drohenden Zwangsvollstreckung zu entgehen[118]. Sie ist ebenfalls unfreiwillig, wenn ein schon gemachter Vorbehalt[119] unter „starkem Zwange“ aufgegeben wird[120] und der Leistende anschließend nicht mehr an dem Vorbehalt festhält[121].
Bei der Auslegung der hierbei ausgetauschten Willenserklärungen kommt es nicht auf den inneren Willen des Leistenden an, sondern darauf, „wie sich sein Verhalten bei gutgläubig unbefangener Beurteilung darstellt“[122].

2. Freiwilligkeit bei Leistung aufgrund von Beweisschwierigkeiten

Leistet der Betreffende, obwohl er Einwände gegen die Forderung hat, diese aber nicht beweisen kann, so liegt der Leistung keine wirkliche Billigung zugrunde. Vielmehr gibt die (vermeintliche) Aussichtslosigkeit, die eigene Rechtsposition durchzusetzen, den Ausschlag für die Vornahme der Leistung.

Früher ging man davon aus, daß in einem derart gelagerten Fall
§ 814 Alt. 1 BGB anzuwenden sei, weil der Leistende trotz der ihm bekannten Einwände leiste und damit Kenntnis habe[123]. Man rechtfertigte das Kondikti-

---

117 RGZ 147, 17, 21; 104, 250; 97, 140, 142; RG JW 1938, 1047; 1935, 3093; Münch. Komm./Lieb, § 814 Rdnr. 9; Erman/Westermann, Rdnr. 9; Staudinger/Lorenz, Rdnr. 7.

118 Staudinger/Lorenz, a.a.O.

119 Vgl. dazu unten S. 28 f.

120 RGZ 122, 355, 358.

121 Staudinger/Lorenz, a.a.O.

122 RGZ 97, 140.

123 RGZ 59, 351, 354; Staudinger/Lorenz, 11. Aufl. § 814 Rdnr. 6, im Gegensatz dazu 12.

onsverbot aus der Überlegung, daß die Frage der Beweisbarkeit der Einwendung mit der Zwangslage, welche die Leistung zu einer unfreiwilligen macht, nicht vergleichbar sei.

Heute wird jedoch primär auf die Zwangs*einwirkung* beim Leistenden und nicht auf die möglichen Ursachen des entstehenden Drucks abgestellt. Diese Zwangseinwirkung ist unterschiedslos gegeben, ob der Antrieb nun - wie im typischen Fall - von außen, oder durch die als persönliches Problem aufgefaßte Beweisschwierigkeit ausgelöst wird. In beiden Fällen kann der scheinbar Verpflichtete von der Tatsache der Nichtschuld positive Kenntnis haben. Die Situation, in der der Leistende nur unter dem Druck seiner Beweisschwierigkeit leistet, unterscheidet sich nicht wesentlich von einer „normal" unfreiwilligen Leistung, so daß eine unterschiedliche Behandlung nicht gerechtfertigt ist[124].

Teilweise wird diese unfreiwillige Leistung von einzelnen Vertretern der Literatur insofern wieder eingeschränkt, als gefordert wird, der Leistende solle in solchen Fällen einen Vorbehalt formulieren. Auch wenn man - bei weiter Auslegung - einen solchen Vorbehalt schon in dem Hinweis sehen kann, die Leistung erfolge nur wegen der zur Zeit fehlenden Beweismittel[125], wäre das Erfordernis eines solchen Hinweises systemfremd. Wenn die Rechtsprechung nämlich bei fehlender Freiwilligkeit die innere, nicht geäußerte Zwangslage ausreichen läßt, muß dies auch in diesem ähnlich gelegenen Fall gelten. Auch bei Beweisschwierigkeiten kann es daher neben dem subjektiven Empfinden, zur Leistung wider besseres Wissen genötigt zu sein, auf eine entsprechende Äußerung nicht ankommen.

---

und 13. Auflage, Rdnr. 7; Soergl/Mühl, Rdnr. 13; anders schon früher: RGRK/Heimann-Troisen, Rdnr. 10.

124 Erman/Westermann, Rdnr. 7.

125 Staudinger/Lorenz, Rdnr. 7.

3. Endgültigkeit der Leistung

Auch ein bei der Leistung geäußerter Vorbehalt der Rückforderung erhält dem Leistenden die Kondiktionsmöglichkeit[126].

In der Regel wird durch einen Vorbehalt dem Zweifel am Bestehen der Verpflichtung Ausdruck verliehen[127]. Der Leistende kann sich aber auch den Weg zum Beweis einer bisher nicht nachgewiesenen Rechtsgrundlosigkeit offenhalten. In beiden Fällen schützt sich der Betreffende vor der Deutung seines Verhaltens als Schuldanerkenntnis und damit letztlich vor dem Vorwurf widersprüchlichen Verhaltens.

III. Sonderfälle

Auch wenn der Leistende in Kenntnis der Nichtschuld handelte und die Leistung wirklich als solche wollte, kann in einzelnen Sonderfällen eine Kondiktion entgegen § 814 Alt. 1 BGB möglich sein. Dies ist z.B. der Fall, wenn die Beteiligten übereinstimmend von der Erfüllung ihrer Abrede ausgegangen sind oder aber zur Leistung gar nicht berechtigt waren.

1. Erwartung der Erfüllung trotz Kenntnis der Nichtschuld

Die Leistungsverpflichtung, auf die sich die Kenntnis des § 814 Alt. 1 BGB bezieht muß nicht notwendig eine „rechtliche" sein. Auch wenn im Regelfall fast immer eine rechtliche Verbindlichkeit gemeint ist, von deren Nichtbestehen der Leistende Kenntnis hatte, ist auch der Fall denkbar, daß übereinstimmend von keiner rechtlichen, sondern einer nicht-rechtlichen Verbindlichkeit ausgegangen wird. Hier ist beiden Parteien stets bewußt, daß eine rechtliche Verpflichtung

---

126 RGZ 138, 122, 124; BGH WM 1973, 146, 148.

127 Der Zweifel allein genügt nicht zur Begründung des Kondiktionsverbots gem. § 814 Alt. 1 BGB; vgl. oben S. 55.

nicht besteht: eine solche war ja auch nie gewollt. Trotzdem soll § 814 Alt. 1 BGB nach allgemeiner Ansicht in diesen Fällen nicht eingreifen, denn dies würde bedeuten, daß die Kondiktion bei rechtlich nicht verpflichtenden Übereinkünften immer ausgeschlossen wäre[128].

Die hier angesprochenen Fälle betreffen insbesondere die aus Steuerersparnisgründen vorgenommenen Grundstücksgeschäfte, die nur zum Schein über den vereinbarten Preis abgeschlossen werden und gem. §117 Abs. 1 BGB unwirksam sind[129]. Sie können auch nicht über § 117 Abs. 2 BGB wirksam werden, weil dann § 313 Satz 1 BGB entgegensteht. Möglich ist lediglich eine Heilung gem. § 313 S. 2 BGB, die aber erst ab dem Zeitpunkt von Auflassung und Eintragung, nicht vorher, helfen kann.
Eine ähnliche Situation besteht auch bei anderen formbedürftigen Rechtsgeschäften, sofern in der fehlgeschlagenen Erwartung geleistet wird, der Vertrag werde trotz seiner Nichtigkeit durchgeführt werden[130].
In diesen Fällen ist nicht auf die tatsächliche Rechtslage abzustellen, sondern darauf, ob die Beteiligten ihrer Vorstellung nach das Rechtsgeschäft tatsächlich durchführen wollten. Ist in diesem Sinne ein Gegenseitigkeitsverhältnis zu bejahen, weil beide Parteien es beabsichtigten, kann die Situation nicht mehr mit der § 814 Alt. 1 BGB auslösenden Kenntnis der Nichtschuld verglichen werden.
§ 814 Alt. 1 BGB ist daher nicht anwendbar; die Kondiktion bleibt möglich[131].

---

[128] Vgl. Erman/Westermann, § 814 Rdnr. 1; Staudinger/Lorenz, § 814 Rdnr. 8.

[129] RGZ 108, 329, 334; BGH MDR 1971, 737=JZ 71, 566; BGH NJW 1976, 237, 238; BGH NJW 1980, 451; BGH NJW 1983, 1905, 1907; vgl. auch Spiro, Beurkundung.

[130] Staudinger/ Lorenz, Rdnr. 8; RGZ 98, 237, 240; BGH NJW 1976, 237.

[131] Erman/Westermann, § 814 Rdnr. 1; Staudinger/Lorenz, § 814 Rdnr. 8; RGZ 108, 329, 334; BGH JZ 1971, 557; BGH NJW 1976, 237, 238.

2. Mangelnde Berechtigung des Leistenden

§ 814 BGB findet weiterhin keine Anwendung, wenn der Leistende - trotz Kenntnis vom Fehlen des Rechtsgrundes - gar nicht berechtigt war, die Leistung zu erbringen.
Diese Feststellung geht auf eine Entscheidung des BGH aus dem Jahre 1979 zurück, im Rahmen derer über eine Klage der Bundesversicherungsanstalt für Angestellte (BfA) über zu Unrecht weitergezahlte Renten zu entscheiden war[132].
In dem vom BGH zu entscheidenden Fall hatte die Mutter des Beklagten nach dem Tod ihres Ehemannes eine Witwenrente durch die BfA erhalten. Nach ihrem eigenen Ableben wurde sie von ihrem Sohn, dem Beklagten, beerbt. Dieser hatte das Versterben der bisherigen Witwenrentenberechtigten der Rentenversicherungsstelle mitgeteilt. Gleichwohl zahlte die BfA weitere zweieinhalb Jahre die Rente aus.
Der BGH hatte in diesem Fall die Kondiktion bejaht und dabei die Anwendbarkeit von § 814 Alt. 1 BGB abgelehnt.
Zwar setze § 814 Alt. 1 BGB voraus, daß dem Leistenden die Leistung an sich freistehe. Entscheide er sich dann, eine nicht bestehende Verbindlichkeit zu erfüllen, stehe der Rückforderung der Grundsatz des venire contra factum proprium entgegen.

Im vorliegenden Fall kann nach Ansicht des BGH jedoch nicht von einer derartigen Freiheit, leisten zu wollen, ausgegangen werden. Die Versicherungsanstalten sind nämlich bei Vorliegen der erforderlichen Voraussetzungen verpflichtet, Renten auszubezahlen. Geschieht dies trotz des Todes der Berechtigten weiterhin, kann sich der Erbe als Empfänger der Leistung nicht auf Vertrauensschutz berufen, um die Leistung zu behalten, denn § 814 Alt. 1 BGB ist nach Auffassung des BGH nach dem ihm innewohnenden Zweck gar nicht anwendbar. Selbst nach erfolgter Anzeige vom Tod der Berechtigten kann bei anschlie-

---

132 Vgl. dazu BGH NJW 1979, S. 763.

ßender Weitergewährung der Rente von einer positiven Kenntnis des Leistenden, verbunden mit der Billigung, daß hier eine Zahlung an einen Nichtberechtigten erbracht werden soll, nicht ausgegangen werden. Vielmehr liegt in diesen Fällen eine irrtümliche Weiterbezahlung vor, auf die § 814 Alt. 1 BGB gar nicht anwendbar ist.

C. Historische Auslegung[133] und Rechtsvergleich

Bei § 814 Alt. 1 BGB wird für das Kondiktionsverbot auf die Kenntnis von der Nichtschuld abgestellt. Bis zur Kodifikation des BGB zählte dagegen nur der Irrtum des Leistenden zu den Voraussetzungen bereicherungsrechtlicher Kondiktion[134]. Problematisch hieran war, daß der Leistende „den besonderen Nachweis des Irrtums" zu erbringen hatte. Diese Schwierigkeit sollte durch die Regelung des § 814 Alt. 1 BGB, bei der es auf den Irrtum des Leistenden nicht mehr ankam, vermieden werden. Die Väter des BGB haben „aus Rücksichten der praktischen Angemessenheit und Zweckmäßigkeit"[135] die mit der früheren Regelung einhergehenden Beweisschwierigkeiten gelöst, die sich ergeben, wenn der Leistende „den besonderen Nachweis des Irrtums"[136] zu erbringen hatte[137], indem der Irrtum von der gemeinrechtlich positiven zur negativen Vor-

---

133 Die historische Auslegung stellt nach h.M. einen der klassischen Aspekte der Auslegung dar, vgl. Larenz/Canaris, Methodenlehre, S. 149; Palandt/Heinrichs, Einleitung, Rdnr. 37. Diesem Ansatz wird hier gefolgt, weil die integrierte Darstellung des historischen Ablaufs im Rahmen anderer Auslegungsarten sehr schwerfällig und wenig übersichtlich ist. A.A. Fikentscher, Methoden Bd. IV, S. 356 u. 370, der Systematik und zeitlichen Aspekt für zwei getrennte Ansätze hinsichtlich methodischer und philosophischer Inhalte der Rechtsbildung hält.

134 Vgl. hierzu v. Savigny, S. 360 ff. sowie Windscheid, § 426 Anm. 14 (S. 897 f.). Problematisch war insbesondere die Differenzierung der verschiedenen Irrtumsarten und ihre Behandlung.

135 Mot. II, S. 833.

136 A.a.O.

137 Staudinger/Lorenz, § 814 Rdnr. 2; v. Kübel, Vorentwürfe, S. 676 ff.

aussetzung des BGB-Bereicherungsanspruchs wurde: auf die Art des Irrtums des Leistenden kam es damit nicht mehr an[138].

Ein Blick auf benachbarte Rechtsordnungen macht deutlich, daß dort der Irrtum sehr wohl noch wesentlicher Bestandteil der Rückabwicklung ist. Die condictio indebiti wird auch heute in Frankreich und Italien nur bei entschuldbarem Irrtum gewährt.

Im französischen Zivilrecht setzt die „répétition de l'indu" gem. Art. 1376, 1377 code civil[139] voraus, daß der Leistende sich nicht grob fahrlässig[140] über das Bestehen der Schuld geirrt hat[141]. Sofern dies zu bejahen ist und der Leistende damit einem entschuldbaren Irrtum unterlag, kann er gem. Art. 1235 Abs.1 code civil ein Rückforderungsrecht geltend machen[142].
Der Irrtum ist in diesem Zusammenhang nicht wie bei den Willensmängeln i.R.d. Rechtsgeschäftslehre zu verstehen; es genügt vielmehr jede Fehlvorstellung, die eben zu der fehlgegangenen Leistung Anlaß gegeben hat[143].

Im italienischen Recht ist die bereicherungsrechtliche Rückabwicklung in den Art. 2033ff. codice civile geregelt. Es wird hier zwischen objektiver und subjektiver Nichtschuld unterschieden, wobei im ersteren Fall überhaupt keine Verbindlichkeit vorliegt, im letzteren zwar eine Schuld gegeben ist, der Schuldner für diese jedoch nicht verantwortlich ist.

---

138 Mayer-Maly, Rechtsirrtum, S. 296 f., Erman/Westermann, § 814 Rdnr.1.

139 Art. 1376 code civil: Celui qui reçoit par erreur ou sciemment ce qui ne lui est pas dû s'oblige à le restituer à celui de qui il l'a indûment reçu. Art. 1377 code civil: Lorsqu'une personne qui, par erreur, se croyait débitrice, a acquitté une dette, elle a le droit de répétition conter le créancier.

140 „nicht entschuldbar" entspricht „grob fahrlässig", vgl. Ferid/Sonnenberger, 2N17, S. 431.

141 So die herrschende und auf alter Tradition fußende Ansicht, vgl. Ferid/Sonnenberger, 2N16, S. 430, der a.E. dasselbe Ergebnis hat.

142 Hübner/Constantinesco, S. 179.

143 Ferid/Sonnenberger, 2N16, S. 430.

Art. 2033 codice civile[144]sieht für den sog. „indebito oggetivo“[145] eine generelle Rückabwicklungsmöglichkeit des Leistenden vor, ohne daß es auf einen Irrtum seinerseits ankäme[146]. Hinsichtlich des „indebito soggettivo“[147] gem. Art. 2036 Abs.1 codice civile[148] ist die Rückabwicklung möglich, sofern ein „errore scusabile“, ein entschuldbarer Irrtum vorliegt[149].

In § 814 Alt. 1 BGB hingegen kommt es einzig auf die positive Kenntnis des Leistenden und nicht auf einen nachzuweisenden Irrtum an. Eine Kondiktion ist bei § 814 Alt. 1 BGB möglich, wenn der Leistende aufgrund einer bestimmten Verbindlichkeit geleistet hat und diese Verbindlichkeit nicht bestanden hat. Der Leistungsempfänger kann dem entgegentreten, indem er den Nachweis erbringt, daß sich der Leistende nicht irrte, sondern in positiver Kenntnis der Nichtschuld handelte. Da dieser Nachweis – außer in den eindeutigen Fällen - schwierig zu führen ist, stellt die Rückforderung des Geleisteten bei Fehlen der zugrundeliegenden Verbindlichkeit den häufigeren Fall dar. In § 814 Alt. 1 BGB hat derjenige geringere Beweisprobleme, der eine Situation anstrebt, die dem rechtlich vorgesehenen Regelfall (Kondiktion bei Fehlen einer Verbindlichkeit) entspricht. Wäre der Leistende verpflichtet, seinen Irrtum über das Bestehen der

---

144 Art. 2033 codice civile: (Objektive Nichtschuld) Wer eine nichtgeschuldete Zahlung vorgenommen hat, hat das Recht, das zurückzufordern, was er bezahlt hat. Deutscher Text aus der zweisprachigen Ausgabe des codice civile, Verlagsanstalt Athesia, Bozen.

145 „L'accipiens riceve un arricchimento in senso assoluto perché il credito non esisteva“; Trabucchi, S. 666.

146 „Non è necessario per la ripetizione dell'indebito oggetivo che il solvens abbia pagato in errore, si fa l'ipotesi, per esempio, che egli abbia pagato una seconda volta il debito che sapeva di aver già estinto, allo scopo di evitare un'azione esecutiva che non avrebbe potuto tempestivamente arrestare in altro modo, essendo privo di una quietanza.“ Trabucchi, S. 666.

147 „Nell'indebito soggetivo il credito esisteva, ma chi ha pagato non era debitore“ a.a.O., S. 666.

148 Art. 2036 Abs.1 codice civile: (Subjektive Nichtschuld) Wer eine fremde Schuld in der entschuldbar irrigen Meinung gezahlt hat, selbst der Schuldner zu sein, kann das zurückfordern, was er bezahlt hat, sofern sich der Gläubiger nicht schon in gutem Glauben der Schuldurkunde oder der für die Forderung erhaltenen Sicherheiten entledigt hat. Zum deutschen Text vgl. oben Fn. 144.

149 „scusabile“ : „neppure l'uomo diligente lo avrebbe potuto evitare“, Trabucchi, S. 666.

Schuld im einzelnen nachzuweisen – was oft problematisch ist – würde die Kondiktion trotz Fehlens einer Verbindlichkeit hieran scheitern können. Das Abstellen auf die Kenntnis der Nichtschuld als vom Leistungsempfänger zu beweisende Tatsache ist unter dem Gesichtspunkt der Klarheit und Sachnähe zu begrüßen.

D. Teleologische Auslegung[150]

Im Rahmen der teleologischen Auslegung wird die Frage gestellt, warum das Gesetz erlassen wurde, d.h. welchem Zweck es dient.

§ 814 Alt. 1 BGB verweigert die Rückforderung, wenn trotz Kenntnis der Nichtschuld eine Leistung erbracht wird. Diese „Kenntnis der Nichtschuld" wurde früher z.T. rechtsgeschäftlich interpretiert. So hatte man sich beispielsweise schon i.R.d. Kodifizierung des BGB mit der Möglichkeit auseinandergesetzt, den Rechtsgrund bzw. den Grund zum Behaltendürfen der Leistung in einer rechtsgeschäftlichen Einigung zu sehen[151]. Letztlich wurde diese Anregung jedoch zugunsten der Vertragsfreiheit fallengelassen.
Trotz dieses Signals wurden in der älteren Literatur[152] zur Charakterisierung des § 814 Alt. 1 BGB häufig rechtsgeschäftlichen Erklärungen herangezogen. § 814 Alt. 1 BGB wurde als Sonderform des Verzichts angesehen, wobei die Leistung trotz Kenntnis einem Schuldanerkenntnis gleichgesetzt wurde[153]. Der Leistende habe bei der Konstellation, trotz Kenntnis der Nichtschuld eine Leis-

150 „Teleologie" ist ein von Christian Wolff bei der Gliederung seiner Naturphilosophie von 1728 geprägtes Kunstwort. Aus der Ableitung des von Aristoteles gebrauchten „telos" ergibt sich, daß es eigentlich „Telologie" heißen müßte. Teleologie hat sich jedoch gewohnheitsrechtlich eingebürgert. Vgl. hierzu Fikentscher, Methoden Bd. IV, S. 367.

151 Mugdan, Materialien Bd. II, S. 466 (Mot. II, S. 834).

152 Scheyhing, AcP 157 (1958) S. 371, 389 f.; Welker, S. 103.

153 Reuter/Martinek, S. 184.

tungshandlung vorzunehmen, „gleichsam geschenkt“[154] (similis videtur ei qui donat[155]).

Eine derartige Interpretation ist jedoch durch den Wortlaut des § 814 Alt. 1 BGB weder vorgesehen, noch geboten. Die rechtsgeschäftliche Deutung läuft letztlich auf ein Ausschalten des Tatbestandsmerkmals der Rechtsgrundlosigkeit hinaus, denn wenn eine rechtsgeschäftliche Einigung über das Unterlassen der Rückforderung vorläge, würde diese ja den rechtlichen Grund ersetzen. Dann aber käme es schon mangels Vorliegens eines Falles von § 812 Abs. 1 Satz 1 Fall1 BGB nicht zu einer Kondiktion. Die in § 814 Alt. 1 BGB geforderte positive Kenntnis ersetzt nicht die Tatbestandsmerkmale der condictio indebiti, sie ergänzt diese vielmehr.
Der Kondiktionsausschluß kann daher nicht auf eine rechtsgeschäftliche Einigung gestützt werden, sondern beruht letztlich - wie oben dargestellt[156] - auf dem Gedanken der Unzulässigkeit widersprüchlichen Verhaltens[157].

E. Zwischenergebnis zur Auslegung des Begriffs „Kenntnis der Nichtschuld“

§ 814 Alt. 1 BGB berührt ein grundlegendes Prinzip. Wer von einem Umstand Kenntnis hatte, muß sich daran auch später noch festhalten lassen und kann deshalb grundsätzlich nicht so behandelt werden wie der Kenntnislose.
Folgen aus der Kenntnis erwachsen auch an anderen Stellen des BGB, so z.B. in den §§ 460 S. 1; 439, 122 Abs. 2; 123 Abs. 2 S. 1; 142 Abs. 2; 307 Abs. 1 S. 2; 169 BGB. Dabei wird entweder, wie in § 814 Alt. 1 BGB, auf die positive Kenntnis oder aber ein Kennen bzw. Kennenmüssen abgestellt.

---

154 Wacke, S. 8.
155 Paulus, Dig. 46,2,12.
156 Vgl. oben S. 44.
157 Münch. Komm./Lieb, § 814 Rdnr. 2; Welker, S. 103; Medicus, Schuldrecht II, Rdnr. 656.

In allen Fällen, die positive Kenntnis voraussetzen, geht das Gesetz grundsätzlich von einem denkenden und von der Kenntnis geleiteten Menschen aus. Weicht dieser aber von der erwarteten Verhaltensweise ab und kann man zugleich Kenntnis nachweisen, wird auch diese Abweichung als seine Wahl angesehen, an der er in Zukunft festgehalten wird. In der Regel spricht man in diesem Zusammenhang vom Verbot widersprüchlichen Verhaltens. An sich handelt es sich jedoch gar nicht um ein Verbot. Vielmehr wird angenommen, wenn jemand in Kenntnis bestimmter Umstände eine an sich „unlogische“ Handlung vornimmt, daß er auch diesen logischen Bruch gewollt habe. Man orientiert sich also letztlich an den durch die Handlung geoffenbarten Willen, nicht am anders nachgewiesenen Wissen. § 814 Alt. 1 BGB ist insofern keine beschränkende, sondern eine der Autonomie umfassend Tribut zollende Regelung.

Zweiter Abschnitt
„Sittliche Pflicht“ und „Anstand“, § 814 Alt. 2 BGB

§ 814 Alt. 2 BGB sieht vor: „Das zum Zwecke der Erfüllung einer Verbindlichkeit Geleistete kann nicht zurückgefordert werden, wenn (...) die Leistung einer sittlichen Pflicht oder einer auf den Anstand zu nehmenden Rücksicht entsprach.“

Erster Unterabschnitt
Auslegung der Begriffe

A. Grammatische Auslegung

I. Der Begriff der Sittlichen Pflicht

Der Terminus „sittliche Pflicht“ meint seinem Wortsinn nach solche Pflichten, die durch die Sittlichkeit geboten sind. Pflichten, die sich aus der Sitte ergeben, würden - in Abgrenzung zur sittlichen Pflicht - als „sittengemäße Pflicht“ bezeichnet werden. Die sittliche Pflicht wurzelt folglich in dem Begriffen der „Sittlichkeit“ und der „Pflicht“.

1. Die Sittlichkeit

a. Charakterisierung des Begriffs der Sittlichkeit. Terminologische Differenzierung von dem Begriff „Sitte“

Der Terminus der Sittlichkeit wird von der herrschenden Meinung als die Gesamtheit der inneren, auf die Gesinnung bezogenen Verhaltensnormen, die auf das Gute um seiner selbst willen gerichtet sind, verstanden werden[158]. Es kann also nur eine „gute“ Sittlichkeit geben.

Von der Sittlichkeit ist dagegen die „Sitte“ zu unterscheiden. Hierunter ist eine tatsächliche Übung im Sinne eines in der Vergangenheit begründeten, traditionell aufrechterhaltenen Verhaltensmusters zu verstehen[159]. Die Sitte impliziert kein wertendes Sollensgebot[160]. Es kann daher im Sinne unseres Wertverständnisses durchaus auch „schlechte“, insbesondere menschenverachtende Sitten geben. Als Beispiel sei nur die Beschneidung von Mädchen, das Einschnüren von Füßen etc. genannt.

Die Unterscheidung der Termini Sitte und Sittlichkeit existierte ursprünglich noch nicht in der heutigen Form. Im 19. Jahrhundert wurden die Begriffe Sitte, Sittlichkeit, Anstand, Sittengesetz, guter Brauch, „boni mores“ oder Ehre verwendet, um die moralische Qualität eines Rechtsgeschäfts auszudrücken, wobei nicht deutlich gemacht wurde, ob hierunter im einzelnen die Moral im Sinne einer qualitativ positiven Bewertung oder die Sitte im Sinne eines allgemeinen Brauchs zu verstehen waren[161].

Nur einige Autoren machten durch die kumulative Verwendung der Termini „Sitte“ und „Sittlichkeit“ deutlich, daß sie beide Begriffe für wesentlich hielten und damit auch zwischen dem jeweiligen Bedeutungsgehalt differenzierten[162].

---

158 Köbler, S. 333.

159 Henkel, Einführung, S. 52 ff., 53; vgl. ferner u.a. A. Kaufmann, Grundprobleme, S. 198 f.

160 Fikentscher, Methoden, Bd. I., 1. Buch, S. 65.

161 Einen Überblick über die Formulierungen, wie sie von den unterschiedlichen Autoren verwendet werden, gibt Schmidt, S. 100.

162 Vgl. Froben, einzelne Lehren des römischen Rechts, 1. Band, § 9, S. 15: Schon im römischen Recht habe der Richter eine Klage verworfen, „wenn die Forderung des Klägers dem Anstand oder der Sittlichkeit widerstreitet"; Dabelow, Pandektenrecht, 2. Teil, § 139, S. 80: „Ob dagegen (..) schon jede Bedingung ohne Unterschied, in welcher Verletzung der conventionellen Sitte enthalten ist, zu den moralisch unmöglichen gehöre, ist noch gar nicht entschieden"; Mühlenbruch, Lehre des

Windscheid[163], Dernburg[164] und Regelsberger[165] verwendeten relativ regelmäßig den Ausdruck „Sittlichkeit", so daß der Schluß naheliegt, daß diese Autoren die Sittlichkeit und nicht die Sitte für das maßgebliche Kriterium der Unwirksamkeit eines Rechtsgeschäfts hielten.
Eine grundsätzliche Unterscheidung zwischen Sitte und Sittlichkeit erfolgte 1883 durch Jhering[166]. In seinem Werk „Der Zweck im Recht" legte er dar, daß es zwar im römischen Recht eine Abgrenzung zwischen Recht und Moral, nicht jedoch zwischen Sitte und Moral gegeben habe[167]. Letztere Differenzierung sei erst durch die in der deutschen Sprache verwendeten Begriffe erfolgt[168]. Jhering charakterisierte die Sitte als das Anständige, Schickliche und Ziemliche. Sie habe lediglich beschränkte Gültigkeit und sei hinsichtlich ihrer Bindungswirkung auf den lokalen, nationalen und sozial bedingten Bereich beschränkt[169]. Die Sittlichkeit hingegen habe den Anspruch des Absoluten und sei dementsprechend allgemeingültig und –verbindlich zu verstehen[170].

Sieht man in diesem Sinne die Sitte als „tatsächliches gleichförmiges Verhalten ohne normative Elemente" und die Sittlichkeit als Normenordnung, wirkt dies nur dann als absoluter Gegensatz, wenn nicht weiter differenziert wird. Denn die

---

Pandektenrechts, 1. Teil, § 106, S. 210 unterscheidet „unanständige" und „eigentlich unmoralische" Bedingungen.

163 Windscheid, Lehrbuch des Pandektenrechts, 2. Bd., § 314, S. 286. Er sieht in dem Verstoß gegen die Sittlichkeit einen Unterfall des unerlaubten Vertrages, der anzunehmen ist, „wenn der Vertrag auf Hervorrufung oder Beförderung des Verbotenen, oder auf Hinderung des Gebotenen gerichtet ist; ferner wenn durch ihn auf die Freiheit des Entschlusses in Dingen eingewirkt werden soll, in welchen der Mensch sich durch äußere Motive nicht soll bestimmen lassen; endlich kann der Vertrag auch wegen der Verwerflichkeit der Gesinnung, welche sich in ihm verrät, ein unsittlicher sein".

164 Dernburg, Pandekten, 2. Bd., § 16 II, S. 48.

165 Regelsberger, Pandekten, 1. Bd. § 147 Ziff. 4 II, S. 540 f.

166 Jhering, Der Zweck im Recht.

167 Jhering, Zweck, Bd. 2 S. 52

168 A.a.O.; vgl. hierzu ferner unten, S. 48 ff., 51. Thomasius hatte erstmals zwischen den Begriffen Justum, Honestum und Decorum differenziert.

169 Jhering, a.a.O., S. 61.

170 A.a.O., S. 62 f.

Tatsache, daß die Sitte überhaupt befolgt wird, stellt – ohne daß *sittliche* Anforderungen an die der Sitte Unterworfenen gestellt würden – einen eigenen Wert an sich dar, der stets auch normativen Charakter hat. Unter diesem Gesichtspunkt sind die Grenzen zwischen der Sitte und der Sittlichkeit fließend[171].

Blasi charakterisiert die der Sittlichkeit entsprechende Handlung dadurch, daß „sie 1) intentional ist, 2) der intentionale Aspekt der Erfahrung einer Verpflichtung korrespondiert, und (..) 3) die Verpflichtung sich subjektiv aus der Forderung eines als objektiv begriffenen Ideals an das Selbst ergibt."[172] Hier wird die subjektive, d.h. gefühlsmäßige Seite in den Mittelpunkt gestellt, denn ohne dieses Empfinden wäre moralisches Handeln nicht möglich. Erst die Verbindung mit dem objektiven Anspruch, das für sich selbst so ermittelte Richtige auch zu leben und umzusetzen, gibt der persönlichen Maxime jedoch die Allgemeingültigkeit, die einen Vergleich und eine Bewertung möglich macht. Letztlich zählt demnach ein als Autorität empfundenes Gefühl, den als „gut" erkannten Handlungen vor schlechteren, „nicht-guten", den Vorzug zu geben; eine Handlung entspricht dann der Sittlichkeit bzw. – als Pseudonym – der sittlichen Pflicht, wenn sie von einem gemeinschaftlichen Konsens als „gut" eingeordnet wird[173].

---

171 Vgl. hierzu G. Teubner, S. 54 ff.

172 Blasi, S. 79.

173 Der Terminus „gut" wird in diesem Kontext nicht beschreibend, sondern als absoluter Begriff verstanden. Die Auseinandersetzung mit dem Fragenkreis, was als gut gilt und die Problematik, wie dieses „gut", an dem sich jedes ethische Sollen und damit auch die sittlichen Pflichten orientieren, eingegrenzt werden kann, ist ein zentraler Punkt in der Philosophie. Was im ethischen Sinn gut ist, warum es als gut erkannt wird und warum eine Ausrichtung des Handelns hieran als vorzugswürdig erscheint, soll hier nicht erörtert werden; dies würde den Rahmen der ursprünglichen Fragestellung sprengen. Festzuhalten bleibt jedoch Folgendes: Allein die Tatsache, daß es „gut" und „böse" als Begriffe gibt, zeugt von einem hierin ausgebildeten Bewußtsein. Die Auseinandersetzung mit den unter diese Begriffe gefaßten Inhalten beweist, daß bestimmte Handlungsweisen besser sind, als andere. Damit kann man vom Vorhandensein eines moralischen Vorverständnisses der Menschen ausgehen. Die Alltagssprache mit ihren moralischen Begriffen verrät, daß sittliche Werte lebendig sind; vgl. hierzu Spaemann, S. 21 ff.; Anzenbacher, S. 15 ff.

Die Sittlichkeit fordert dementsprechend die Übereinstimmung der einzelnen Handlung mit der Bewertung als „gut". Die Sitte strebt dagegen eine äußere Konformität der Handlungen an.

Die Anthropologen sehen in dem Beginn des wertenden Sollensgebotes und der Ausrichtung menschlichen Handelns hieran gleichsam die Menschwerdung[174]. Die Aufforderung, eine bestimmte Sitte zu befolgen, weil sie gut sei, markiere den Anfang einer Reflexion von an Werten orientiertem Handeln, welches den Mensch zum Menschen mache[175].

Zusammenfassend kann die Sittlichkeit verstanden werden als der geistige Anspruch, in bezug auf eigenes und fremdes Verhalten das Gute von dem Schlechten zu differenzieren und seine Handlungen an dem erkannten Guten auszurichten.

b. Die autonome und die heteronome Sittlichkeit

Bei der Suche nach dem Ursprung der Verpflichtungswirkung der Sittlichkeit unterscheidet man in der Regel zwischen der autonomen und der heteronomen Sittlichkeit[176].

Die Theorie der autonomen Sittlichkeit geht davon aus, daß jeder einzelne einen Wegweiser für die Bewertung der Dinge in sich trägt. Weder Normen, noch Autorität, nichts Äußerliches könne Einfluß darauf haben, was gut oder

---

174 Fikentscher, Methoden, Bd. I, 1. Buch, S. 63; vgl. ferner Malinowski, Sitte, der überzeugend darlegt, daß auch bei Naturvölkern- entgegen der damals oft vertretenen Auffassung ein normfreies Regelverhalten, sei es aus Trägheit oder Starre, nicht existiert, sondern an die als „wild" geltenden Sozialgefüge bei den Naturvölkern genau die gleichen Kriterien und Maßstäbe relevant sind, wie in der sog. „zivilisierten Welt".

175 Fikentscher, a.a.O.

176 Sack, Anstandsgefühl, S. 767; Coing, S. 106; A. Kaufmann, Recht , S. 19 und 28. Henkel, Einführung, S. 66, differenziert etwas anders in 1.) autonome Sittlichkeit, 2.) Systeme der religiösen und profanen Hochethik, 3.) Sozialmoral, 4.) Humanmoral.

schlecht, anstrebenswert oder verwerflich sei. Zwar wirkten sich Faktoren, die die Persönlichkeit geprägt haben, indirekt auch auf die innere Vorstellung vom Guten aus. Letztere werde jedoch - und das sei entscheidend - immer als autonom empfunden. Maß der Dinge sei allein das Gewissen, die innere Stimme, das autonome Wertgefühl. Jedes aus dieser autonomen Sittlichkeit entspringende Sollen habe seine Wurzel in der subjektiven Überzeugung, daß es richtig sei, so zu handeln. Jede Abweichung von derart erkanntem „richtigem Tun" müsse sich dementsprechend auch nur vor dem Gewissen des einzelnen verantworten[177]. Versteht man die Sittlichkeit hingegen im heteronomen Sinne, ist sie fremdgesetzt, z.B. durch die Rechtsordnung, weltanschauliche bzw. religiöse Moralordnungen oder - i.S. einer Sozialmoral - durch die zu einer Gesellschaft zusammengefaßten Mitglieder einer Gemeinschaft[178]. Die heteronome Sittlichkeit ist damit nicht nur am inneren Empfinden des Einzelnen orientiert, wie dies bei der autonomen Sittlichkeit der Fall ist. Sie ist quasi „verobjektiviert".

Sowohl die autonome, als auch die heteronome Sittlichkeit sind für sich genommen logisch geschlossen. In ihrer praktischen Anwendung, auch im Rahmen eines Rechtssystems, bereitet das autonome Verständnis der Sittlichkeit jedoch Schwierigkeiten. Als Konzept für den Menschen, die einzelne Persönlichkeit, ist die Orientierung an der autonomen Sittlichkeit zwar eine selbstbewußte und sehr naturgemäße Art charakterlicher Entfaltung. Die Möglichkeit unabhängigen Denkens verträgt sich schlecht mit dem Gedanken, seine Entscheidungen fremdgesetzt, d.h. heteronom zu treffen. Und auch wenn es hinsichtlich der inneren Stimme an wissenschaftlicher Erwiesenheit mangelt, wird doch kaum jemand diesbezüglich die eigene Erfahrung leugnen. Sofern aber aus der autonomen Sittlichkeit eine Verhaltensnorm, ein Muster für richtiges Handeln gewonnen werden soll, erweist sie sich als untauglich. Da sie typischerweise dem Gewissen des einzelnen entspringt, kann sie auch nur für diesen gelten;

---

177 Der französische Existenzialismus hat diese Idee einer autonomen Werteordnung am konsequentesten gedacht: der Mensch ist nach Sartre „lediglich so, wie er sich selbst konzipiert (....), nichts anderes, als wozu er sich macht", Sartre, S. 25 f.

178 Henkel, Einführung, S. 71; Sack, Anstandsgefühl, S. 767. A. Kaufmann, Recht, S. 25 f.

„sie muß ihrer Natur nach 'subjektive Gesetzgebung' bleiben"[179]. Der Versuch, zur Schaffung einer Sollens-Ordnung an die autonome Sittlichkeit anzuknüpfen, wäre daher gleichbedeutend mit einem Verzicht auf einen allgemeinverbindlichen Standard[180]. Gerade in auf sozial-einheitliche Verständigung angewiesenen Komplexen wie Staaten kann es nicht richtig sein, daß sich jeder einzelne seine eigene ihn bindende Sittlichkeit erschafft. Im Ergebnis könnte sonst zum Beispiel ein – auch auf sittlichen Grundlagen beruhendes - System wie die Mafia nicht mehr als sittlich verwerflich eingestuft werden. Das subjektive Empfinden muß daher „verobjektiviert" betrachtet werden.

Eine heteronome Sittlichkeit ist im Gegensatz zur autonomen in der Lage, objektive Verbindlichkeit zu begründen. Sie kann als Maßstab dienen, menschliches Verhalten an einem Mindestgehalt der Ethik zu messen.
Die ganz herrschende Meinung und die Rechtsprechung haben sich daher auch für die heteronome Sittlichkeit als Maßstab der Sittlichkeit i.S. von § 814 Alt. 2 BGB entschieden. Als Verhaltensanordnung kann die Sittlichkeit im Zusammenhang mit einer Rechtsvorschrift nämlich nur Sinn ergeben, wenn sie auf viele, theoretisch alle Individuen anwendbar ist und eben nicht nur für den einzelnen Geltung beansprucht.
Die Entscheidung für ein heteronomes Verständnis der Sittlichkeit wird von der herrschenden Meinung und der Rechtsprechung vor allem dadurch getragen, daß die Autonomie selbst als sittlicher Wert nur dann für alle und in diesem Sinne objektiv gilt, wenn man eine „sittliche Ordnung der Dinge" voraussetzt. Zu Recht weist Rebe darauf hin, daß „die objektive Gültigkeit materialer ethischer Gebote (..) die Möglichkeitsvoraussetzung der Autonomie (ist) „[181]. Aus der Autonomie selbst kann jedoch nicht die objektive Wirksamkeit sittlicher Inhalte begründet werden, wenn letztere selbst Voraussetzung der Autonomie

---

179 Henkel, Einführung, S. 69.

180 Rebe, S. 105.

181 Rebe, a.a.O.

sind[182]. Dies würde eine Zirkelschluß bedeuten. Wirkliche Autonomie setzt daher die Geltung heteronomer Sittengebote voraus[183].

Bei der Entscheidung für die Heteronomie stellt sich zwangsläufig die Frage nach den spezifischen Kriterien der Sittlichkeit, denn die Umschreibung der Sittlichkeit als ein auf das „Gute" hin ausgerichtetes Verhalten ist zu wenig konkret. Bei einem heteronomen Verständnis der Sittlichkeit trifft jede sittlich relevante Wertung bei ihrer Rezeption durch den einzelnen auf dessen persönliches „Gefühl". Diese „Subjektivität" führt dazu, daß es eine einheitliche Sittlichkeit nicht geben kann[184].

Man könnte daher auf den Gedanken kommen, nur noch auf ein „Durchschnittsgefühl" oder „ethisches Minimum" zurückzugreifen. Hierdurch erzielt man jedoch keine konkreteren Ergebnisse. Denn zumeist geht es nicht um ein „mehr" oder „weniger", sondern um qualitative Unterschiede i.R. der vorzunehmenden Wertung[185]. Die Orientierung am Durchschnitt ist unpassend, denn die Sittlichkeit weist auf eine naturrechtliche Vorstellung von der vorgegebenen Ordnung der Dinge hin, die sich in keiner Weise im durchschnittlichen Empfinden widerspiegeln muß. Ferner kann das Durchschnittsempfinden nicht als Abgrenzungskriterium dienen, da es in diesem Fall selbst an den eignen Maßstäben zu messen wäre[186].
Ein Zurückgreifen nur auf das subjektive Gefühl des einzelnen allein wäre gleichbedeutend mit einem Umschwenken zum Begriff der autonomen Sittlichkeit. Wie oben dargelegt, kann auch dies nicht richtig sein. Dem jeweils anderen, persönlichen „Gefühl" des einzelnen muß vielmehr dadurch Rechnung getragen werden, daß man „objektiv" die äußeren Umstände, in die der Betroffene

---

182 A. Kaufmann, Recht, S. 26.

183 Vgl. dazu ebenfalls: Staudinger/Sack, § 138 Rdnr. 22.

184 Statt aller: Henkel, Einführung, S. 67.

185 Palandt/Heinrichs, § 138 Rdnr. 2; Larenz/Canaris, Lehrbuch, S. 451; Larenz, AT, S. 435; BGH 10, 232, „Durchschnittsmaß von Redlichkeit und Anstand".

186 G. Teubner, S. 14.

eingebunden ist, in die Wertung einbezieht. Man muß sich also stets vergegenwärtigen, welche „Sphäre“ der Sittlichkeit betroffen ist und in welchem Umfeld sich die zu bewertende Handlung zugetragen hat. Nur so kann die Sittlichkeit einerseits persönlich verpflichten und andererseits die erforderliche allgemeine Wirkung beanspruchen.

2. Die sittliche Pflicht

Der Begriff der Pflicht weckt auf den ersten Blick die Vorstellung von Zwang. Die Pflicht wird als Einschränkung der Freiheit empfunden. Gleichwohl erfüllt man sie im Bewußtsein einer Notwendigkeit, die suggeriert, dies sei man sich oder anderen schuldig[187]. In der Regel wird das, was unter „Pflicht“ zu verstehen ist sowie die Erfüllung derselben durch die faktische Autorität einer verordnenden Instanz vorgegeben, die sich auf traditionelle, kulturelle oder rechtliche Normen stützt[188]. In den Augen eines einer Pflicht Gehorchenden steht die Autorität dessen, der sie ihm abverlangt, im Vordergrund.

Die Ethik sieht in dem Terminus, der vom althochdeutschen „pfliht“ -“Pflege“, „Dienst“, „Obliegenheit“ - abstammt, eine „verbindliche Aufgabe oder Handlung, gegenüber der sich der einzelne oder eine Gruppe verantwortlich weiß“[189]. Pflicht kann in diesem Sinne als „echtes Sollen“ verstanden werden[190].

Bereits in der Antike wurde die typische Assoziation von Zwang als Mißverständnis betrachtet. Von der stoischen Ethik bis zu Kant wird dementsprechend die Pflicht nicht als lästige Einschränkung, sondern als von der Vernunft gesteuerte und am Guten orientierte Handlung betrachtet.

---

187 Staatslexikon, S. 374, zu „Pflicht“.

188 Brockhaus, zu „Pflicht“.

189 Brockhaus, a.a.O.

190 So z.B. A. Kaufmann, Recht, S. 31.

Kant sah in der Tatsache der Pflichterfüllung sogar die Verwirklichung der freien Handlung schlechthin. Er faßte den Menschen als ein Wesen auf, das sowohl das Prinzip der Natur, als auch das der Vernunft inkorporiere. Nur als „auch-Vernunft-Wesen“ seien Menschen überhaupt in der Lage, Pflichten anzuerkennen; dies sei Tieren und Gott nicht möglich. Die Natur in ihnen lasse sie nach Glückseligkeit, die Vernunft nach Sittlichkeit streben[191].
Natur und Vernunft träfen dabei als Seins- und Sollensprinzip aufeinander, wobei ersteres empirische, letzteres normative Ansprüche erhöbe. Das natürliche Prinzip sei dem sittlichen jedoch untergeordnet, der Mensch solle vernünftigerweise nach Sittlichkeit streben. Dieses Sollen stelle sich als „praktische Nötigung, d.i. Pflicht“ dar[192]. Nur hierdurch komme der Aspekt der Freiheit zum Tragen. Während das natürliche Prinzip auf den Menschen kausal einwirke, eröffne die Vernunft die Freiheit der Wahl, sittlich zu handeln oder nicht. Komme der Mensch nun von sich aus einer Determination seines Willens durch die praktische Vernunft nach, erfülle er seine Pflicht. Kant sieht folglich in der Pflicht ein Indiz für die Würde des Menschen als Vernunftwesen, „das keinem anderen Gesetze gehorcht als dem, das es zugleich selbst gibt“[193].

Pflicht stellt sich unter diesem Aspekt als das von der Vernunft des Menschen gesteuerte Streben nach dem Guten, nach Sittlichkeit dar.

II. Der Begriff des Anstandes

Anstand kann definiert werden als die von einer Gesellschaft oder einzelnen Gesellschaftsschichten als Maß des zwischenmenschlichen Verhaltens von ihren Mitgliedern und Gruppen erwartete Lebensart[194]. Es sind die konventionellen, das äußere Verhalten bestimmenden Regeln, die die betreffende Sozialgemein-

---

191 Kant, Kritik, S. 43 ff., 46; vgl. aus heutiger Sicht auch Moore, S. 211.

192 Kant, Grundlegung, S. 60.

193 Kant, a.a.O.

194 Brockhaus, Bd. 1 zu: Anstand.

schaft sich selbst gibt[195]. Der Anstand bezieht sich folglich auf den äußeren, eher oberflächlichen Kontakt. Zwar wird der Mensch – wie bei der Sitte - beim Anstand durch kollektiv-psychologischen Zwang zu einer bestimmten Handlung veranlaßt[196]. Im Unterschied zur Sitte ist die Rechtfertigung für diesen Zwang jedoch nicht in der Tradition begründet, sondern basiert auf der kulturell herrschenden Vorstellung von - vor allem äußerlich wahrnehmbarem - zwischenmenschlichem Umgang[197].
Mit der Wendung „sittliche Pflicht oder auf den Anstand zu nehmende Rücksicht" wird sowohl der ethische, sich an den inneren Wertekodex richtende Bereich, als auch die äußerlich vergegenständlichte moralische Konvention umfaßt.

B. Historische Auslegung

§ 814 Alt. 2 BGB regelt den Sachverhalt, daß eine Leistung dann nicht zurückgefordert werden kann, wenn sie – unabhängig von der irrigen Vorstellung der Parteien, einer Rechtspflicht zu entsprechen – einer sittlichen Pflicht genügt.
Die zweite Kommission erläuterte ihren im BGB letztlich auch verwirklichten Antrag auf Aufnahme dieser Regelung damit, daß es deren ursprünglicher Zweck sei, Recht und Sittlichkeit in Einklang zu bringen, um das sittliche Bewußtsein des Volkes nicht zu verletzten[198].

In § 814 Alt. 2 BGB wird für solche Leistungen die Rückforderung ausgeschlossen, die sittlich geschuldet werden. Im Folgenden soll die Behandlung sittlicher Leistungen – denn darunter sind die nur einer sittlichen Pflicht ent-

---

195 Klingmüller, S. 236 f.

196 Gierke, Recht, S. 5, vgl. auch Klingmüller, S. 236; Jacobi, S. 155; Jhering, Zweck, Vorbem. S. 20.

197 Jacobi, S. 155 differenziert hier anders. Ihm zufolge ist der Zwang, der auf sittengemäßes Verhalten gerichtet ist, ein äußerer, wogegen der sich auf die Anständigkeit richtende ein innerer sei, „die Gewöhnung des Willens durch Erziehung und gutes Beispiel".

198 Vgl. Prot. II, S. 695.

sprechenden Vermögensverschiebungen zu fassen – aus historischer Sicht untersucht werden. Dabei wird zunächst auf die rechtliche Bewertung sittlich relevanter Rechtsgeschäfte eingegangen. Im Anschluß daran wird untersucht, ob sittliche Leistungen im einzelnen zu einem Kondiktionsverbot führen und wie derartige Sachverhalte bis zur Kodifikation des § 814 Alt. 2 BGB gesetzlich geregelt waren bzw. gehandhabt wurden. Schließlich wird die Kodifikationsgeschichte des § 814 Alt. 2 BGB dargestellt und erläutert.

I. Entstehungsgeschichte von Regelungen zur sittlichen Relevanz von Rechtsgeschäften im allgemeinen

Die frühen Normen, die die sittliche Relevanz von Rechtsgeschäften zum Gegenstand hatten, behandelten diesen Lebenssachverhalt unter dem Aspekt der Sittenwidrigkeit. Das Römische Recht lehnte die jeweilige Regelung an den sittenwidrigen Sachverhalt an. Diese kasuistische Vorgehensweise nach dem Vorbild des Römischen Rechts wurde später da, wo die Sittenwidrigkeit überhaupt thematisiert wurde, nachempfunden.

Das Freiburger Stadtrecht von 1520 enthielt derartige an einzelnen Fallgruppen orientierte und nicht als Generalklausel ausgestaltete Regelungen, die die Zulässigkeit von Rechtsgeschäften aus sittlicher Sicht zum Gegenstand hatten[199].

Hinsichtlich der Verpfändungen wurde beispielsweise angeordnet:

„*Unzimlich pact und geding sollen in verpfandungen nichtig sin*"[200],

---

[199] Nach Schmidt, S. 23, soll es sich hierbei um die erste Normierung dieser Art handeln, die früheren Stadt- und Landrechte der Rezeptionszeit enthielten noch keine Normen zur Sittenwidrigkeit von Rechtsgeschäften.

[200] 2. Tractat, VIII. Titel, § 13.

zu den „ernst gemeinten" Versprechen galt:

> *„Welcher dem andern etwas mit bedachtlichkeit zusagt, (...), so soll der ein, der zugesagt hat, sin zusagen halten und mag mit recht darzu gezwungen werden; dann es gepürt sich menschlicher erberkeit, das man glouben halte, es wer dann das zusagen umb unerlich sachen*"[201].

Ausgenommen von der Verpflichtung, eine Zusage zu halten, waren damit solche Zusagen, die sich auf ein unehrliches Verhalten bezogen. Wetten wurden allerdings ausdrücklich als zulässig erachtet, außer wenn *„die sach des wettens unerlich, schandbar oder lesterlich*" war [202].

Das Unehrliche und Schandbare schränkte im Freiburger Stadtrecht somit die Zulässigkeit von im Einzelnen benannten Rechtsgeschäften ein, ohne hierdurch eine allgemeine Bestimmung zu grundsätzlich sittenwidrigen Rechtsgeschäften zu treffen. Deutlich wird aber der Ansatz, moralische Grenzen des Rechtsgeschäfts gesetzlich festzuhalten.

Das Württembergische Landrecht von 1554/1555 orientierte sich mehrfach am Freiburger Stadtrecht. Es enthielt beispielsweise in Teil II, Kap. 5, § 8 fast wörtlich die Regelung des VI. Titels, § 8 des Freiburger Stadtrechts[203].

Auch das Solmser Landrecht von 1571 regelte in mehreren Bestimmungen die Sittenwidrigkeit von Rechtsgeschäften. So ordnete es für die Verträge an:

> *„Es sollen aber die Verträge also aufgericht und ertädiget werden, daß sie erbar, rechtmeßig, billich und gleichmeßig, kein Parteye dardurch ver-*

---

201 2. Tractat, VI. Titel, § 8.

202 2. Tractat, VI. Titel, § 7.

203 Zum Wetten vgl. Teil II, Kap 5, § 7, der für das grundsätzlich zulässige Wetten in Satz 2 verfügt: „Es were dann die Sach des Wettens unerlich, schandbar und lösterlich oder sonst die Erstattung der Wettung dem verlustigen Teil zuvil hoch, nachteilig und beschwerlich, wölchs dann zu Erkanntnus des Richters stehn soll."

nachteylt und vor der ander ubersetzt noch beschwert werde, sonder einer jeden die Gebühre widerfahre.[204]„

Sowohl in Freiburger Stadtrecht, als auch im Württembergischen und Solmser Landrecht finden sich Regelungen zur Sittenwidrigkeit von jeweils im Einzelnen dargestellten Rechtsgeschäften. Allen drei Gesetzen ist gemeinsam, daß keine über diese Kasuistik hinausgehende, allgemeine Norm besteht.

Eine derartige generelle Normierung erfolgte dann 1578 im Rahmen der erneuerten Reformation der Stadt Frankfurt, in der die folgende - nicht mehr an einer konkreten Fallgruppe orientierte – Regelung enthalten war:

„Auch werden die Contract offtmahls auß andern Ursachen krafftloß unn nichtig/ Als/ so denselben unrechtmessige/ unbilliche/ wucherische/ und in den Rechten verbottene Pacta unn Geding/ angehenckt oder undergemischt werden/ Darauff volgends in den Gerichten nicht kan noch sol gesprochen oder erkennt werden"[205].

Vertragliche Ansprüche, die sich auf einen sittenwidrigen Gegenstand beziehen – beispielhaft aufgeführt werden die unrechtmäßigen, unbilligen, wucherischen und verbotenen Abreden - sollen gerichtlich nicht durchsetzbar sein. Es ist festzuhalten, daß hier nicht nach der Art des Vertrages differenziert wird, der dem Nichtigkeitsgrund „Unsittlichkeit" zum Opfer fällt.

Die folgende Regelung nahm noch einmal auf die sittenwidrigen Rechtsgeschäfte bezug:

„Dieweyl dann die Recht solches alles also ordnen/ so woellen wir/ daß die Unsern vor oberzehlten unn dergleychen unrechtmessigen/ unehrbaren und

---

204 Solmser Landrecht, Teil II, 17. Titel, § 2. Vgl. zu den Verpfändungen Teil II, 15. Titel, § 5, ferner Teil II, 6. Titel, § 9 sowie Teil II, 12. Titel, § 26, Teil II, 15. Titel, Kap. 5.

205 2. Theil, 1. Titel, § XIII.

verbottenen Contracten sich hueten/auch derselben sich genzlich enthalten sollen"[206].

Die unrechtmäßigen und unehrbaren, d.h. die sittenwidrigen Verträge wurden den verbotenen Abreden gleichgestellt.

Damit war 1578 erstmals eine Generalklausel zur Sittenwidrigkeit von Rechtsgeschäften normiert. Sie wurde von den meisten zeitlich nachfolgenden Gesetzen übernommen[207].

Während in der Zeit des usus modernus keine nennenswerte Beschäftigung mit der Problematik der Sittenwidrigkeit von Rechtsgeschäften feststellbar ist, fand in der Epoche des Naturrechts eine intensive Auseinandersetzung mit dem ethisch-sittlichen Bereich statt. Das „klassische" Naturrecht entwickelte sich im 17. Jahrhundert – ursprünglich aus dem christlichen Naturrecht – als vernunftgesteuerte Erkenntnis der Natur der Dinge[208].
Die Vernunft diente folglich zur Entschlüsselung der in der Natur enthaltenen Regeln und Gesetze. Um letztlich das Gute zu erreichen und Böses zu vermeiden, mußte sich die Vernunft an moralischen Wertmaßstäben orientieren[209]. Thomasius führte hierzu die Begriffe des Honestum, Decorum und Justum (Sittlichen/Moralischen, Wohlanständigen/Sittengemäßen und Gerechten) ein, drei Normbereiche, die an jeweils unterschiedlichen Punkten des sozialen Verhaltens ansetzten[210]. Das Naturrecht umfaßte bei Thomasius dementsprechend auch die Bereiche von Sittlichkeit und Wohlanständigkeit, ein Verstoß gegen

---

206 2. Theil, 1. Titel, § XIIII.

207 So z.B. erneuertes Landrecht der churfürstlichen Pfalz von 1610, 23. Theil, XXVI. Titul, §§ III-VI; eine Ausnahme stellt das Bayerische Landrecht dar, in dem sich keine entsprechende Regelung findet. Vgl. zu den zeitlich nachfolgenden Gesetzen Schmidt, S. 26.f.

208 Mitteis/Lieberich, S. 15.

209 Vgl. Luig, S. 152 f., Bühler, S. 31 ff.

210 Thomasius, lib. I, cap. V, § XXX; S. 151.

einen dieser Bereiche stellte gleichzeitig einen Verstoß gegen das Naturrecht dar.

Die Naturrechtskodifikationen regelten die Sittenwidrigkeit von Rechtsgeschäften in eigenen, generellen Normen, teilweise unter dem Begriff der Vertragsursache, teilweise in Rahmen der unerlaubten Handlungen[211]. Das allgemeine Landrecht für die preußischen Staaten von 1794 sah beispielsweise zur Frage der Sittenwidrigkeit von Rechtsgeschäften mehrere Paragraphen in Form eines Grundtatbestandes und mehrerer Anwendungsbeispiele vor[212].

Ab diesem Zeitpunkt ist die Sittenwidrigkeit von Rechtsgeschäften als unabhängige und nicht mehr fallspezifische Generalklausel in den deutschen Kodifikationen verankert.

II. Kondiktionsverbote bei Vorliegen „sittlicher Leistungen“ ? Untersuchung bis zur Kodifikation des BGB

Vor der Zeit des Naturrechts entwickelten einzelne Gesetze Regelungen zur Sittlichkeit respective Sittenwidrigkeit von Rechtsgeschäften[213]. Für ein Kondiktionsverbot bei Vorliegen von „sittlichen Leistungen“ fehlte es jedoch noch an einer hinreichenden Differenzierung.

Die Naturrechtskodifikationen enthielten dagegen teilweise Kondiktionsausschlüsse, wenn eine Naturalobligation gegeben war, denn das Naturrecht stellte natürliche, d.h. unvollkommene Verbindlichkeiten - die zwar freiwillig erfüllt,

---

211 §§ 6-13 des Allgemeinen Landrechts für die Preußischen Staaten; 4. Teil, 1. Kap., § 16 Codex Maximilianeus Bavaricus Civilis ; Artt. 1108 i.V.m. 1131, 1133 code civil von 1804 ; § 878 Allgemeines Bürgerliches Gesetzbuch Österreichs v. 1811.

212 Vgl. ALR, 1. Teil, 4. Titel, §§ 6-9.

213 Vgl. oben, S. 84 ff.

nicht aber gegen den Willen des Schuldners durchgesetzt werden konnten - den verpflichtenden Obligationen im wesentlichen gleich.

Die bewußte, sittlich motivierte Leistung stellt eine derartige Naturalobligation dar. Nachdem die Naturrechtskodifikationen zum Teil auch die natürliche Verbindlichkeit mit der Rechtsfolge des Kondiktionsverbotes versehen haben, war der Irrtum des Leistenden über den Verpflichtungscharakter seiner Handlung – ebenso wie beim heutigen § 814 Alt. 2 BGB – irrelevant. In diesen Fällen war eine sogenannte sittliche Leistung „kondiktionsfest", auch wenn sie im Irrtum erfolgte.

Der Codex Maximilianeus Bavaricus Civilis von 1756 sah ein Kondiktionsverbot vor, wenn eine Naturalobligation gegeben war (vgl. dritter nachstehender Absatz):

> „Was aus vermeintlicher Schuldigkeit und Irrtum indebite bezahlt oder gegeben wird, das muß der Empfänger oder seine Erben auf Begehren ex Condictione Indebiti wiederum zurückgeben(...).
>
> Was nicht als eine vermeinte Schuld aus Irrthum oder Unwissenheit, sondern wissentlich indebite bezahlt wird, das kann auch (...) nicht mehr mittels gegenwärtiger Condiction zurückgefordert werden (...).
>
> Bleibt es mit Beyseitsetzung deren von denen Rechtsgelehrten beygebrachter vieler Distinctionen bey der in Praxi bewerthister Meynung, daß gegenwärtige Condictio nur in simplici, das ist, in einem solchen indebito Platz greife, welches weder in obligatione Naturali noch Civili einigen Grund hat, folglich ist auch eine bloße Obligatio Naturalis zur Ausschließung dieser Klage hinlänglich, ausgenommen in Sachen, welche Jure Civili ausdrücklich verbotten sind, (...)"[214].

---

[214] Codex Maximilianeus Bavaricus Civilis, 1756, 4. Teil l, 13. Kap., § 5.

Das Vorliegen einer Naturalobligation führte damit ebenso wie ein Schuldverhältnis zum Ausschluß der Kondiktion und der sich anschließenden Klage, es sei denn, dieser Zustand widersprach der Rechtsordnung. Auch wenn im dritten Absatz nicht explizit auf den Fall bezug genommen wird, der § 814 Alt. 2 BGB entspricht, d.h. in dem der Leistende seine Leistung irrtümlich erbringt und zugleich eine Naturalobligation erfüllt, spricht die in der Textstelle zum Ausdruck gebrachte Gleichbehandlung von Naturalobligation und Schuldverhältnis sowie die Tatsache, daß lediglich auf das Vorliegen einer Naturalobligation und nicht auf die subjektive Vorstellung des Leistenden bezug genommen wird dafür, daß hier auch in diesem Fall die Kondiktion ausscheidet.

Das Allgemeine Landrecht für die Preußischen Staaten von 1794 sah einen generellen Rückforderungsausschluß dann vor, wenn „bey dem Zahlenden eine, wenn auch nur unvollkommene Pflicht zur Zahlung vorhanden (war)“[215].

Die Erfüllung einer sittlichen Pflicht war folglich ausreichend, um dem Leistenden eine spätere Kondiktion zu versagen. Auch hier wird nicht auf einen Irrtum des Leistenden eingegangen. Entscheidend ist aber auch im ALR das objektive Gegebensein einer sittlichen Pflicht – so daß der Kondiktionsausschluß von der subjektiven Vorstellung und damit auch dem Irrtum des Leistenden unabhängig ist.

Der code civil (1804) regelt in art. 1235:

„Tout paiement suppose une dette: ce qui a été payé sans être dû, est sujet à répétition. La répétition n'est pas admise à l'égard des obligations naturelles qui ont été volontairement acquittées“[216].

---

215 Theil 1, Titel 16, §§ 178, 179.

216 Übersetzt: Jede Zahlung setzt eine Schuld voraus: was man gezahlt hat, ohne es schuldig zu sein, kann man zurückfordern. Die Zurückforderung hat in Ansehung der natürlichen Verbindlichkeiten nicht statt, die man freiwillig erfüllt hat; vgl. Stern, Der Code Civil, zu art. 1235.

Ob hier auch irrtümlich bezahlte Naturalobligationen erfaßt werden, ist wegen der unterschiedlichen Deutungsmöglichkeiten der Ausdrucks „volontairement" problematisch[217]. Die überwiegende Auffassung geht davon aus, daß der Begriff als „irrtumsfrei", „in Kenntnis, daß der Leistende nicht gezwungen werden kann", zu verstehen ist[218]. Auch Naturalobligationen können folglich – anders als bei § 814 Alt. 2 BGB - dann zurückgefordert werden, wenn bei der Leistung ein Irrtum vorlag, da auch ein Rechtsirrtum nach französischem Recht die condictio indebiti nicht ausschließt[219]. Damit entspricht die Regelung des art. 1235 code civil der des § 814 Alt. 1 BGB, d.h. bei bewußter und irrtumsfreier Leistung einer Naturalobligation scheidet eine Rückforderung aus. Anders als im deutschen § 814 Alt. 2 BGB ist im französischen Recht jedoch eine Kondiktion auch bei Naturalobligationen dann möglich, wenn der Leistende sich im Irrtum befand.

Das österreichische ABGB (1811) bestimmt in § 1432, daß Naturalobligationen wie ein Rechtsgrund wirken und zum Ausschluß der Rückforderung führen[220]. Dies soll auch gelten, wenn der Zahlende sich in einem noch so entschuldbaren Irrtum befunden hat[221].

Im Ergebnis läßt sich festhalten, daß die untersuchten naturrechtlich ausgerichteten Kodifikationen den Kondiktionsausschluß bei bloßem Vorliegen einer Naturalobligation kennen[222]. Bei der irrtümlichen Leistung von Naturalobliga-

---

217 Vgl. Zachariä, § 277, S. 224 f.

218 Vgl. Zachariä, § 277, Fn. 10 (S. 224) m.w.N.

219 Zachariä, a.a.O.; A.A. noch in der 6. Auflage, § 297, Anm. 4 (S. 267 f.): „Wer eine natürliche Verbindlichkeit erfüllt, weil er sie für eine gesetzliche hält, befindet sich ebensowenig im Irrthum, wie der, welcher ein Depositum als mutuum zurückbezahlt.".

220 § 1432 Abs. 2: „Doch können Zahlungen einer verjährten, oder einer solchen Schuld, welche nur aus Mangel der Förmlichkeiten ungültig ist, oder zu deren Eintreibung das Gesetz bloß das Klagerecht versagt, eben so wenig zurückgefordert werden, als wenn jemand eine Zahlung leistet, von der er weiß, daß er sie nicht schuldig ist".

221 Unger, S. 36 f., 37.

222 Dagegen enthielten das sächsische Gesetzbuch, der Hessische, Bayerische und Dresdner Entwurf keine entsprechende Regelung, da sie Naturalobligationen an sich nicht kannten,

tionen läßt der französische code civil allerdings eine Kondiktion zu. Im Gegensatz hierzu erstreckt das österreichische ABGB den Kondiktionsauschluß auch auf Leistungen, bei denen der Leistende einem Irrtum unterlag. Beim Codex Maximilianeus Bavaricus Civilis und dem ALR führt die Auslegung der jeweiligen Regelung
ebenfalls zu dem Ergebnis, daß ein Kondiktionsausschluß auch bei irrtümlicher Leistung einer Naturalobligation zu bejahen ist.

III. Die Entstehungsgeschichte des heutigen § 814 Alt. 2 BGB

Im ersten Entwurf zum BGB war ein Kondiktionsausschluß wegen Erfüllung von Sittenpflichten bzw. Anstandsrücksichten im Gegensatz zur Alt.1, der Kenntnis der Nichtschuld, gar nicht vorgesehen: „Der Entwurf lehnt die bloß moralische (sittliche) oder Pietätpflicht als Grundlage für Obligationen, welche nicht mit dem Klagerecht ausgerüstet wären, und insbesondere als Grund des Ausschlusses der Kondiktion ab“[223]. Integriert waren lediglich spezifische Kondiktionsverbote, wie z.B. bei der Heiratsvermittlung (§ 656 Abs. 1 S. 2 BGB) oder bei Spiel, Wette und Differenzgeschäft (§ 762 Abs. 1 S. 2, 764 BGB).

Diese Abkehr von den früheren Kodifizierungen, bei denen die sog. moralischen Verbindlichkeiten oder Pietätpflichten in Ansehung bestimmter Wirkungen den natürlichen Verbindlichkeiten teilweise gleichgestellt waren[224], wurde gezielt vorgenommen. Die Stimmen, die im ersten Entwurf den heutigen Kondiktionsausschluß des § 814 Alt. 2 BGB ablehnten, gingen davon aus, daß die Gebiete von Recht und Moral zu trennen seien und man sie durch die Zulassung einer im sittlichen Gebiet wurzelnden Kondiktionssperre nur unnötig vermenge. Das

---

vgl. v. Kübel, Vorlagen, Recht der Schuldverhältnisse, Teil 3 BT II, S. 686.

223 V. Kübel, Vorlagen, Recht der Schuldverhältnisse, Teil 1 AT, S. 27, vgl. auch ders., Vorlagen, Recht der Schuldverhältnisse, Teil 3 BT II, S. 686 f.

224 Siehe oben S. 52 ff.

Recht habe „die Aufgabe, die Sittengesetze, wo dies zu deren Schutz nöthig und möglich ist, durch Erhebung zu Rechtsgeboten sicherzustellen; dann bilden die Sittengebote das Motiv für das Rechtsgebot. Soweit dies aber nicht der Fall ist, liegt kein beachtenswerther Grund vor, das Sittengesetz wenigstens insoweit mit rechtlicher Wirkung auszustatten, daß die Kondiktion ausgeschlossen würde; (....)“[225]. Man befürchtete, „eine solche allgemeine Ausnahme würde Mißverständnissen und Mißgriffen in der Praxis ein weites Thor öffnen“[226].

In der Kommission für die zweite Lesung wurde jedoch beantragt, eine Kondiktionssperre für den Fall der irrtümlichen Erfüllung von Sittenpflichten zu beschließen. Die Frage wurde kontrovers diskutiert[227]:

Die Befürworter des ersten Entwurfs, in dem ein Kondiktionsverbot nicht vorgesehen war, trugen vor allem vor, daß eine genaue Grenzziehung, wann die Kondiktion aufgrund von Sittenpflichten ausgeschlossen sein sollte, nicht möglich sei, was eine nicht zu vermeidende Rechtsunsicherheit zur Folge habe. Sie plädierten dementsprechend für eine kasuistische Ausgestaltung der Kondiktionsausschlüsse - unabhängig vom Sittengesetz. Der Entwurf habe ja bereits bei einzelnen Rechtsverhältnissen „wie bei der Verjährung, Spiel und Wette, im Familienrecht bei der Ausstattungspflicht der Eltern etc. dem Vorhandensein einer sittlichen Pflicht Rechnung getragen und hier, indem er die Rückforderung des Geleisteten untersagt habe, in Berücksichtigung der besonderen Umstände eine Naturalobligation in gewissen Grenzen anerkannt“[228]. Die Rechtsentwicklung habe in Wissenschaft und Praxis jedoch gezeigt, daß man sich vom Modell der Naturalobligation entferne. Dies würde jedoch übersehen, wenn nunmehr noch gefordert werde, bei Vorliegen von Sittenpflichten eine Kondiktionssperre zu schaffen. De facto würde dies nämlich einen Rückschritt auf einen früheren Rechtsstandpunkt bedeuten.

---

225 V. Kübel, Vorlagen, Recht der Schuldverhältnisse, Teil 1 AT, S. 27.

226 Ders., Teil 3 BT II, S. 687.

227 Vgl. Prot. II, S. 695; Mot. II, S. 832; Zusammenstellung, S. 426.

228 Prot. II, S. 695.

Ferner war man besorgt, daß dem subjektiven Ermessen des Richters ein allzu weiter Spielraum überlassen würde[229].

Nicht zuletzt wollten die Gegner der Kondiktionssperre verhindern, daß ein wegen Sittenpflichten oder Anstandsrücksichten normiertes Kondiktionsverbot ungültigen oder verjährten Verbindlichkeiten quasi durch die Hintertür zu Wirksamkeit verhülfe. Dies wäre z.B. dann der Fall, wenn eine Vereinbarung wegen Formmangels unwirksam ist und dem Leistenden eine Kondiktion deshalb versagt wird, weil die Leistung dazu *auch* einer sittlichen Pflicht genügt.

Die Vertreter dieser Argumente wollten das Gebiet des Rechts von dem außerrechtlichen der Sittlichkeit oder Ethik strikt getrennt sehen. „Es überschreite die Aufgabe des B.G.B., welches nur rechtliche Verpflichtungen regeln solle, auf das Gebiet der Ethik hinüberzugreifen, und es sei ein Widerspruch in sich selbst, daß das Gesetzbuch einer Verpflichtung, die es als eine rechtliche nicht ansehe, doch wiederum in gewissem Umfange rechtliche Wirksamkeit verleihe. Der Leistende, welcher erfülle, werde sich des Unterschieds, ob er eine sittliche oder eine rechtliche Pflicht erfülle, regelmäßig nicht bewußt sein“[230].

Dennoch entschied die Mehrheit der Kommissionsmitglieder *für* das Kondiktionsverbot. Dabei war insbesondere der Gedanke maßgeblich, „das Recht dürfe nicht seine Hand dazu bieten, das sittliche Bewußtsein des Volkes zu verletzen. Sei von dem Leistenden selbst ein der Sittlichkeit entsprechender Zustand hergestellt, so gehe es nicht an, diesen mit rechtlichen Mitteln wieder rückgängig zu machen. Insoweit müsse das Recht mit der Moral in Einklang gebracht werden.“[231]

---

229 Prot. II, S. 695.

230 Prot. II, S. 695.

231 Prot. II, S. 695.

Auch die Befürworter des Kondiktionsverbots gingen folglich davon aus, daß die Sittlichkeit ein neben dem Recht existierender, autarker Bereich sei[232]. Dieser werde durch eine wie im Antrag vorgesehene Regelung in das bestehende Recht inkorporiert. Es wurde dabei insofern Konformität angestrebt, als daß das Recht einen objektiv der Sittlichkeit entsprechenden Zustand nicht nachträglich, dem Wunsch des Leistenden folgend, zunichte machen dürfe. Eine Kasuistik, wie sie der erste Entwurf vorsehe, biete keine Gewähr dafür, daß sittliche Pflichten grundsätzlich mit der rechtlichen Wirkung des Kondiktionsverbotes ausgestattet seien[233].

Im Ergebnis ist also festzuhalten, daß § 814 Alt. 2 BGB von Anfang an der Zweck zugedacht war, Recht und Sittlichkeit in Einklang zu bringen, um das sittliche Bewußtsein der durch das neue BGB gebundenen Personen nicht zu verletzen[234].

C. Systematische Auslegung

I. Anwendbarkeit

Für die Anwendbarkeit des § 814 Alt. 2 BGB kann auf § 814 Alt. 1 BGB verwiesen werden[235]. § 814 Alt. 2 BGB gilt somit unmittelbar nur für die von § 812 Abs. 1 Satz 1, Alt. 1 BGB erfaßten Fälle (condictio indebiti). Der analogen Anwendung auf § 813 BGB stehen jedoch keine Bedenken entgegen[236].

---

232 A.a.O., S. 695 f: „Die sittliche, rechtlich nicht erzwingbare Verpflichtung bleibe aber daneben bestehen, da es der Gewissenhaftigkeit und dem Anstandsgefühle des Verpflichteten überlassen bleibe, ob er eine Leistung machen wolle.

233 Klingmüller, S. 235: „Die Mannigfaltigkeit des Gebiets eignet sich nicht zu kasuistischer Behandlung."

234 Prot. II, S. 695.

235 Vgl. oben S. 59 ff.

236 Erman/Westermann, § 814 Rdnr. 1; Planck, § 813 Anm. 3.

Die Regelung des § 814 Alt. 2 BGB findet - wie auch im Falle des § 814 Alt. 1 BGB - keine Anwendung auf § 812 Abs. 1 Satz 2 Alt. 1 BGB (condictio ob causam finitam) und auf § 812 Abs. 1 Satz 2 Alt. 2 BGB (condictio ob rem).

Im Verhältnis zu § 814 Alt. 1 BGB wirkt die zweite Alternative als „zweite Sperre". Dies bedeutet, daß ein Kondiktionsverbot wegen Gegebensein von Sittenpflichten oder Anstandsrücksichten nur dann in Betracht kommt, wenn § 814 Alt. 1 BGB nicht gegeben ist.

Eine Ausnahme zu dem engen Anwendungsbereich von § 814 BGB will Westermann[237] für Konstellationen machen, die jenen von § 814 BGB vergleichbar sind, tatbestandlich aber nicht der Alt. 1 oder Alt. 2 zugeordnet werden können. Dies sei der Fall in Sachverhalten, die *bewußt* auf eine natürliche Verbindlichkeit oder eine Anstandsrücksicht hin bewirkt werden. Diese Fälle paßten weder unter die erste, noch unter die zweite Alternative des § 814 BGB. Denn hier werde zwar in Kenntnis der Nichtschuld geleistet, jedoch nicht, wie es § 814 Alt. 1 BGB voraussetzt, „zur Erfüllung einer Verbindlichkeit". Es gehe vielmehr von Anfang an um eine „Sittenpflicht". Auch die zweite Alternative greife nicht, denn hierzu ermangele es des Irrtums, der vorgestellten Verbindlichkeit, die sich dann letztlich doch nur als Sitten- und Anstandspflicht herausstelle.

Es widerspreche aber der ratio von § 814 Alt. 2 BGB, eine Kondiktion für diese Fallgruppe zu bejahen. Wer bewußt auf eine Anstandsrücksicht hin leiste, solle erst recht nicht kondizieren dürfen[238].

Letztlich steht die von Westermann dargestellte Konstellation genau zwischen den beiden Alternativen von § 814 BGB. Von der Alternative 1 rührt die Kenntnis der Nichtschuld; es liegt gerade kein Irrtum über eine Leistungspflicht vor. Von der Alternative 2 stammt die Einordnung der Leistung als Sittenpflicht und

---

237 Erman/Westermann, § 814 Rdnr. 1 a.E.

238 A.a.O.

nicht als Verbindlichkeit. Die von Westermann vorgeschlagene analoge Anwendung von § 814 BGB ist überzeugend, denn sie schließt in sinnvoller Weise eine Lücke. Es ist tatsächlich nicht einsehbar, warum derjenige, der an sich unbeabsichtigt eine Sittenpflicht erfüllt, von der Kondiktion ausgeschlossen ist, derjenige aber, welcher irrtumsfrei und bewußt handelt, im Ergebnis kondizieren kann. Letztlich steht der entworfene Sachverhalt der Alt. 1 des § 814 BGB jedoch näher, als der Alt. 2. Denn die Kenntnis der Nichtschuld stellt das § 814 Alt. 1 BGB prägende Element dar. Dieser Aspekt ist auch gegeben, wenn der Leistende bewußt und irrtumsfrei auf eine Sittenpflicht hin leistet.

Im Ergebnis ist Wesermann zuzustimmen, daß für die von ihm besprochene Fallgruppe der bewußt auf eine natürliche Verbindlichkeit oder Anstandsrücksicht hin bewirkten Leistung § 814 Alt. 2 BGB zumindest analog Anwendung findet.

II. Verhältnis der sittlichen Pflicht zur zu kondizierenden Leistung

§ 814 Alt. 2 BGB verbietet eine Kondiktion für den Fall, daß die erbrachte Leistung - ohne daß der Leistende dies gewußt hätte – keiner Verpflichtung, sondern lediglich einer sittlichen Pflicht genügt. Damit wird die Frage relevant, ob die Leistung selbst eine Sittenpflicht verkörpern muß oder ob ein mittelbarer Zusammenhang zu einer sittlichen Pflicht, der sich jedoch nicht ausschließlich und damit nicht unmittelbar in der Leistung ausdrückt, ausreicht.

Heck hat sich mit dieser Problematik auseinandergesetzt und gefragt, ob für das Vorliegen einer Leistung i.S.v. § 814 Alt. 2 BGB ein Zusammenhang zwischen der Leistung und der Sittenpflicht erforderlich sei[239]. Als Beispiel führt er folgende Fallkonstellation an: „Wenn A eine Zigarrenrechnung doppelt bezahlt, wird er an der Rückforderung dadurch verhindert, daß er anstandshalber ver-

239 Heck, Grundriß, § 142 Ziff. 2 Anm. c am Ende (S. 424).

pflichtet war, dem Lieferanten eine Unterstützung zu erstatten, die der Lieferant einem nahen Angehörigen des A geleistet hatte?"[240] Heck ist der Auffassung, der Wortlaut des Gesetzes spreche eher für die Bejahung mit der Folge, daß eine Kondiktion ausschiede. Trotzdem hält er selbst es für richtiger, die Anerkennung bei zusammenhangloser Leistung nicht gelten zu lassen[241].

Tatsächlich wäre eine derartige Ausweitung des Kondiktionsverbotes aus § 814 Alt. 2 BGB problematisch. Denn § 814 Alt. 2 BGB ist auf die condictio indebiti bezogen und stellt eine Ausnahmevorschrift für diese Kondiktion dar. Würde man nun einen lediglich mittelbaren Zusammenhang zwischen Leistung und deren Qualifikation als sittlich genügen lassen, wäre eine Grenzziehung erschwert, weil sie sich an dem individuellen Empfinden vom Umfang der Sittlichkeit orientieren müßte. Die h.M. hält daher an der Notwendigkeit einer inneren Verbindung im Sinne eines unmittelbaren Zusammenhangs zwischen der erbrachten Leistung und ihrer Qualifikation als sittlich fest[242]. Dies belegen auch die Wurzeln, die § 814 BGB in der historischen Irrtumslehre hat, denn dort kam es stets auf das Auseinanderfallen von Vorstellung und Rechtslage bezüglich einer *spezifischen* Verbindlichkeit an[243]. Den Kondiktionssperren des § 814 BGB kommt damit Ausnahmecharakter zu, weil sie den Grundsatz, daß das zum Zweck der Erfüllung einer Nichtschuld Geleistete zurückforderbar ist, durchbrechen. Die Kondiktionsverbote sind letztlich eine Ausprägung von Treu und Glauben. Diese Funktion im Rahmen des Bereicherungsrechts steht systematisch einer Ausweitung des Rückforderungsverbots über den speziellen Zusammenhang hinaus entgegen.

Die erbrachte Leistung selbst muß daher unmittelbar einer sittlichen Pflicht entsprechen. In dem von Heck angeführten Beispiel wird der Lieferant sich daher

240 Heck, a.a.O.
241 A.a.O.
242 Reuter/Martinek, S. 195.
243 A.a.O.

nicht auf § 814 Alt. 2 BGB berufen können. A hat einen durchsetzbaren Kondiktionsanspruch.

III. Verhältnis zu dem Terminus „Sittliche Pflicht oder auf den Anstand zu nehmende Rücksicht“ in anderen Bereichen des BGB

Der Terminus „sittliche Pflicht oder auf den Anstand zu nehmende Rücksicht“ taucht neben § 814 BGB in zwei großen Bereichen auf: einmal bei § 534 BGB, zum anderen bei den §§ 1425 Abs. 2; 1641 S. 2; 1804 S. 2; 2113 Abs. 2 S.2; 2205 S. 3 und 2207 S. 2 BGB.
Bei § 534 BGB schließt das Vorliegen einer sittlichen Pflicht die Möglichkeit zu Rückforderung und Widerruf einer Schenkung aus; bei den §§ 1425, 1641, 1804, 2113, 2205 und 2207 BGB wird die Beschränkung von Verwaltern fremden Vermögens in Hinblick auf die sittlichen Pflichten gelockert.

In beiden Fallgruppen wird der Begriff der „sittlichen Pflicht“ - wie nachstehend zu zeigen sein wird - allerdings nur als Tatbestandsvoraussetzung verwendet, ohne dem Begriff in dem jeweiligen Zusammenhang eine neue, über das vorstehend ausgeführte hinausgehende Prägung zu geben.

1. § 534 BGB

Gem. § 534 BGB sind Rückforderung und Widerruf von Schenkungen dann ausgeschlossen, wenn durch sie einer sittlichen Pflicht oder auf den Anstand zu nehmenden Rücksicht entsprochen wird.

Der erste Entwurf zum BGB sah in den §§ 449 ff. BGB die grundsätzliche Möglichkeit, Schenkungen wegen Undanks zu widerrufen, vor[244]. Eine § 534

244 Vgl. auch Motive, Bd. II, S. 302 ff.

BGB entsprechende Einschränkung dieses Widerrufsrechts für den Fall, daß es sich um eine Pflicht- oder Anstandsschenkung handelt, existierte noch nicht.

Der Kommission für die zweite Lesung lag der Antrag vor, die Widerrufsmöglichkeit bei Schenkungen wegen Undanks dann nicht für anwendbar zu erklären, wenn durch sie einer sittlichen Pflicht oder auf den Anstand zu nehmenden Rücksicht genügt werden soll[245]. Dieser Antrag wurde ohne Widerspruch angenommen. Die Kommission begründete dies damit, daß die erwähnten Pflicht- oder Anstandsschenkungen den Empfänger regelmäßig nicht zu Dankbarkeit verpflichteten, die Voraussetzungen für das Widerrufsrecht wegen Undanks mithin gar nicht gegeben seien[246].

Als einer sittlichen Pflicht gehorchende Schenkung wird heute im allgemeinen die materielle Unterstützung bedürftiger Familienmitglieder (z.B. Geschwister) verstanden, Anstandsschenkungen sind hingegen vor allem sog. gebräuchliche Gelegenheitsgeschenke[247]. Da in erster Linie die Umstände des Einzelfalls maßgebend sind[248], findet sich eine genaue abstrakte Bestimmung des Begriffs der sittlichen Pflicht und der Anstandsrücksichten nicht.

2. § 1425 Abs. 2 BGB

Die Regelung des § 1425 Abs. 2 BGB nimmt bei der Verwaltung des Gesamtguts i.R.d. Gütergemeinschaft Pflicht- und Anstandsschenkungen von dem in Abs. 2 für Schenkungen angeordneten Einwilligungserfordernis aus.

Eine vergleichbare Regelung findet sich bereits in § 1353 Abs. 3 des ersten Entwurfs zum BGB; der zweite Entwurf nimmt in § 1345 Abs. 2 eine geringfü-

---

245 Prot. II, S. 35.

246 Prot. II, S. 36 f.

247 Palandt/Putzo, § 534 Rdnr. 2 f.

248 A.a.O.

gige Änderung des Wortlauts des ersten Entwurfs vor und ist mit der heutigen Fassung von § 1425 Abs. 2 BGB identisch.

Die Motive begründen die Ausnahmevorschrift damit, daß Pflicht- und Anstandsschenkungen innerhalb des Kreises einer ordnungsgemäßen Verwaltung liegen[249]. Man war sich zwar der Tatsache bewußt, daß die Vorschrift in dieser Form tatbestandlich nicht sehr eng gefaßt war. Andere Möglichkeiten – wie im französischen Recht oder dem westfälischen Gesetz von 1860 – verwarf man jedoch, weil sie dem Interesse der Ehefrau an der Erhaltung des Gesamtguts keinen hinreichenden Schutz boten. Die Verfügungsmöglichkeit ohne Einwilligung der Ehefrau nur für gebräuchliche Gelegenheitsgeschenke zu ermöglichen, hielt man andererseits für eine zu große Einschränkung des Verfügungsrechts des Ehemannes. Insgesamt war man der Auffassung, die Unbestimmtheit und Ausdehnung der Vorschrift lasse nicht befürchten, daß die Ausnahme „eine Quelle von Zwistigkeiten unter den Ehegatten zu werden drohe“[250].

3. §§ 1641 S. 2 und 1804 S. 2 BGB

Die Vorschrift des § 1641 S. 2 BGB erlaubt Eltern Pflicht- und Anstandsschenkungen in Vertretung des Kindes als Ausnahme zu dem grundsätzlichen in Satz 1 normierten Verbot, in Vertretung des Kindes Schenkungen vorzunehmen.

§ 1804 S. 2 BGB trifft die § 1641 S. 2 BGB vergleichbare Regelung für den Vormund im Verhältnis zum Mündel.

Der erste Entwurf sah in § 1661 bereits vor, daß Pflicht- und Anstandsschenkungen auch dem Vormund für sein Mündel bzw. dem Mündel mit Einwilligung oder Genehmigung des Vormunds im Unterschied zu den sonstigen Schenkun-

---

[249] Mot. Bd. IV (Familienrecht), S. 357.
[250] Mot. Bd. IV, S. 357.

gen erlaubt sind. Man hielt derartige Fälle für äußerst selten und regelmäßig auf einen einzelnen Gegenstand beschränkt[251].

Aus den Protokollen ergibt sich, daß diese ohne Beanstandungen um ersten Entwurf übernommen wurde. Im zweiten Entwurf sieht § 1532 S. 2 wortgleich mit der Regelung in 1641 S. 2 BGB vor, daß dem Vater Pflicht- und Anstandsschenkungen in Vertretung des Kindes ausnahmsweise erlaubt sind. Für das Verhältnis von Vormund und Mündel trifft § 1684 des zweiten Entwurfs die entsprechende Regelung.

4. § 2113 Abs. 2 S. 2 BGB

Die Regelung des § 2113 Abs. 2 S. 2 BGB erlaubt dem Vorerben Pflicht- und Anstandsschenkungen - entgegen dem in Abs. 2 S. 1 normierten generellen Verbot, unentgeltliche Verfügungen oder Schenkungen vorzunehmen.

Der erste Entwurf sah in § 1828 vor, daß Verfügungen des Vorerben über der Nacherbfolge unterliegende Gegenstände immer dann unwirksam sein sollen, wenn sie das Recht des Nacherben vereiteln oder beeinträchtigen, es sei denn, der Vorerbe hätte die Verfügung auch ohne Einwilligung des Nacherben vornehmen können.

Im zweiten Entwurf, § 1986 Abs. 2, findet sich quasi der identische Wortlaut der BGB-Regelung wieder. Aus den Protokollen der Kommission für die zweite Lesung ergibt sich, daß man sich darüber einig war, daß der Vorerbe grundsätzlich nicht wirksam unentgeltlich verfügen dürfen solle. Für einen möglichen Ausnahmetatbestand war zunächst streitig, ob man auf die sittliche Pflicht bzw. Anstandsrücksicht zurückgreifen[252] oder auf den Wert der Geschenke abstellen

---

[251] Mot. Bd. IV, S. 1107.

[252] So Unterantrag 2 zu § 1815 c, vgl. Prot. Nr. 341 Ziff. VII, S. 97.

soll[253]. Die Kommission folgte im Ergebnis der ersten Alternative mit der Begründung, daß es dem Vorerben nicht verwehrt sein dürfe, Verfügungen der fraglichen Art zu Lasten der Erbschaft vorzunehmen[254]. Was man unter „Pflicht- und Anstandsschenkungen“ verstehen sollte, blieb allerdings unerwähnt.

5. §§ 2205 S. 3, 2207 S. 3 BGB

Die Regelungen der §§ 2205 und 2207 BGB betreffen die Verfügungsmöglichkeiten des Testamentsvollstreckers. Er ist zu unentgeltlichen Verfügungen nur berechtigt, wenn sie einer sittlichen Pflicht bzw. auf den Anstand zu nehmenden Rücksicht entsprechen. Auch bei einer erweiterten Verpflichtungsbefugnis durch den Erblasser ist der Testamentsvollstrecker hinsichtlich der unentgeltlichen Verfügungen an die Vorschrift des § 2205 S. 3 BGB gebunden.

Der erste Entwurf beschränkte in § 1900 die Berechtigung des Testamentsvollstreckers auf solche Verfügungen, die zur ordnungsgemäßen Verwaltung oder zur Beschaffung der Mittel für die Erfüllung einer Nachlaßverbindlichkeit erforderlich sind.

Der Kommission lag neben dem Antrag 3 („Der Testamentsvollstrecker hat den Nachlaß in Besitz zu nehmen und ordnungsmäßig zu verwalten“) ein weiterer Unterantrag vor, unentgeltliche Verfügungen des Testamentsvollstreckers mit Ausnahme der durch eine sittliche Pflicht bzw. Anstandsrücksicht gerechtfertigten für unzulässig zu erklären[255].
Bei der Beratung über die Fassung der Vorschrift wurde zunächst eine Parallele zu der Regelung, wie sie im Verhältnis Vorerbe – Nacherbe gilt, gezogen. Man war der Auffassung, daß es nicht vom Belieben des Testamentsvollstreckers ab-

---

[253] So Unterantrag 3, a.a.O.

[254] Prot., a.a.O., S. 98.

[255] Prot. IV, Nr. 356 Ziff. III, S. 276.

hängen könne, wieviel der Erbe letztlich von der Erbschaft erhält. Er müsse also mindestens den Beschränkungen unterworfen sein, die für den befreiten Vorerben gälten[256].

Der Antrag, von dem Verbot unentgeltlicher Verfügungen jene auszunehmen, die einer sittlichen Pflicht oder Anstandsrücksicht folgen, wurde ohne nähere Begründung angenommen. § 2075 des zweiten Entwurfs entsprach damit identisch der Regelung in § 2205 S. 2 BGB.

6. Zusammenfassung und Stellungnahme

Die Materialien zu den vorgenannten BGB-Vorschriften[257], in denen der Terminus „sittliche Pflicht oder auf den Anstand zu nehmende Rücksicht" verwendet wird, nehmen nicht explizit dazu Stellung, warum dieser Terminus – in Abgrenzung zu anderen, etwa der Sittlichkeit – gewählt wurde. Bei den Vorschriften handelt es sich durchweg um Regelungen, die unentgeltliche Verfügungen oder Schenkungen behandeln. Die einer sittlichen Pflicht oder Anstandsrücksicht folgende Leistung hat in diesem Kontext stets eine von sonstigen Schenkungen oder unentgeltlichen Verfügungen zu differenzierende Sonderstellung. Immer wenn die Leistung einer sittlichen Pflicht oder Anstandsrücksicht genügt, liegt ihr nicht in dem Maße Freiwilligkeit zugrunde, wie es bei den sonstigen Schenkungen oder unentgeltlichen Verfügungen der Fall ist.

Dies wirkt sich einmal dahingehend aus, daß die sogenannten Pflichtschenkungen nicht zu Dankbarkeit verpflichten: nachdem nicht der freie Impuls der Großzügigkeit, sondern eine sittliche Verpflichtung das primäre Motiv für die Leistung bildet, korrespondiert dem auf seiten des Empfängers eher Genugtuung, daß der Leistende seiner Verpflichtung nachgekommen ist und weniger

---

256 A.a.O., S. 280.

257 Siehe oben S. 62 bis 66 (C III 1 bis 5).

Dank, wie es bei einer nicht moralisch geschuldeten Leistung der Fall wäre. Daher ist ein Schenkungswiderruf wegen Undanks bei den Pflichtschenkungen gar nicht nötig.

Zum anderen führt der Verpflichtungscharakter von Schenkungen, die sittlichen Pflichten oder Anstandsrücksichten entsprechen, zu einer gegenseitigen Bindung der Parteien; durch die verringerte Freiheit, die Leistung vorzunehmen oder nicht erscheint das Gefüge berechenbar. In den oben aufgeführten gesetzlichen Regelungen ist die Schenkung bzw. unentgeltliche Verfügung häufig deshalb verboten, weil sie von dem subjektiven Impuls des Gebenden abhängig sind und aufgrund der damit verbundenen „Willkür" dem – insbesondere für die Fälle der Verwaltung fremden Vermögens geltenden - Schutzgedanken gegenüber als nachrangig eingestuft werden.

Im Falle einer Pflichtschenkung ist eine abweichende Behandlung gerechtfertigt, weil diese Art der Schenkung nicht rein willkürlich-subjektivem Empfinden folgt, sondern einer zwar moralischen, aber objektiv greifbaren Motivation. Diese Einordnung der Pflicht- bzw. Anstandsschenkung liegt den untersuchten Vorschriften einheitlich zugrunde. In der Kommentarliteratur zu § 814 Alt. 2 BGB wird daher auch zur näheren Definition von sittlichen Pflichten und Anstandsrücksichten immer wieder auf die Ausführungen zu den vorgenannten Vorschriften mit gleichlautender Formulierung verwiesen[258].

Unterschiede ergeben sich daher lediglich im Rahmen des Kontextes der jeweiligen Norm. So setzt der Widerrufs- und Rückforderungsausschluß des § 534 BGB eine Einigung über die Unentgeltlichkeit i.S.v. § 516 Abs. 1 BGB voraus, die bei § 814 Alt. 2 BGB typischerweise fehlt[259]. Denn bei § 814 Alt. 2 BGB

---

[258] Vgl. z.B. zu § 814: Erman/Westermann, Rdnr. 11; RGRK/Heimann-Troisen, Rdnr. 14; Palandt/Thomas, Rdnr. 8; zu § 1614: Palandt/Diedrichsen, Rdnr. 1; zu § 1804: ders. Rdnr. 2; zu § 2205: Palandt/Edenhofer, Rdnr. 32.

[259] Staudinger/Lorenz, § 814 Rdnr. 15. Die Ansicht, daß auch die sog. Pflichtschenkung unentgeltlich sei, ist nicht unbestritten. Zwar ist sie systematisch der Schenkung eingegliedert, jedoch unterscheiden sich die Rechtsfolgen erheblich, wie sich z.B. beim

ist ja gerade kein rechtlicher Grund vorhanden, der durch die sittliche Pflicht bzw. Anstandsrücksicht objektiv ersetzt wird[260].

In der Gruppe der Regelungen, die für Verwalter fremden Vermögens gilt, steht die Abwägung zwischen dem Schutzgedanken für den Eigentümer und der Handlungsfähigkeit des Treuhänders im Vordergrund. An Hand dieser, die Verwaltung fremder Vermögen betreffenden Vorschriften, wird der Stellenwert der sittlichen Pflichten innerhalb des rechtlichen Systems deutlich. Sittliche Pflichten und Anstandsrücksichten werden als so wesentlich erachtet, daß sie sogar in Bereichen, die als besonders empfindlich gelten (z.B. Minderjährige, Mündel, Nacherben), die Schutzvorschriften teilweise durchbrechen. Damit führt das Vorliegen sittlicher Pflichten und Anstandsrücksichten zur Zulässigkeit von Schenkungen bzw. Verfügungen, die im „Normalfall", d.h. wenn keine sittliche Pflicht vorläge, unwirksam wären.

Trotz der Bezugnahme auf einige Fallgruppen und den weiteren Verweis auf die besonderen Umstände des Einzelfalls leisten jedoch weder der Blick auf die Entstehung der Normen, noch deren jetzige Verwendung einen konkreten Beitrag zur Bestimmung des Inhalts der sittlichen Pflichten und Anstandsrücksichten. Dies mag damit zusammenhängen, daß für die Ausfüllung des Terminus tatsächlich die sittlich-moralischen Wertvorstellungen der Gesellschaft sowie die Umstände des Einzelfalls maßgebend sind.

Pflichtteil, bei der Vermögensverwaltung sowie der Tatsache zeigt, daß Pflichtschenkungen bei Not oder Undank nicht revisibel sind. Weiter ist gegen die Unentgeltlichkeit anzuführen, daß die Erfüllung einer Verpflichtung i.d.R. ein entgeltliches Geschäft darstellt. Andererseits ist die Befreiungswirkung, die bei der Erfüllung von sittlichen Pflichten eintritt, viel geringer, als bei normalen Verbindlichkeiten und daher mit dieser nicht vergleichbar. Migsch, schließt hieraus, daß Sitten- und Anstandspflichten weder unentgeltlich seien, noch freiwillig erfolgten; es handle sich bei § 534 vielmehr um einen Vertrag, bei dem „zusätzlich zum Leistungsversprechen eine besondere Rechtsgrundabrede (enthalten), die die Widmung für die einem gesetzlich vorgeprägten Rechtsverhältnis nachgebildete Lebensbeziehung gewährleistet." Vgl. zu allem: Migsch, Die sogenannte Pflichtschenkung, Zitat a.E.: S. 68.

260 Staudinger/Lorenz, § 814 Rdnr. 15.

IV. Verhältnis zum Begriff der „guten Sitten" bzw. der „Sittenwidrigkeit" im BGB

Das BGB verwendet neben der Terminus der sittlichen Pflicht auch andere, in den Bereich des Sittlichen verweisende Begriffe. Dies sind insbesondere die „guten Sitten" und die „Sittenwidrigkeit". Beide Ausdrücke werden synonym gebraucht; als sittenwidrig gilt, was gegen die guten Sitten verstößt.

Oben wurde bereits zwischen dem in § 814 Alt. 2 BGB für die sittliche Pflicht entscheidenden Begriff der „Sittlichkeit" und jenem der „Sitte" unterschieden[261]. Nunmehr ist der - schon dargestellte - Begriff der sittlichen Pflicht von der „guten Sitte" bzw. der „Sittenwidrigkeit" abzugrenzen.

Bei der Diskussion zur endgültigen Fassung von § 814 Alt. 2 BGB war die Verwendung des Begriffes „sittliche Pflicht" nicht Gegenstand von Auseinandersetzungen. Die Mehrheit der Kommissionsmitglieder, die für die Aufnahme dieser Regelung votierten, verstanden die sittliche Pflicht als Ausprägung von Moral und sittlichem Bewußtsein der Gesellschaft. Im Unterschied hierzu lag der zweiten Kommission bei der Kodifikation des § 138 BGB der Antrag vor, den Terminus der guten Sitte gegen den der Sittlichkeit zu ersetzen, so daß es im Rahmen der Diskussion um die Fassung von § 138 BGB auch um den konkreten Bedeutungsgehalt der einzelnen Begriffe ging.

Nachfolgend soll geprüft werden, ob sich eine Erklärung finden läßt, warum in diesen Kontexten verschiedene Begriffe gewählt wurden und was im einzelnen von jedem der Begriffe erfaßt sein sollte.

---

261 Vgl. oben S. 73 bis 82.

Der Terminus der guten Sitte hat seinen zentralen Platz in § 138 Abs. 1 BGB. Im Deliktsrecht findet er sich gleichlautend bei § 826 BGB[262].

1. Der Begriff der guten Sitten in § 138 BGB. Historische Entwicklung der Kodifikation des § 138 BGB

Der Begriff der guten Sitte tauchte in kodifizierter Form und zur Beschreibung der moralischen Fehlerhaftigkeit eines Rechtsgeschäfts ab Ende des 16. Jahrhunderts auf[263]. Zuvor beschrieb man diese Rechtsgeschäfte z.B. mit Begriffen wie „unzimlich“[264] oder „unerbar“[265] bzw. „unrechtmessige, unbilliche, wucherische (Rechtsgeschäfte) [266]„.

Im ersten Entwurf zu § 138 Abs. 1 BGB aus dem Jahre 1881 wurde in § 27 folgende Regelung vorgeschlagen:

> „Eine Willenserklärung, durch welche eine Leistung versprochen wird, die unmöglich ist, oder mit den guten Sitten oder den Vorschriften des Gesetzes in Widerspruch steht, ist nichtig.“

In der Begründung zu dieser Formulierung wurden der Gesetzeswortlaut des Allgemeinen Landrechts für die Preußischen Staaten, des code civil und vor allem des Sächsischen Bürgerlichen Gesetzbuchs[267] letzteres aus dem Jahr 1865 herangezogen. Das Sächsische BGB verwendete in § 90 den Begriff der guten

---

262 Ferner hat der Begriff der „guten Sitte“ eine wesentliche Bedeutung im Rahmen von § 1 UWG, auf die jedoch in diesem Rahmen nicht eingegangen erden soll.

263 Vgl. Schmidt, S. 27.

264 Freiburger Stadtrecht 1520, 2. Tractat, VIII. Titel, Art. 13.

265 Württembergisches Landrecht, 2. Teil, Kap. 9, Einleitung: „In woelchen Faellen die Contraect unkaeftig sein sollen“; Frankfurt 1578, 2. Theil, 1. Titel, § XIIII

266 Frankfurt 1578, 2. Theil, 1. Titel, § XIII.

267 Abgedruckt bei Siebenhaar, Sächsisches BGB, 1. Bd.

Sitten in einem § 138 BGB vergleichbaren Kontext[268] und kann damit als direkter Vorläufer der in § 138 BGB getroffenen Regelung angesehen werden.

Die Motive der 1. Kommission von 1888 faßten die Generalklausel zur Sittenwidrigkeit in § 106 wie folgt:

> „Ein Rechtsgeschäft, dessen Inhalt gegen die guten Sitten oder die öffentliche Ordnung verstößt, ist nichtig“[269].

Hierzu wurden vor der 2. Kommission zwei Anträge vorgebracht. Der erste war darauf gerichtet, den Terminus „Inhalt“ sowie die „öffenliche Ordnung“ zu streichen, d.h. die Formulierung zu ändern wie folgt:

> „Ein Rechtsgeschäft, welches gegen die guten Sitten verstößt, ist nichtig“.

Der zweite Antrag war darauf gerichtet, die Worte „gegen die guten Sitten“ durch die Formulierung „gegen die Sittlichkeit“ auszutauschen[270].

Die zweite Kommission hat im Ergebnis nur dem ersten Antrag stattgegeben, so daß § 134 der Reichstagvorlage lautete:

> „Ein Rechtsgeschäft, das gegen die guten Sitten verstößt, ist nichtig“.

Zwar wurde der XII. Reichstagskommission, der die weitere Ausarbeitung des Bürgerlichen Gesetzbuches oblag, nochmals der Antrag vorgelegt, die öffentliche Ordnung wieder in die Formulierung der Regelung aufzunehmen, dies wur-

---

268 § 90 des Sächsischen BGB: „Rechtsgeschäfte, welche unverständlich oder rücksichtlich ihres Gegenstandes so unbestimmt sind, daß sich derselbe nicht erkennen läßt, ingleichen welche dem Verkehre entzogene Sachen, unmögliche, den Gesetzen oder den guten Sitten widerstreitende Handlungen zum Gegenstande haben, sind nichtig“.

269 Motive, 1. Bd. § 106, S. 211.

270 Prot. Bd. 1 S. 123 (Nr. 21 III).

de jedoch abgelehnt[271]. Ein letzter gleichgerichteter Vorstoß erfolgte anläßlich der 2. Beratung im Plenum des Reichstages, aber auch hier wurde der Antrag in der Sitzung vom 20.06.1896 abgelehnt und zugleich die von der Kommission vorgeschlagene Formulierung angenommen[272].

An Hand der Kodifikationsgeschichte von § 138 BGB werden die wesentlichen Diskussionspunkte deutlich. Zum einen ging es um die Frage, ob man bezüglich der Sittenwidrigkeit eines Rechtsgeschäfts lediglich auf den *Inhalt* des Rechtsgeschäfts und damit allein auf objektive Kriterien abstellen soll, oder nicht. Weiter war die Aufnahme der öffentlichen Ordnung in den Gesetzestext heftig umstritten. Schließlich wurde die Frage gestellt, ob der Schwerpunkt der Regelung auf einen Verstoß gegen die „guten Sitten" oder gegen die Sittlichkeit gesetzt werden soll.

Vor dem Hintergrund der Fragestellung, warum der Gesetzgeber in § 814 Alt. 2 BGB und § 138 Abs. 1 BGB unterschiedliche Termini für die Beschreibung des moralischen Bereichs gewählt hat, interessiert vor allem der zuletzt genannte Aspekt.

Aus den Protokollen ergibt sich, daß man sich gegen den Terminus „Sittlichkeit" und für die Wendung „gute Sitte" entschieden habe, weil letztere der Vorschrift einen umfassenderen Geltungsbereich gewähre und den richtigen objektiven Maßstab für die Handhabung des Gesetzes enthalte[273].
Der entscheidende Unterschied zwischen Sittlichkeit und guten Sitten sah man also darin, daß mit den guten Sitten ein breiteres Spektrum an Tatbeständen erfaßt werden könne und der Maßstab der guten Sitte darüber hinaus ein objektiver sei.

---

271 Bericht der XII. Kommission vom 12.6.1896 in: Mugdan Bd. 1, S. 948, 969.

272 Stenographische Berichte, 110. Sitzung vom 20.6.1896, S. 249, 278.

273 Protokolle, Bd. 1, S. 124 (Nr. 21 III).

Kritik an dieser normgebenden Wertung wurde vor allem von Gierke geübt. Er sah in der gefundenen Formulierung lediglich eine Übersetzung von „contra bonos mores“. Dies sei ungenau und für den vom Gesetzgeber verfolgten Zweck, gerade einen Verstoß die Sittlichkeit sanktionieren zu wollen, ungeeignet. Die Sittlichkeit sei nämlich von der Sitte streng zu trennen; selbst die Wendung „gute“ Sitte impliziere nicht notwendig ein sittliches Gebot[274].

Die Befürworter des neuen § 138 BGB hielten den Begriff der guten Sitten dagegen für einen Oberbegriff zu dem der Sittlichkeit. Die Sittlichkeit sei – dies ergebe sich bereits aus den Protokollen – nicht gegensätzlich zu verstehen, sondern von den guten Sitten mitumfaßt[275].

Von der Eingrenzung, ein Rechtsgeschäft nur dann als nichtig anzusehen, wenn sein *Inhalt* die guten Sitten verletzt, hatte die zweite Kommission entgegen der ursprünglich vorgeschlagenen Formulierung in den Motiven abgesehen.

Zitelmann hatte in seiner Kritik des BGB-Entwurfs am Beispiel einer Schenkung, die unter der Bedingung der Religionsänderung steht, dargelegt, daß durchaus auch subjektive Momente bei der Frage nach der Sittenwidrigkeit als sittenwidrig Berücksichtigung finden müßten[276]. Bei einer Begrenzung auf den Inhalt des Rechtsgeschäfts blieben die subjektiven Elemente jedoch außer Betracht. Das richtige Maß zur Beurteilung der Sittenwidrigkeit sei nur gewährleistet, wenn die Entscheidung der umfassenden freien richterlichen Beurteilung unterliege[277].

---

274 Gierke, Entwurf, S. 183 (Jahrbuch 12. Bd.). Ebenfalls kritisch standen der Formulierung des § 138 BGB Hölder, S. 102 und Zitelmann, Rechtsgeschäfte, § 106 Nr. 1, S. 58 gegenüber.

275 Dick, § 5, S. 21 f.; vgl. auch Sliosberg, S. 23.

276 Zitelmann, Rechtsgeschäfte, § 106, Nr. 4 S. 60.

277 A.a.O., S. 61.

In den Protokollen findet sich Zitelmanns Ansatz wieder. So solle es nicht genügen, die Nichtigkeit nur solcher Rechtsgeschäfte anzuordnen, deren Inhalt nur in objektiver Hinsicht und ohne Berücksichtigung subjektiver Momente die guten Sitten verletzten. Wenn auch auf die Motive der Parteien nicht in dem Maß Rücksicht genommen werden dürfe, daß ihre Handlungen einer sittenrichterlichen Kontrolle des Richters unterstellt würden, so sei es doch im Einzelfall unerläßlich, die verwerfliche Gesinnung der Beteiligten nicht außer acht zu lassen, weil erst durch Hinzunahme dieses subjektiven Moments der Inhalt des Rechtsgeschäfts ins rechte Licht gesetzt werde[278].

Auf die Aufnahme der *öffentlichen Ordnung*, die ursprünglich in den Motiven unter dem Gesichtspunkt Berücksichtigung fand, daß der Inhalt eines Rechtsgeschäfts nicht nur gegen die moralischen Interessen, sondern auch gegen die allgemeinen Interessen des Staates verstoßen kann[279], verzichtete die zweite Kommission mit der Begründung, daß dem Begriff der öffentlichen Ordnung eine sichere Umgrenzung fehle und die gegen die öffentliche Ordnung verstoßenden Rechtsgeschäfte zumeist auch als gegen die Rechts- oder Sittlichkeitsordnung gerichtete Rechtsgeschäfte anzusehen seien[280].
Sowohl vor der XII. Kommission des Reichstages[281], als auch in der zweiten Beratung des Reichstages[282] wurde die Erweiterung der Generalklausel um den Begriff der öffentlichen Ordnung erneut beantragt, aber jeweils abgelehnt. Dabei wurde wieder darauf verwiesen, daß der Begriff der öffentlichen Ordnung völlig unbestimmt sei und somit Rechtsunsicherheit zu Folge hätte. Zum anderen seien Verträge unter Verstoß gegen wesentliche Rechtsprinzipien der öffentlichen Ordnung wie die Koalitions- Wahl-, Gewerbefreiheit usw. bereits als

278 Protokolle, Bd. 1, S. 123, 124 (Nr. 21 III).
279 Motive, 1. Bd. § 106, S. 211.
280 Protokolle, Bd. 1, S. 124 (Nr. 21 III).
281 Bericht der XII. Kommission vom 12.6.1896, Mugdan Bd. 1, S. 948, 969.
282 Stenographische Berichte, 110. Sitzung vom 20.6.1896, S. 249, 278.

gegen die guten Sitten verstoßend zu betrachten und seien somit vom Anwendungsbereich des § 138 BGB schon umfaßt[283].

Im Ergebnis erhielt § 138 BGB einen größeren Wertungsspielraum als in seiner ursprünglichen Fassung, indem einmal zwischen guter Sitte und Sittlichkeit der weitergehende Begriff gewählt wurde und eine Einschränkung auf den rein objektiven Inhalt des Rechtsgeschäfts nicht erfolgte.

2. Der Begriff der guten Sitten in § 826 BGB. Historische Entwicklung der Kodifikation des § 826 BGB

Ursprünglich war der Begriff der guten Sitten in der Vorläuferregelung zu § 826 BGB noch nicht enthalten. Der Dresdner Entwurf aus dem Jahre 1865 sah vor:

> „Hat jemand in betrügerischer Absicht einen Anderen zur Vornahme oder Unterlassen von Handlungen verleitet und dadurch Schaden gebracht, so ist er dem Beschädigten zum Ersatze des Schadens verpflichtet"[284].

Im ersten Entwurf zum BGB nimmt § 705 jedoch bereits ausdrücklich auf einen Verstoß gegen die guten Sitten bezug:

> „Als widerrechtlich gilt auch die kraft der allgemeinen Freiheit an sich erlaubte Handlung, wenn sie einem Anderen zum Schaden gereicht und ihre Vornahme gegen die guten Sitten verstößt."

---

283 Mugdan, Bd. 1, S. 969; vgl. weiter H. Schmidt, S. 146 ff., der zur Rolle der Sozialdemokraten im Rahmen dieser Diskussion Stellung nimmt sowie Schröder, Entwicklung, S. 511 ff., der die Diskussion um die Aufnahme des Begriffs der öffentlichen Ordnung zu dem Schutz der Koalitions-, Gewerbe- und Wahlfreiheit sowie der Entwicklung des § 826 in Verhältnis setzt.

284 Art. 1014 des Dresdner Entwurfs, vgl. Kübel, Vorlagen, Recht der Schuldverhältnisse Teil 3, S. 752.

Die Motive führen hierzu aus:

> „Der Entwurf stellt in § 705 noch eine fernere Kategorie widerrechtlicher Handlungen auf. Mit gewisser Beschränkung sollen nämlich als widerrechtlich auch solche Handlungen gelten, deren Vornahme gegen die guten Sitten verstößt“[285].

Im Vordergrund stand der Bezug zum Betrug bzw. der römischrechtlichen actio doli, die in den Materialien teilweise mit einem Verstoß gegen die guten Sitten gleichgesetzt wurde:

> „Im Hinblick auf den § 705 in Verbindung mit dem § 704 ist die Aufstellung besonderer Normen über den zivilrechtlichen Betrug entbehrlich. Jene Bestimmungen decken nicht nur die Fälle des strafrechtlichen, sondern auch die Fälle des nach römischem Rechte die actio doli begründenden zivilrechtlichen Betrugs. Überall, wo jemand – abgesehen von der Uebertretung eines Straf- oder besonderen Verbotsgesetztes – durch arglistiges Handeln gegen Treu und Glauben einem Anderen Schaden zufügt, wo also nach der römischrechtlichen oder gemeinrechtlichen Doktrin die actio doli begründet ist, liegt auch eine, zwar kraft der allgemeinen Freiheit erlaubte, jedoch gegen die guten Sitten verstoßende und deshalb unter den § 705 fallende widerrechtliche Handlung vor“[286].

Der Kommission für die zweite Lesung lagen zu § 705 mehrere Anträge vor. Unter anderem war beantragt worden, die Haftung aus § 705 zu erweitern und auch auf solche Fälle zu erstrecken, in denen der Schädiger in Ausübung subjektiver Rechte handelte und damit ein besonderes Recht zur Vornahme der Handlung bestand.

---

285 Motive Bd. II, Recht der Schuldverhältnisse, S. 726.

286 Mot. Bd. II, S. 726.

> „Wer in einer gegen die guten Sitten verstoßenden Weise vorsätzlich einem Anderen einen Schaden zufügt, ist ihm zu Ersatze des Schadens verpflichtet, ohne Unterschied, ob der Umfang des Schadens vorauszusehen war oder nicht“[287].

Die Diskussion drehte sich im Kern um die Problematik, ob sich derjenige, der subjektive Rechte wahrnehme, auch innerhalb der Grenzen der guten Sitten bewegen müsse. Ursprünglich war folgende, später aufgegebene Differenzierung verfolgt worden: „Wer ein *besonderes* Recht ausübe, müsse immer haftfrei sein, auch wenn er aus Schikane handele, wer aber nur kraft seiner natürlichen Freiheit handele, dürfe diese nicht zum Schaden Anderer mißbrauchen und ein Mißbrauch sei es, wenn seine Handlungsweise den in den guten Sitten sich ausprägenden Auffassungen und dem Anstandsgefühl aller billig und gerecht Denkenden widerspreche.“[288]

Die Vertreter dieser Auffassung beantragten dementsprechend, vom Anwendungsbereich des § 705 solche Fälle ausdrücklich auszunehmen, in denen jemand in Ausübung subjektiver Rechte handelt:

> „Wer einem Anderen durch eine Handlung, durch welche er *nicht* lediglich ein ihm gegenüber dem Anderen oder gegenüber einem Dritten zustehendes Recht ausübt, in einer gegen die guten Sitten verstoßenden Weise vorsätzlich einen Schaden zufügt, ist ihm zum Ersatze des Schadens verpflichtet, auch wenn er den Umfang des Schadens nicht vorauszusehen vermochte“[289].

Die Vertreter dieser Auffassung stützten sich darauf, daß das Gesetz - wenn es die Entstehung von Rechten ermögliche - auch deren Ausübung gestatten müsse. Innerhalb der subjektiven Rechte müsse es dem einzelnen möglich sein, sich

---

287 Prot. II, S. 575 f. (Nr. 151 III).

288 Staudinger/Oechsler, § 826 Rdnr. 4 mit Verweis auf Prot. I 967.

289 Prot. II, S. 575 f. (Nr. 151 III Ziff. 4); Hervorhebung von der Verfasserin.

ungehindert zu bewegen. Die allgemeine Freiheit hingegen finde zu Recht ihre Grenze an der allgemeinen Freiheit der anderen. Wenn aber das Gesetz ein besonderes subjektives Recht gewähre, bestehe auch eine besondere Verfügungsmacht. Das Gesetz dürfe insofern nicht die Gebote der Moral zu Rechtssätzen erheben. Eine solche Verwischung der Grenzen zwischen Recht und Moral führe zu größter Unsicherheit. Man sah auch weitere Schwierigkeiten voraus, da man stets die inneren Beweggründe einer Handlung zu prüfen gezwungen sei. Das Gesetz habe die Möglichkeit, die Berücksichtigung der guten Sitten bei einzelnen Rechtsverhältnissen, etwa bei Eigentum oder den rechtsgeschäftlichen Willenserklärungen gesondert zu berücksichtigen und habe dies auch teilweise (§§ 103, 127 des 1. Entwurfs) umgesetzt. Die ganz allgemeine Beschränkung der Ausübung von Rechten durch die guten Sitten gehe zu weit.

Die beantragte Herausnahme von Handlungen aus dem Anwendungsbereich von § 705 führte jedoch zu Ungereimtheiten zum Beispiel dadurch, daß der aufgrund der allgemeinen Freiheit, beispielsweise der Gewerbefreiheit Tätige anders behandelt würde, als derjenige, der ein subjektives Recht ausübe. Kritiker dieses Vorschlags trugen vor, der Unterschied sei nicht erheblich genug, um eine andere Behandlung zu rechtfertigen. Vielmehr sei es richtig, wenn sich der Betreffende sowohl im ersteren, als auch im letzteren Fall an die guten Sitten halten müsse[290]. Dementsprechend beantragten sie, daß die guten Sitten ganz allgemein jede – und auch die in Ausübung von Rechten vorgenommene – Handlung erfassen.
Dennoch folgte die Kommission im Ergebnis dem ersteren Antrag und entschied sich damit dagegen, eine Handlung in Ausübung von Rechten ganz allgemein durch die Rücksicht auf die guten Sitten zu beschränken. Der zweite Entwurf schlug dementsprechend unter § 749 eine dem oben zitierten Antrag fast gleichlautende Fassung vor[291].

---

290 Prot. II, S. 577.

291 § 749 des 2. Entwurfs: „Wer durch eine Handlung, die er nicht in Ausübung eines ihm zustehenden Rechtes vornimmt, in einer gegen die guten Sitten verstoßenden Weise einem Anderen vorsätzlich Schaden zufügt, ist dem Anderen zum Ersatze des Schadens

Gleichwohl beschloß die XII. Kommission des Reichstags einstimmig die Streichung der Worte „die er nicht in Ausübung eines ihm zustehenden Rechtes vornimmt“[292]. Der leitende Gedanke in diesem Zusammenhang war, daß man ein allgemeines Schikaneverbot für erforderlich hielt. Ausgehend von der Bestimmung des § 887 Abs. 2 über die schikanöse Ausübung des Eigentums[293] konnte der Antragsteller Gröber die XII. Kommission überzeugen, daß eine gleiche Bestimmung nicht nur für die übrigen dinglichen Rechte, sondern für alle Rechte, insbesondere für die obligatorischen Ansprüche notwendig sei[294].

Dementsprechend erhielt § 826 BGB seine allgemeine Fassung, von der die Handlung in Ausübung subjektiver Rechte mitumfaßt ist:

„Wer in einer gegen die guten Sitten verstoßenden Weise einem anderen vorsätzlich Schaden zufügt, ist dem anderen zum Ersatze des Schadens verpflichtet.“

3. Konkretisierungsversuche der Rechtsprechung und Literatur

a. Die sogenannte Anstandsformel

Nach der Kodifikation des BGB entwickelte die Rechtsprechung relativ bald die Formel, konform mit den guten Sitten und damit nicht sittenwidrig sei ein Rechtsgeschäft dann, wenn es dem Anstandsgefühl aller billig und gerecht Denkenden entspräche[295].

---

verpflichtet.”

292 Vgl. Jakobs/Schubert, Beratung, Recht der Schuldverhältnisse Teil III, S. 902.

293 Vom Bundesrat war als § 887 Abs. 2 beschlossen worden: „Eine Ausübung des Eigenthums, die nur den Zweck haben kann, einem Anderen Schaden zuzufügen, ist unzulässig.“; vgl. Jakobs/Schubert, Beratung, Allgemeiner Teil S. 1172.

294 Jakobs/Schubert, Beratung, Recht der Schuldverhältnisse III, S. 901 f. sowie Allgemeiner Teil, S. 1172.

295 So bereits 1901 in der sog. Brisbane-Entscheidung, RGZ 48, 114, 124.

Damit wurde ein Bezug zu der in den Motiven zu § 826 BGB dargestellten Auffassung hergestellt, wonach derjenige, der einem anderen Schaden zufüge, mißbräuchlich handele und auf Schadensersatz hafte, „wenn seine Handlungsweise den in den guten Sitten sich ausprägenden Auffassungen und dem Anstandsgefühl aller billig und gerecht Denkenden widerspricht“[296].

Auch wenn mit der neuen Formel der Versuch unternommen wurde, den Begriff der guten Sitte an einem konkreten Kriterium und einer bestimmten Personengruppe festzumachen – nämlich dem Anstandsgefühl einerseits und der Gruppe der billig und gerecht Denkenden andererseits – genügen die relativ vagen Bezugnahmen nicht, um mit hinreichender Bestimmtheit festzustellen, welcher konkrete Sachverhalt nun von den „guten Sitten“ erfaßt wird und welcher nicht. Die Formel wirft vielmehr neue Fragen auf, zum Beispiel wer die „billig und gerecht Denkenden“ im einzelnen sind und an welchen Kriterien das Anstandsgefühl zu messen ist.

Dementsprechend wurde und wird die sogenannte Anstandsformel häufig kritisiert. Der hauptsächliche Fehler sei, daß die als Differenzierungskriterium angeführte Formel inhaltlich nichts besage. Es handele sich vielmehr um eine Leerformel, die bei der Beurteilung von Sittenwidrigkeit in Einzelfall wenig hilfreich sei[297].

Der Einwand ist insofern unrichtig, als daß der Formel nicht *jegliche* Aussagekraft abgesprochen werden kann. Sie macht z.B. deutlich, daß der Maßstab für die Bestimmung der guten Sitten objektiver Art sein muß, weil hier nicht auf das Gefühl eines einzelnen, sondern auf das „aller“ bezug genommen wird[298].

---

296 Mot. II, S. 727.

297 Haberstrumpf, S. 74; G. G. Teubner, S. 20 ff, 23, 51, 115; Heldrich S. 93.

298 Flume, S. 364 (=§ 18 1); vgl. ferner Sack, Funktion, S. 15: „Man kann die Anstandsformel nicht nur in dem Sinne deuten, daß es darauf ankommt, wie ein billig und gerecht Denkender gehandelt hätte, wenn er sich in der Lage des Handelnden befunden hätte, sondern ebensogut auch in dem Sinne, daß es darauf ankommt, ob ein billig und gerecht Denkender die betreffende Handlung aufgrund seiner Kenntnis im

Auch die ethische Orientiertheit klingt durch die Einbindung von „Billigkeit“ und „Gerechtigkeit“, zweier wertender Termini, bereits an.
Dennoch ist es in der Tat schwierig, hierfür das „Anstands*gefühl*“ zum Kriterium zu erheben, da so kaum objektiv durch Dritte
überprüfbare Ergebnisse gewonnen werden. Auch die Gruppe
„aller billig und gerecht Denkenden“ gibt Probleme auf. Denn die Heranziehung *aller* billig und gerecht Denkenden ist sowohl praktisch, als auch theoretisch unmöglich. Ist aber eine Auswahl notwendig, eröffnet die Formulierung die Möglichkeit „rechtszerstörender Ideologisierung“. Der entscheidende Richter kann Denkweisen, die von seiner Auffassung abweichen, als nicht gerecht und billig beiseite schieben[299]. Beispielhaft kann hierfür die Zeit nach 1933 gelten, als die gute Sitte mit dem „gesunden Volksempfinden“ und dieses mit der „nationalsozialistischen Weltanschauung“ gleichgesetzt wurde[300].

So führt die Anstandsformel im Ergebnis lediglich neue unbestimmte Rechtsbegriffe in die Diskussion ein, deren Bedeutungsgehalt nicht konkreter ist, als der Begriff der guten Sitten an sich[301]. Die Entscheidungen, in denen es um die Bestimmung der „guten Sitten“ geht, zeigen, daß eine Bezugnahme auf die Gesamtheit der Vernünftigen nicht durchführbar ist, so daß sich der Kreis der mit der Formel Angesprochenen letztlich auf den entscheidenden Richter reduziert. Der Richter trifft eine persönliche Gewissensentscheidung – auch wenn er die äußeren Umstände in seine Überlegungen miteinbezieht[302].

Zeitpunkt der Bewertung sittlich –rechtlich billigt oder mißbilligt.

299 Medicus, AT Rdnr. 682.

300 RGZ 150, 1,4.

301 Kritisch: Medicus, AT, Rdnr. 682,

302 Sack, Anstandsgefühl, S. 764.

b. Die wesentlichen Strömungen in der Literatur

In der Literatur werden zu der Frage, wie der Begriff der „guten Sitten" näher zu konkretisieren ist, sehr unterschiedliche Ansätze vertreten[303]. Sowohl außerrechtliche, als auch innerrechtliche Maßstäbe werden herangezogen[304]. Die auf breiter Ebene geführte und umfangreiche Diskussion zu diesem Thema kann in dieser Arbeit nur stichpunktartig angesprochen werden. Dabei werden die wesentlichen Richtungen kurz aufgezeigt, ohne daß in diesem Rahmen dem Anspruch einer umfassenden Darstellung genügt werden kann.

Eine überwiegende Ansicht in der Literatur lehnt die „gute Sitte" im wesentlichen an den Begriff der Sittlichkeit an und setzt den Verstoß gegen die guten Sitten mit unsittlichem, unmoralischem Handeln gleich[305]. „Sittlichkeit" versteht der überwiegende Teil der Autoren nicht als subjektive Gesinnungsethik, sondern als gegenwärtig herrschende Sozialmoral[306] bzw. als Rechts- und Sozialmoral[307].

Die Problematik, daß die Ermittlung des Inhalts der guten Sitten Schwierigkeiten bereitet, führte zu der Forderung, den Verhaltensmaßstab der guten Sitten zu „objektivieren". Der Maßstab für die Bestimmung der guten Sitten könne kein lediglich außerrechtlicher sein, vielmehr müsse das Recht selbst bei der Konkretisierung Eingang finden. Insbesondere Simitis setzte sich dafür ein, den Begriff der guten Sitten durch den des ordre public zu ersetzen[308]. Nach dieser Auffassung kann der Maßstab für die Bestimmung der guten Sitten nur für den

---

303 Vgl. Sack, a.a.O., S. 765 ff., Mayer-Maly, Sitten als Maßstab, S. 596 ff.

304 Vgl. vor allem die Darstellung von G. G. Teubner, S. 13 bis 39.

305 Engisch, Suche, S. 82: „Den Rechtsbegriff der `guten Sitten´ rechnen wir aber zu den Begriffen mit moralischem Gehalt."; vgl. ferner Larenz AT S. 435 ff., 438; Münch.Komm./Mertens, § 826 Rdnr. 9; Staudinger/Oechsler, § 826 Rdnr. 27, 36ff; Fikentscher, Schuldrecht S. 661.

306 Staudinger/Schäfer, § 826, Rdnr. 34 (12. Auflage); Henkel, Einführung, S. 71.

307 Fikentscher Schuldrecht, S. 767, Rdnr. 1277.

308 Simitis, S. 166; vgl. auch Pawlowski, S. 513; Enneccerus/Nipperdey, S. 1164.

engen Bereich von Familie und Intimleben ein außerrechtlicher sein, in allen anderen Fallgestaltungen müssen rechtliche Regelungen bei der Konkretisierung des Begriffs der guten Sitten – bzw. des ordre public - Eingang finden[309].

Eine vermittelnde Ansicht hält die Bezugnahme auf die wertenden Maßstäbe der Sittlichkeit zwar für richtig, jedoch nur in Kombination mit anderen Kriterien. Letztere Auffassung hat die Verfasser des BGB auf ihrer Seite, die sich ausdrücklich gegen die Ersetzung der Formulierung „gegen die guten Sitten“ durch „gegen die Sittlichkeit“ ausgesprochen hatten, da im Fall der Ersetzung der umfassendere objektive Geltungsbereich nicht mehr gewährleistet sei. Neben den durch die Sittlichkeit vermittelten Werten sollen auch bestimmte Prinzipien der Rechtsordnung, also auch Aspekte der öffentlichen Ordnung einfließen[310].

c. Analyse der Lösungsansätze der Literatur

Der Versuch, den Begriff der guten Sitten ausschließlich mit der Anstandsformel zu bestimmen, scheitert an der Einführung von neuen unbestimmten Rechtsbegriffen, die ihrerseits wieder neue Fragen aufwerfen. Allerdings wird durch die so gescholtene Formel deutlich, daß sich das Verständnis der „guten Sitten“ für die Rechtsprechung primär an außerrechtlichen Werten (dem Anstandsgefühl) orientiert, wobei es in der Praxis auf das objektivierte Gefühl des entscheidenden Richters ankommen wird[311].

Der Ansatz einiger Vertreter in der Literatur, die gute Sitte sei gänzlich mit der Sittlichkeit oder anderen außerrechtlichen Normsystemen gleichzusetzen, ist problematisch, weil es „die“ Sittlichkeit als solche nicht gibt. Selbst im Rahmen eines eingegrenzten Kulturkreises – der nicht gegeben ist - bestimmen eine

---

309 Simitis, S. 195ff., 197.
310 Vgl. Flume, AT II, S. 365, Larenz, AT, S. 438 (§ 22 III).
311 Vgl. Sack, Anstandsgefühl, S. 764.

Vielzahl von Ethiken und Moralvorstellungen das Handeln der einzelnen[312]. Das gleiche gilt für die Gleichsetzung mit dem Begriff der Sozialmoral. Die Entscheidung über die Sittenwidrigkeit muß zwar in Hinblick auf die betroffenen Kreise getroffen werden. Doch das Abstellen auf „eine" Sozialmoral setzt voraus, daß es innerhalb der betroffenen Gruppe einen „Grundbestand gemeinsamer Anschauungen hinsichtlich des moralisch guten Handelns" gibt. Im Gegensatz zu den verfestigten Anschauungen zu Beginn des 20. Jahrhunderts existieren heute eher gruppenspezifische Konsense, die nur noch Teile der Gesellschaft erfassen. Sofern man nur diese zur Entscheidungsgrundlage machte, würde aufgrund fehlender Einheitlichkeit eine beträchtliche Rechtsunsicherheit heraufbeschworen.

Aber auch die Orientierung an nur rechtlichen Maßstäben oder dem „ordre public" bleibt problematisch. Bereits sprachlich bestehen Probleme, denn „ordre public" im Sinne von „öffentlicher Ordnung" ähnelt sehr einem ethisch neutralen Begriff, dem der öffentlichen Sicherheit und Ordnung, was mit den guten Sitten nicht gemeint sein kann. Der Begriff des „ordre public" führt darüber hinaus eine neue Generalklausel und damit einen unbestimmten Begriff ein, der seinerseits wieder der Konkretisierung und Ausfüllung bedürfte[313]. Ferner ist eine übermäßige Einschränkung der Privatautonomie zu befürchten[314], denn die ausschließliche Orientierung an rechtlichen Kriterien würde eine „Verrechtlichung" von sittlichen – und das heißt im Regelfall zwischenmenschlichen, nicht rechtlich normierten Sachverhalten – zur Folge haben. Schließlich würde der Begriff der Guten Sitten seinen bisherigen spezifischen Sinn – nämlich die Ausrichtung an außerrechtlichen Werten - vollkommen verlieren[315]. Nachdem die überwiegende Meinung auch rechtliche ethisch fundierte Regelungen unter

---

312 G. Teubner, S. 14, 16 ff.; Staudinger/Oechsler, § 826 Rdnr. 26.

313 Simitis, S. 195 ff., 197.

314 So Simitis selbst, S. 198 ff, 200 ff.

315 Vgl. Mayer-Maly, Sitten, S. 128; Medicus, AT, Rdnr. 683.

den Begriff der Guten Sitte faßt, sieht man zudem kein Bedürfnis für die Orientierung am „ordre public“[316].

d. Stellungnahme

Letztendlich kann keine der Definitionen oder Konkretisierungsversuche den Gehalt dessen, was „gute Sitten“ bedeuten, gänzlich erfassen[317]. Die Annäherung an den Begriff der guten Sitte auf definitorischem Wege bleibt problematisch, weil es sich um einen funktionsbestimmten Rechtsbegriff handelt, dem je nach seiner Verwendung unterschiedliche Bedeutung zukommt. In jedem der Anwendungsfälle hat das, was der Gesetzgeber mit guten Sitten meint, eine andere Konnotation. Diese ist abhängig vom Gegenstand der Beurteilung, dem Zweck der Regelung sowie der Sanktion[318].
In der Regel orientiert man sich daher neben einer Gesamtschau an den bisher zur Sittenwidrigkeit gebildeten Fallgruppen. Naturgemäß sind diese weder erschöpfend, noch in sich logisch verknüpft. Sie stellen jedoch einen in der Praxis immer wieder neu verifizierbaren Katalog dar, der eine fallbezogene Orientierung ermöglicht, wobei gleichzeitig Besonderheiten stets zu einer ganz neuen Einordnung führen können.

Festzuhalten bleibt, daß für eine allgemeinverbindliche Bestimmung des Begriffs der guten Sitten ausschließlich von einem heteronomen Moralverständnis ausgegangen werden muß. Dies bedeutet, daß jedes außerrechtliche Wertungskriterium an objektiven Maßstäben gemessen werden muß, um als *rechtliches* Differenzierungskriterium überhaupt tauglich zu sein. Dies gilt sowohl für die Sittlichkeit als solche[319], als auch für die guten Sitten. Dennoch ist zwischen

---

316 Flume, S. 367.

317 Medicus, AT, Rdnr. 682.

318 Baumbach/Hefermehl, Rdnr. 69; Medicus, AT, Rdnr. 681.

319 Vgl. oben, S. 77 ff., 81.

den beiden Begriffen keine Identität anzunehmen[320]. Während die Sittlichkeit auf ein lediglich außerrechtliches Normensystem verweist, sind dem Begriff der guten Sitten auch rechtliche Maßstäbe immanent. Ohne einen objektiv erfaßbaren Geltungsbereich kann der Begriff der guten Sitten nicht die ordnende Funktion haben, die ihm vom Gesetz her zugedacht ist[321]. Dies wird auch aus der oben dargestellten Diskussion deutlich, die Regelung des § 138 BGB um den Begriff der öffentlichen Ordnung zu erweitern: letztlich wurde hierauf verzichtet, weil man davon ausging, daß wesentliche Verstöße gegen die öffentliche Ordnung ohnehin zugleich als Verstoß gegen die gute Sitte einzuordnen seien. Wenn sich im Rahmen der Auslegung der Guten Sitten Widersprüche ergeben, gehen die rechtlichen Regelungen den außerrechtlichen Wertvorstellungen sogar vor[322]. § 138 BGB macht deutlich, daß die ursprüngliche Konzeption des Begriffs der Guten Sitte die rechtlichen Regelungen miteinbezog, weil die Einhaltung dieser Regeln als Gebot der Sittlichkeit anzusehen sei. Dieser Aspekt stellt den wesentlichen Unterschied zur „reinen Sittlichkeit" dar. Der Begriff der guten Sitte hat sich nämlich aus Formulierungen entwickelt, die einerseits eine moralische Wertung vornehmen („unzimlich", „unerbar", etc.) andererseits aber auch einen objektiven Gehalt aufweisen. So tauchen neben Begriffen wie Unehrbarkeit oder Unbilligkeit auch immer wieder die Formulierungen unrechtmäßig, verboten, ungebührlich und unziemlich auf. Mit den guten Sitten sind daher „die auf sittlichen Grundvorstellungen beruhenden Gebote gemeint, die im sozialen Verkehr an das *äußere* Verhalten einer Person innerhalb einer Gemeinschaft zu stellen sind"[323]. Der Begriff der guten Sitten und der Sittlichkeit sind damit nur teilweise deckungsgleich, wobei die guten Sitten die größere Spannbreite umfassen und über den rein moralischen Aspekt hinausgehen.

Es stellt sich in diesem Zusammenhang die Frage, ob auch der Begriff der sittlichen Pflicht entsprechend dem der guten Sitten an weiteren Maßstäben als an

---

320 G. G. Teubner, S. 14 f.; 36 f.

321 Vgl. zur Problematik der Konkretisierung der Gute-Sitten-Klauseln G. Teubner.

322 Palandt/Heinrichs, § 138 Rdnr. 6.

323 Baumbach/Hefermehl, Einl. UWG Rdnr. 66.

dem des ethischen Sollens Orientierung finden müßte. Dies ist jedoch abzulehnen. Zum einen spricht schon der Wortlaut dagegen, in den Bedeutungsgehalt der Sittlichkeit weitere, vor allem rechtliche Elemente hineinzulesen. Zum anderen muß man aufgrund der oben dargelegten Entstehungsgeschichte zu § 138 BGB annehmen, daß der Gesetzgeber die Bezeichnung bewußt hier anders als in § 814 Alt. 2 BGB gewählt hat. Schließlich würde es aus dem Kontext der Regelung von § 814 Alt. 2 BGB heraus keinen Sinn machen, den Begriff der sittlichen Pflicht auch mit rechtlichen Elementen zu versehen. Denn für die Anwendung der Norm muß der Begriff zwar objektivierbar sein, rechtliche Elemente würden jedoch die Regelung insgesamt sinnentleeren, weil dann das Tatbestandsmerkmal vom Fehlen einer rechtlichen Verpflichtung nicht mehr erfüllt wäre. Es gäbe dann eine *auch* rechtliche Pflicht, weswegen nicht mehr kondiziert werden könnte.

D. Teleologische Auslegung

Der § 814 Alt. 2 BGB ursprünglich zugedachte Zweck war darauf gerichtet, das sittliche Bewußtsein des Volkes nicht zu verletzen[324]. Damit sollte § 814 Alt. 2 BGB auftretende Spannungen zwischen Sittlichkeit und Recht durch eine Parallelbewertung der in diesem Bereich erbrachten Leistungen mit einer allgemeinen gesellschaftlichen Moralvorstellung ausgleichen.

Verwirklicht wurde dieser Ausgleich durch das Kondiktionsverbot, indem einer der Parteien die Möglichkeit der Rückforderung ihrer Leistung mit Verweis auf die allgemeine Moral verwehrt wird. Die Möglichkeit einer Abweichung von Sittlichkeit und Recht setzt voraus, daß die beiden Bereiche zumindest teilweise nicht deckungsgleich sind. Tritt eine Divergenz auf, sind verschiedene Reaktionen denkbar. Seitens des Bürgers kommt die Nichtbefolgung aufgrund ethischer

---

324 Vgl. oben, S. 94 f.; Prot. II, S. 695.

Grundsätze in Betracht[325]. Diese mag sich angesichts des staatlichen Zwangsapparats zwar oft als nutzlos für das Individuum erweisen, hat aber den Vorteil terminologischer Klarheit[326]. Seitens des Staates besteht die Möglichkeit, die Sittlichkeit in das Recht durch eine rein rechtliche Regelung partiell einzubeziehen. Hierdurch wird bei Auslegung und Anwendung der fraglichen Regelung der nichtrechtliche Bereich miterfaßt und so dafür Sorge getragen, daß das Recht dem sittlichen Sollensgebot nicht zuwiderläuft. Vorschriften dieser Art sind etwa §§ 138 Abs. 1, 242, 157, 162, 320 Abs. 2, 815, 826 BGB.

Auch die Einführung der sittlichen Pflicht als Ersatz für einen Rechtsgrund in § 814 Alt. 2 BGB stellt eine derartige Konfliktlösungsklausel dar. Sie vermeidet für den Bereich des Bereicherungsrechts, daß die aufgrund der Rechtsgrundlosigkeit der Leistung mögliche Kondiktion einen der Sittlichkeit zuwiderlaufenden Zustand herstellt.

E. Zwischenergebnis zur Auslegung der Begriffe

Sittliche Pflichten und Anstandsrücksichten sind Verhaltensanforderungen an die einzelnen Mitglieder einer Gesellschaft, das eigene Handeln im Verhältnis zu anderen am „Guten" zu orientieren. Einziger Maßstab ist damit die einem allgemeinen Anspruch genügende Sittlichkeit. Hierin unterscheidet sich der Begriff von der Sitte, für die es primär auf die Tradierung eines bereits Übung gewordenen Verhaltens geht. Der Begriff der guten Sitte ist – wie gezeigt wurde – ebenfalls nicht gleichbedeutend mit dem der sittlichen Pflicht. Ei-

---

325 Diese ethischen Grundsätze sind Teil einer Werteordnung, zu der das Recht durchaus in Konflikt geraten kann, wie jedes staatliche Unrechtssystem verdeutlicht. Das auf diese ethischen Grundsätze aufbauende Widerstandsrecht im Sinne der Berechtigung zum Widerstandes gegen das staatliche Recht setzt eine auch dem positiven Recht übergeordnete Ordnung logisch voraus. Weinkauff bezeichnet sie als „übergeordnete Rechtsordnung"(S. 405), als „metaphysische Annahmen" (s. 408) – auch wenn er selbst letzteren Begriff nicht für gelungen hält.

326 Hoerster, 188.

ne Parallele besteht, weil auch die gute Sitte ethisch orientiert ist. Daneben werden aber stets auch die der Rechtsprechung immanenten Prinzipien und Wertmaßstäbe in den Begriff der guten Sitte hineingelesen. Schließlich nimmt die gute Sitte nicht zuletzt auch auf den Begriff der Sitte bezug, so daß diejenigen traditionellen Verhaltensregeln, die als richtig erkannt werden, ebenfalls unter den Begriff der guten Sitte fallen. Dem Begriff der sittlichen Pflicht sind letztere hingegen nicht immanent, denn auf eine tatsächliche Übung kommt es hier nicht an. Auch der Bezug zum ethischen Bereich ist bei der guten Sitte anders ausgestaltet, als bei der sittlichen Pflicht, die nicht nur eine Wertung als „gut“, sondern einen Verhaltensaufruf beinhaltet.

Sittliche Pflichten kommen daher in der Regel zum Tagen, wenn es darum geht, zu „teilen“, sei es durch Unterstützungszahlungen, sei es durch Geschenke oder kleinere Aufmerksamkeiten. Der Rahmen, in dem sich diese unter sittliche Pflichten und Anstandsrücksichten zu fassende Handlungen bewegen, ergibt sich aus dem jeweiligen Kontext der Personen sowie sozialethischen Phänomenen innerhalb der Gesellschaft. Die Entstehung und Entwicklung dieser Phänomene folgt grundsätzlich anderen Regeln, als dies bei rechtlichen Begriffen der Fall ist.
Gleichwohl werden sittliche Pflichten und Anstandsrücksichten durch die Aufnahme in § 814 BGB *auch* als rechtliche Begriffe verwandt und müssen auch als solche angesehen werden, denn sie sind Teil einer rechtlichen Vorschrift und werden von der Rechtsprechung als Rechtsgebote angewandt und überprüft.

Dem Begriff „sittliche Pflicht oder auf den Anstand zu nehmende Rücksicht“ im Rahmen von § 814 Alt. 2 BGB kommt insofern eine Zwitterstellung zu. Sittliche Pflichten und Anstandsrücksichten dienen - entsprechend dieser Stellung - der Vermittlung zweier unterschiedlicher Bereiche. Sie vermitteln zwischen dem Recht und der Sittlichkeit, indem sie beide bei der Rückabwicklung fehlgeschlagener Leistungen in Einklang bringen.

Zweiter Unterabschnitt
Die einer sittlichen Pflicht oder einer auf den Anstand zu nehmenden Rücksicht entsprechende Leistung

Leistung ist die bewußte und gewollte Vermögensmehrung[327]. Dies gilt auch für die einer sittlichen Pflicht entsprechenden Leistung. Sittliche Pflichten i.S. von § 814 Alt. 2 BGB können entsprechend dem Leistungsbegriff nur vorliegen, wenn sie sich auf eine Leistung beziehen, die ihrerseits Vermögenswert i. S. jeder Verbesserung der Vermögenslage des Empfängers hat.

Eine das eigene Vermögen vermindernde Handlung, zu der der Leistende nicht verpflichtet ist, ist primär aus zwei Gründen vorstellbar, wobei die Übergänge fließend sind: entweder er will moralisch „gut" handeln, oder er will der Gerechtigkeit Tribut zollen.

Wenn nun das „gute" und das „gerechte" Handeln als die maßgeblichen Aspekte einer sittlichen Leistung angesehen werden können, so fehlt noch der Pflichtcharakter. Wann entspricht eine Leistung einer sittlichen *Pflicht*? Je näher die Personen, zwischen denen die Leistung stattfindet, einander persönlich stehen, desto mehr Pflichtcharakter kommt der Leistung zu. Der Grund hierfür liegt in der Tatsache, daß die familiäre Hilfsbereitschaft *an sich* ein ethischer Grundsatz ist, der zu dem speziellen Motiv einer vermögenswerten Zuwendung hinzukommt. Eine einer sittlichen Pflicht entsprechende „moralisch gute" Leistung ist daher regelmäßig bei solchen Zuwendungen anzunehmen, bei denen die Beteiligten durch ein spezifisches Näheverhältnis verbunden sind. Bei der dem Gerechtigkeitsimpuls folgenden sittlichen Pflicht entscheidet das innere „Soll und Haben-Konto" über die Richtigkeit und das Erfordernis einer Zuwendung.

Typischer Fall der einer sittlichen Pflicht entsprechenden Leistung sind Unterhaltsleistungen an nahe Verwandte. Diese sind zwar - insbesondere für den

327 Allg. Meinung, vgl. die ständige Rspr. seit BGH 40, 272, 277; Reuter/Martinek, S. 80 ff.; Beuthien, S. 841; Schnauder, S. 142 ff.

Trennungs- und Scheidungsfall - gesetzlich derart genau reglementiert, daß die daneben auch bestehende sittliche Verpflichtung in den Hintergrund gedrängt wird. Hinzu kommt, daß das Vertrauen auf ein soziales Netz - so grob oder feinmaschig es auch sein mag - das persönliche Verantwortungsgefühl des Einzelnen schwächt und damit die Wahrscheinlichkeit von Zuwendungen, die irrtümlich für durch eine Rechtspflicht geboten gehalten werden, abnimmt. Gleichwohl bildet diese Gruppe immer noch den hauptsächlichen Anwendungsfall von § 814 Alt. 2 BGB.

Das hier deutlich werdende Phänomen ist indes kein Einzelfall. Finanzielle Hilfeleistungen jeder Art empfindet das Gros der Gesellschaft regelmäßig durch den zu zahlenden Steuersatz als abgegolten. Das heutige soziale Netz hat seinen Ursprung nicht in einem kollektiven Ehrgefühl oder - wie die Begründung der zweiten Kommission es ausdrückt - im sittlichen Bewußtsein des Volkes, sondern im Zusammenspiel von Gesetzen, Vorschriften und Steuern.

Dritter Unterabschnitt
Anwendungsfälle und Bedeutung sittlicher Pflichten bzw. Anstandsrücksichten im praktischen Sinn

A. Die sittliche Pflicht bzw. Anstandsrücksicht in der Rechtsprechung

Nachdem sich die Arbeit bisher mit den verschiedenen Auslegungsansätzen dessen, was unter sittlicher Pflicht bzw. Anstandsrücksicht zu verstehen ist, auseinandergesetzt hat, soll dieser Terminus nun von der Seite der bisherigen Rechtsprechung betrachtet werden. Wie haben Gerichte ihn verstanden und welche Fälle waren in den Augen der Rechtsprechung unter die zentralen Begriffe des § 814 Alt. 2 BGB zu fassen?

In den hierzu vorliegenden Entscheidungen wird jeweils betont, daß die sittliche Pflicht bzw. Anstandsrücksicht *eng* auszulegen sei[328]. Eine lediglicher Betätigung der allgemeinen Nächstenliebe reiche nicht aus, vielmehr sei eine besondere, aus den konkreten Umständen des Falles erwachsende und in den Geboten der Sittlichkeit wurzelnde Verpflichtung vonnöten[329].

Es ist auffallend, daß die Entscheidungen des Reichsgerichts bei der Suche nach hierfür tragfähigen Kriterien nach sozialen Merkmalen differenzieren: es wird beispielsweise auf die Anschauungen der sozial Gleichgestellten verwiesen[330], die Berücksichtigung der Vermögenslage sowie der Lebensstellung der Beteiligten wird neben den persönlichen Beziehungen als entscheidungserheblich angesehen[331]. Eine Minderung von Anerkennung in den Augen der maßgebenden Gesellschaftskreise galt als Indiz für den Verstoß gegen Sittenpflichten[332].

Die heutige Kommentarliteratur wertet die Heranziehung solcher schichtspezifischer Entscheidungshilfen - wenn überhaupt - aus „kritischer Distanz"[333]. Der Bedeutungswandel, dem das moralische Empfinden seit Beginn dieses Jahrhunderts ausgesetzt war, hat auch vor solchen Differenzierungen nicht haltgemacht. Im Ergebnis kann sich eine „pluralistische Massengesellschaft", wie sie die heutige darstellt, in einer gründerzeitlichen Einteilung nicht wiederfinden. Daher ist es heute problematisch, dieselbe Leistung in unterschiedlichen gesellschaftlichen Kreisen einmal als einer sittlichen Pflicht entsprechend, ein andermal als nicht unter diese Kategorie fallend und damit als rückforderbar einzustufen.

---

328 So z.B. RGZ 70, 15, 19.

329 A.a.O.

330 RG Warn. 1910, Nr. 379; RGZ 73, 46, 49; 98, 326.

331 RGZ 70, 15, 19.

332 RGZ 98, 326.

333 So Staudinger/Lorenz, § 814 Rdnr. 18.

Eine Vorschrift wie die des § 814 Alt. 2 BGB kann jedoch nur justitiabel sein, wenn es nach wie vor objektive, tragfähige Kriterien für ihre Anwendung gibt. Letztlich ist daher trotz der durch die Gerichte vorzunehmenden wertenden Ausfüllung der Begriffe ein Konsens der Rechtsgemeinschaft über das Vorliegen von Sittenpflichten erforderlich, ohne den die Anwendung von 814 Alt. 2 BGB keine Grundlage hätte.

Bei einer Gesamtschau der zu § 814 Alt. 2 BGB ergangenen Entscheidungen fällt auf, daß die Auseinandersetzung mit der Regelung stark abgenommen hat[334]. In der Anfangszeit dieses Jahrhunderts findet sich noch eine relative Dichte von Entscheidungen, die § 814 Alt. 2 BGB zum Gegenstand hatten; in neuerer Zeit sind es nur noch vereinzelte Urteile, die kaum mehr einen Rückschluß auf eine generelle Auslegungstendenz zulassen. Faßt man den Rahmen kleiner und beschränkt man sich auf die vergangenen fünfzehn Jahre, wird diese Entwicklung noch deutlicher. Die wenigen Entscheidungen, die zu den Begriffen sittliche Pflicht bzw. Anstandsrücksicht zu finden sind, betreffen in erster Linie § 534 BGB und die mit der Anstandsschenkung bzw. den Möglichkeiten zum Schenkungswiderruf einhergehenden Probleme.

Man kann die Entscheidungen der Rechtsprechung, in denen die Anwendbarkeit von § 814 Alt. 2 BGB diskutiert wurde bzw. wird, im wesentlichen in folgende Fallgruppen einteilen:

- Unterstützungszahlungen an Verwandte,
- ungültige Anordnungen des Erblassers,
- Verstöße gegen das Börsengesetz sowie
- die Frage, ob bei entgegenstehendem, rechtskräftigem Urteil eine sittliche Pflicht zur Bezahlung von Schulden besteht.

---

334 Münch. Komm/Lieb, § 814 Rdnr. 15.

I. Irrtümliche Zuwendungen an Verwandte

Unterhalts- bzw. Unterstützungszahlungen an Verwandte, auf die kein gesetzlicher Anspruch besteht, wurden und werden regelmäßig als klassischer Fall einer Leistung, die ihrerseits einer sittlichen Pflicht genügt, angesehen[335].

Es besteht hier bei irrtümlicher Annahme einer Leistungsverpflichtung kein Rückforderungsrecht. § 814 Alt. 2 BGB kommt in diesem Kontext nicht nur zur Anwendung, wenn überhaupt keine rechtliche Verpflichtung zwischen den Verwandten besteht, sondern auch, wenn der Leistende mehr als das an sich Geschuldete leistet[336].

Zusätzlich zur Regelung des § 814 Alt. 2 BGB enthält das BGB Spezialvorschriften, die sich auf Unterhaltsleistungen beziehen und als Spezialnormen den bereicherungsrechtlichen Kondiktionsausschluß teilweise verdrängen, so z.B. die Regelungen der §§ 1360 b, 1361 Abs. 4 S. 4, 685 Abs. 2 und 1620 BGB.

Während die Regelungen der §§ 685 Abs. 2 bzw. 1620 BGB bereits im zweiten Entwurf zum BGB enthalten waren, wurde § 1360 b BGB erst nachträglich durch das Gleichberechtigungsgesetz von 1957 eingefügt.

---

335 RGZ 63, 38, 41; JW 1910, 752 Nr. 12; RGZ 165, 358; Staudinger/Lorenz, § 814 Rdnr. 19.

336 RGZ 63, 38, 42. Maßgeblich für das Vorliegen einer sittlichen Pflicht war i.R. dieser Fallgruppe das tatsächliche Verwandtschaftsverhältnis. Den leiblichen Erzeuger traf, auch wenn keine gesetzliche Unterhaltsverpflichtung seinerseits bestand, z.B. weil das Kind mangels Ehelichkeitsanfechtung als ehelich galt, die sittliche Verpflichtung als „eine auf der Tatsache der Zeugung beruhende natürliche Pflicht, für das Kind zu sorgen und anderen, die dies an seiner Stelle getan haben, ihre Aufwendungen zu ersetzen", vgl. RGZ 165, 358, 362. Diese sittliche Verpflichtung wurde jedoch nur dort angenommen, wo der Leistende tatsächlich auch der Erzeuger war bzw. als solcher in Betracht kam. War dies nicht der Fall, so konnte seine Kondiktion auch nicht wegen § 814 Alt. 2 BGB scheitern, weil es an der erforderlichen sittlichen Pflicht fehlte; eine nur vorgestellte Verpflichtung genügt der Kondiktionssperre nicht, vgl. RG JW 1910, S. 752 (Nr. 12).

§ 1360 b BGB regelt, daß bei bestehender Unterhaltspflicht innerhalb einer intakten Ehe - oder über § 1361 IV 4 BGB auch während der Zeit des Getrenntlebens - im Zweifel für irrtümliche Zuvielleistungen eines Ehegatten angenommen wird, daß der Leistende die Zuvielleistung nicht zurückfordern will[337]. Dies entspricht sowohl der Lebenserfahrung, als auch dem Wesen der ehelichen Lebensgemeinschaft[338].

Die Vermutung ist zwar widerlegbar, d.h. der Leistende kann Regreß nehmen, wenn er sowohl das Vorliegen einer Zuvielleistung, als auch die Tatsache, daß eine Ersatznahme beabsichtigt war, beweisen kann[339]. Dies ist jedoch in der Regel problematisch, denn die Höhe des geschuldeten Unterhalts steht bei einer intakten Ehe selten ziffernmäßig genau fest, so daß die Feststellung, welcher Betrag diesen Unterhalt übersteigt, schwer fällt. Da der Leistende bereits zum Zeitpunkt der Hingabe die Rückforderung beabsichtigt haben mußte, scheitert der Regreß immer dann, wenn sich der Leistende über die genaue Höhe seiner Unterhaltsverpflichtung irrt.

Die Verpflichtung eines Ehepartners zum Ersatz des bestimmungsgemäß verbrauchten Unterhalts würde ihn wegen der sich schnell summierenden Einzelbeträge in ähnlich unbillige Schwierigkeiten bringen, wie umgekehrt den Unterhaltspflichtigen eine Nachzahlungspflicht für in der Vergangenheit nicht entrichteten Unterhalt[340]. Seiner Zielsetzung entsprechend entzieht § 1360 b BGB somit die genannten Mehrleistungen einer nachträglichen Rückabwicklung[341].

Für den Fall der irrtümlichen Mehrleistung durch einen Ehegatten verdrängt § 1360 b BGB als Spezialvorschrift alle Regreßansprüche aus ungerechtfertigter

---

337 Anders ist der Sachverhalt allerdings bei einer Leistung aufgrund eines tatsächlichen Irrtums (z.B. Doppelzahlung) zu beurteilen; hier findet § 1360 b BGB keine Anwendung, vgl. Staudinger/Hübner, § 1360 Rdnr. 12.

338 FamRZ 1990, S. 745.

339 Palandt/Diedrichsen, a.a.O., Rdnr. 3.

340 FamRZ 1990, S. 745.

341 Staudinger/Hübner, § 1360 b Rdnr. 12.

Bereicherung und geht in diesem Zusammenhang auch der Regelung des § 814 Alt. 2 BGB vor[342].

Eine § 1360 b BGB vergleichbare Regelung trifft § 685 Abs. 2 BGB. Die Vorschrift betrifft Unterhaltsleistungen zwischen Verwandten in gerader Linie, sofern sie entweder nicht gesetzlich geschuldet sind oder aber darüber hinausgehen[343] und stellt die Vermutung auf, daß hier die Absicht zur Rückforderung in der Regel fehle. Die Regelung kehrt die Beweislastverteilung des Abs. 1 um und erschwert die Geltendmachung von Ersatzansprüchen aus §§ 683 ff. indem hier der Leistende nachweisen muß, daß er die Absicht hatte, für den Zuviel-Unterhalt Ersatz zu verlangen[344]. Es handelt sich um eine rechtshindernde Einwendung, die den bereicherungsrechtlichen Regelungen und anderen Erstattungsansprüchen vorgeht[345].

Auch bei der Regelung des § 1620 BGB wird vermutet, daß ein Regreß nicht geltend gemacht wird. Die Vorschrift betrifft den Fall, daß ein volljähriges, im elterlichen Haushalt lebendes Kind Aufwendungen zur Bestreitung der Kosten des Haushaltes macht. Hier wird bei freiwilliger Beitragsleistung im Zweifel angenommen, daß dem Kind die Absicht fehlt, Ersatz zu verlangen. Bei irrtümlichen Leistungen des Kindes steht § 1620 BGB einem Bereicherungsanspruch allerdings nicht entgegen[346].

Insgesamt bleibt § 814 Alt. 2 BGB damit für die Fallgruppe der irrtümlichen Unterhaltsleistung auf einen schmalen Bereich begrenzt. Er betrifft die Fälle, in

---

342 FamRZ 1990, S. 744, 745; Münch. Komm./Wacke, § 1360 b Rdnr. 1; Palandt/ Diedrichsen, § 1360 d Rdnr. 1 ff.; Staudinger/Hübner, § 1360 b Rdnr. 16.

343 § 685 Abs. 2 BGB kommt nur für Leistungen außerhalb der gesetzlichen Unterhaltspflicht in Betracht. Soweit diese reicht, fehlt es an einer unlegitimierten Geschäftsbesorgung im Sinne von § 677 BGB, die für die Anwendbarkeit von § 685 Abs. 2 BGB Voraussetzung sind, vgl. Münch.Komm./Seiler, § 685, Rdnr. 9.

344 Münch.Komm./Seiler, § 685, Rdnr. 10.

345 Palandt/Thomas, § 685, Rdnr. 1; Münch.Komm./Seiler, vor § 677, Rdnr. 15.

346 Staudinger/Coester, § 1620 Rdnr. 5.

denen nicht im Rahmen eines Abstammungsverhältnisses oder innerhalb einer bestehenden Ehe Unterhalt geleistet wird, nämlich wenn Verwandte nicht gerader Linie oder Nicht-Verwandte einander irrtümlich Unterhalt gewähren sowie wenn nach erfolgter Scheidung versehentlich mehr als der geschuldete bzw. trotz fehlender Unterhaltsverpflichtung irrtümlich Unterhalt gezahlt wird.

Von den zu § 814 Alt. 2 BGB speziellen Regelungen wurde die für Rückforderungen relevanteste Norm des § 1360 b BGB erst nachträglich durch das Gleichberechtigungsgesetz 1957 eingeführt. Hieraus kann möglicherweise der Bedeutungsrückgang von § 814 Alt. 2 BGB für die Fallgruppe der Unterhaltszahlungen erklärt werden. § 814 Alt. 2 BGB konnte ab diesem Zeitpunkt all die Fälle nicht mehr erfassen, in denen Ehegatten um aufgrund einer irrtümlich angenommenen Rechtspflicht bezahlten Unterhalt stritten.

II. Formnichtige Zuwendungen des Erblassers

Weiterhin kann nach der Rechtsprechung durch Zuwendungen, die ein Erbe gemäß der mündlichen Anordnungen des Erblassers macht, eine Sittenpflicht erfüllt werden[347]. Diese Fallgruppe wurde in der Vergangenheit meist im Hinblick auf § 56 II RErbschStG angesprochen, denn nach dieser Vorschrift trat eine Befreiung von der Steuer dann ein, wenn durch eine Schenkung einer sittlichen Pflicht oder einer auf den Anstand zu nehmenden Rücksicht entsprochen wurde[348]. In diesem Fall wurden i.d.R. die Anordnungen des Erblassers in der irrigen Annahme ihrer Wirksamkeit erfüllt; ein Erbe zahlte beispielsweise an andere, von der Erbschaft tatsächlich ausgeschlossene Personen eine bestimmte Summe aus, wobei der Erblasser hierzu ausdrückliche Anweisung erteilt hatte und der angewiesene Erbe ihm das Versprechen, in diesem Sinne zu handeln, zugesichert hat[349]. Zwar ist nicht in allen Fällen bei Vorliegen eines rechtsun-

---

347 RG Warn. 1912, 189.

348 RG Warn. 1912, 189; RG JW 1917, 480 (Nr. 23); RG Recht 1910, 3848.

349 So die Konstellation in RG Warn. 1912, 189.

wirksamen Versprechens von einer Sitten- oder Anstandspflicht auszugehen. Im Ausgangsfall spricht jedoch die besondere Konstellation dafür: „ (...) von gleich nahen gesetzlichen Erben ist eine Erbin bevorzugt, diese Bevorzugung durch Erfüllung einer ihr im Vertrauen auf ihre Ehrenhaftigkeit gemachte Auflage zu mindern, ist die vom Vorderrichter anerkannte sittliche Pflicht“[350].

III. Verstöße gegen das Börsengesetz

Weiter wurde § 814 Alt. 2 BGB bei Entscheidungen, die Verstöße gegen das Börsengesetz zum Gegenstand hatten, wiederholt diskutiert[351]. Hier war fraglich, ob die Rückforderung des im Rahmen eines verbotenen Börsentermingeschäfts Geleisteten möglicherweise durch eine (kaufmännische) Sittenpflicht bzw. Anstandsrücksicht i.S.v. § 814 Alt. 2 BGB ausgeschlossen sein sollte. Auch wenn es z.T. entsprechende Anschauungen gegeben hat, wurde die Rückforderung rechtsgrundloser Leistungen auf diesem Gebiet nicht beschränkt. „Auch das neue Börsengesetz steht nicht auf dem Standpunkte, daß die Erfüllung verbotener Börsentermingeschäfte allgemein oder wenigstens für einen Kaufmann einer sittlichen Pflicht oder einer auf den Anstand zu nehmenden Rücksicht entspricht (...)“[352]. Weder vor, noch nach der Reform der BörsenG 1908 konnte § 814 Alt. 2 BGB auf Rückforderungen Anwendung finden.

---

[350] RG Warn. 1912, 189.

[351] JW 1904, 407; Recht 1904, Nr. 2478; JW 1908, 467; JW 1909, 59; RG Warn. 1910, Nr. 344; vgl. zur Behandlung von Börsentermingeschäften und der Entwicklung des Börsengesetzes insgesamt Udo Wolter.

[352] RG Warn. 1910, Nr. 344.

IV. Sittliche Pflicht bei entgegenstehender Rechtskraft?

Schließlich beschäftigte die Gerichte die Frage, ob - wenn ein Streit durch rechtskräftiges, aber materiell unrichtiges Urteil abgewiesen wurde - dennoch eine sittliche Pflicht zu Bezahlung der Schuld besteht[353].

Die Problematik wurde hauptsächlich in dem Zusammenhang diskutiert, wenn ein Gemein- bzw.- Vergleichsschuldner irrtümlich mehr als die Quote an seine Gläubiger bezahlt hatte. Bei der Rückforderung der Leistung stellte sich i.R.v. § 814 Alt. 2 BGB die Frage, ob eine sittliche Pflicht besteht, dem Gläubiger die Mehrbezahlung zu belassen, obwohl keine rechtlich erzwingbare Verpflichtung zur Bezahlung des überschießenden Betrags (mehr) besteht.

Die Rechtsprechung bejahte dies teilweise unter Heranziehung von § 814 Alt. 2 BGB[354].

Teilweise wurde der Rückforderungsausschluß mit dem Institut der „unvollkommenen Verbindlichkeit" begründet[355]: Aus § 193 Satz 2 der bis Ende 1998 geltenden Konkursordnung (bzw. § 82 VerglO) folgerte man, daß im Falle des Zwangsvergleichs für den erlassenen Teil der Konkursforderung eine unvollkommene (erfüllbare, aber nicht erzwingbare) Haftung des Schuldners im Sinne einer Naturalobligation fortbestehe[356]. Die Regelung des § 193 Satz 2 KO sah nämlich vor, daß Haftungen, die begriffsnotwendig eine Forderung voraussetzen, von einem erzwungenen vergleichsmäßigen Erlaß unberührt bleiben sollten. Wenn aber die gesicherte Forderung durch den Zwangsvergleich unterginge, müßten diese Haftungen (z.B. Bürgschaft, Hypothek) entweder dasselbe Schicksal teilen, oder sich verselbstständigen. Nachdem § 193 KO jedoch bestimmte, daß sie unverändert bestehen bleiben sollen, konnte hieraus gefolgert

---

353 JW 1909, 361; RGZ 78, 71, 77; 71, 363; 160, 134; Staudinger/Lorenz, § 814 Rdnr. 21.

354 RGZ 78, 71, 77; RG JW 1909, 361.

355 RGZ 71, 363, 364; 160, 134, 138.

356 Jaeger, Rdnr. 5 zu § 193 KO, vgl. auch Kuhn/Uhlenbruck, Rdnr. 8 zu § 193 m.w.N.

werden, daß die gesicherte Forderung eben nicht ganz erlöschen, sondern abgeschwächt weiter bestehen bleiben sollte[357].

Die seit 01.01.1999 geltende neue Insolvenzordnung hat diese Rechtsunsicherheit nun beseitigt, indem sie ausdrücklich bestimmt, daß die Restschuld als Naturalobligation bestehen bleiben soll. Gemäß § 254 Abs. 3 InsO besteht explizit kein Rückforderungsanspruch an einen Gläubiger, der mehr erhalten hat, als ihm nach Plan zustünde. Auch wenn der Plan einen teilweisen Forderungserlaß zum Gegenstand hat, besteht eine natürliche Verbindlichkeit fort, die den Rechtsgrund für eine volle Befriedigung bildet[358].

Schon vor der Geltung der InsO haben einige Vertreter der Kommentarliteratur ein Rückgriff auf die Regelung des § 814 Alt. 2 BGB unter Bezugnahme auf § 193 Satz 2 KO zumindest als verzichtbar eingestuft[359]. Die Regelung des § 254 Abs. 3 InsO stellt nunmehr zweifellos eine Spezialvorschrift dar, die § 814 Alt. 2 BGB verdrängt, so daß die Fallgruppe der die Quote übersteigenden Leistungen bei Insolvenz des Gemeinschuldners von dem bereicherungsrechtlichen Rückforderungsverbot nicht erfaßt wird.

V. Formnichtige Verträge

Bei Entscheidungen zu formnichtigen Verträgen wird die Anwendbarkeit von § 814 Alt. 2 BGB nicht problematisiert. Die Gerichte halten in diesen Fällen einen Kondiktionsanspruch stets für gegeben, es sei denn, der Leistende hatte den Formmangel selbst arglistig herbeigeführt[360]. Damit bewahrheitet sich die These jener mehrheitlichen Mitglieder der zweiten Kommission, die für die jetzige Fassung von § 814 Alt. 2 BGB gestimmt haben und davon ausgingen, daß von

---

357 Vgl. Jaeger, Rdnr. 5 zu § 193 KO.

358 Kölner Schrift zur InsO, S. 731 m.w.N.

359 Staudinger/Lorenz, Rdnr. 22 zu § 814 BGB.

360 RG 105, 155; 107, 357; JuS 1966, 429.

§ 814 Alt. 2 BGB keine die Wirksamkeit der Kondiktion betreffenden Gefahren für Kondiktionsansprüche wegen Formnichtigkeit ausgehen.

B. Analyse der Rechtsprechung

Der Bedeutungsrückgang von § 814 Alt. 2 BGB für die aktuelle Rechtsprechung – und damit die Relevanz der Regelung in der Praxis im allgemeinen – ist zum Teil auf Sonderregelungen zurückzuführen, die zu Beginn des Jahrhunderts noch nicht existierten.

So wurde § 1360 b BGB (und mit ihm die Verweisung auf § 1361 Abs. 4 Satz 4 BGB) durch das Gleichberechtigungsgesetz von 1957 in das BGB eingefügt[361]. Ähnlich verhält es sich mit über die Konkursquote bzw. über den bestätigten Insolvenzplan hinausgehenden Zahlungen des Gemeinschuldners. Auch wenn die Regelung eines Rückforderungsverbots erst in § 254 Abs. 2 InsO aufgenommen wurde, lag nach Ansicht der herrschenden Meinung in der Literatur dasselbe Ergebnis bereits im Wege der Auslegung von § 193 KO (bzw. § 82 VerglO) vor. Dementsprechend haben in den letzten Jahren nur vereinzelte Gerichte auf § 814 Alt. 2 BGB zurückgegriffen, um ein Kondiktionsverbot zu begründen.

Innerhalb der Gruppe der Unterhaltsleistungen werden durch §§ 1360 b, 1361 Abs. 4 Satz 4 BGB Leistungen unter Ehegatten dem Anwendungsbereich von § 814 Alt. 2 BGB entzogen. Bei Unterhaltsleistungen im Eltern/Großeltern-Kind-Verhältnis, die über den gesetzlich geschuldeten Unterhalt hinausgehen, sah § 685 Abs. 2 BGB schon mit der ersten Fassung des BGB vor, daß im Zweifel die Rückforderungsabsicht fehlt[362]. Auch § 1620 war bereits im 2. Entwurf sowie in der Urfassung des BGB enthalten.

---

361 Vgl. oben, S. 133 ff.

362 Vgl. hierzu bereits § 754 im 1. Entwurf, § 616 im 2. Entwurf.

Die Verringerung der Entscheidungsdichte könnte ihren Grund darin haben, daß es zu Beginn des Jahrhunderts im Rahmen moralischer Verantwortung als selbstverständlicher angesehen wurde, auch nicht in direkter Linie verwandte Familienangehörige oder Außenstehende zu unterstützen. Das Phänomen wird nicht primär auf abnehmende moralische Qualitäten der Bevölkerung zurückführbar sein. Für einen denkbaren Hintergrund halten einzelne Literaturstimmen hingegen den Ausbau sozialer Sicherheiten[363]. Mittlerweile wird es als Grundaufgabe des Staates angesehen, sozial Bedürftigen finanzielle Hilfestellung zu gewähren. Dieser Herausforderung kommt das Gemeinwesen auch nach, weswegen der einzelne sich privat nicht mehr derart in die Pflicht genommen fühlt wie früher. Hierdurch kann das allgemeine Bewußtsein einen Wandel erfahren haben, der dazu führt, daß die Unterstützung von Angehörigen nicht mehr als der Sittlichkeit entspringende Pflicht, sondern als gesetzlich geregelte Ordnung empfunden wird. Wenn es aber an einem gesellschaftlichen Konsens hinsichtlich der in § 814 Alt. 2 BGB gemeinten sittlichen Pflicht fehlt, kann ebendieses Moralempfinden selbstverständlich nicht mehr zum Ausschluß der Kondiktion herangezogen werden.

Das sittliche Bewußtsein des Volkes stand ursprünglich im Mittelpunkt der Begründung der Kommission, warum eine Regelung wie die des § 814 Alt. 2 BGB erforderlich sei. Es wäre sicher zu einfach, dieses Bewußtsein aufgrund des Wandels zur pluralistischen Massengesellschaft für obsolet zu erachten. Denn auch in einer solchen Gesellschaft existieren noch Konsense. Fraglich ist lediglich deren Tragfähigkeit für spezifische Bereiche. Bezüglich des sittlichen Gefühls, mittellose Verwandte zu unterstützen, ist die Grundlage wohl sehr dünn geworden.

---

363 So z.B. auch Staudinger/Lorenz, § 814 Rdnr. 17.

Dritter Teil
§ 814 Alt. 2 BGB als implizite Anerkennung eines rechtsfreien Raumes

Die Heranziehung sittlicher Pflichten in § 814 Alt. 2 BGB zur Begründung einer Kondiktionssperre ist insofern atypisch, als das Recht ein ihm nicht unterliegendes Normsystem zur Rechtfertigung einer juristischen Regelung nutzt. So erscheint zumindest auf den ersten Blick, daß das gesetzte Recht in den außerrechtlichen Bereich verweist und ihm dadurch gleichsam konkludent Anerkennung zollt. Aber ist dies tatsächlich so? Existiert überhaupt ein außerrechtlicher Bereich, und sind sittliche Pflichten Teil dieses Bereichs?

A. Hintergrund der unterschiedlichen Rezeption des rechtsfreien Raumes innerhalb Europas

Die Art und Weise, wie das Phänomen „rechtsfreier Raum“ rezipiert wird, ist geschichtlich bedingt. Der deutsche und allgemeiner, der kontinentaleuropäische Jurist geht - dem Kodexdenken verpflichtet - grundsätzlich davon aus, daß das Recht für jede auftretende Frage eine angemessene Lösung bereithält. Dies aber setzt voraus, daß das Recht für jeden Lebensbereich zur Verfügung steht, es grundsätzlich universell gedacht wird.

Das deutsche Recht ist geprägt durch die Aufnahme des Römischen Rechts und das hierdurch bedingte Kodexdenken. Auf dieser Grundlage konnte sich ein Naturrecht entwickeln, dessen maßgebliche Ausprägung eine auf Zeitlosigkeit eingestellte Denkweise ist – unabhängig davon, ob dies eine von Gott geschaffene Ordnung oder eine immer gültige menschliche Vernunft ist[364]. Wesentlich ist der allgemeine Geltungsanspruch, der seinerseits den Wunsch nach dauer-

[364] A.a.O., S. 109.

hafter Kodifizierung nach sich zog - da man bei für einmal als richtig erkannten Regelungen auch in Zukunft keinen Bedarf nach Veränderung annahm[365]. Der umfassende Geltungsanspruch implizierte jedoch auch inhaltlich umfassende Geltung. Die Rechtsordnung im kontinentalen Europa entwickelte sich im Umfeld dieser Strömungen zu einer typischerweise universal gedachten. Idee und Anspruch dieser naturrechtlichen Haltung prägen unser System noch heute, was sich auch bei der Frage nach der rechtsfreien Raum zeigt. Denn neben einem universalen Geltungsverständnis hat ein rechtsfreier Bereich keinen Raum. Die Vorstellung eines solchen rechtsfreien Raumes hat sich dementsprechend in Kontinentaleuropa nie wirklich entwickelt[366].

Während die geschichtliche Entwicklung des Rechts auf dem europäischen Festland durch die Aufnahme des Römischen Rechts gekennzeichnet ist, fand in England eine Rezeption des Corpus Juris nie statt[367]. Dort hatte sich bereits zuvor ein Juristenstand sowie Anfänge eines Juristenrechts gebildet, so daß sich das Römische Recht nicht behaupten konnte[368]. Auch die Vorstellung eines Naturrechts, aus dessen Grundprinzipien ein in sich geschlossenes positives Recht abgeleitet werden könnte, hat sich in England nicht entwickelt und wurde auch nicht vom kontinentalen Europa übernommen[369]. Die von Bentham entwickelte Kodifikationsidee auf
utilitaristischer Grundlage konnte sich in England ebenfalls politisch nicht durchsetzen[370].

Das Recht wird dementsprechend in England als ein vom rechtsfreien Raum notwendig umgebenes Gebilde angesehen. Der englische Jurist begreift jede einzelne Entscheidung, mit der ein bestimmter Lebenssachverhalt dem Recht

---

365 A.a.O.
366 Vgl. Fikentscher, Methoden Bd. IV, S. 161.
367 Radbruch, Geist, S. 5.
368 A.a.O.
369 W. Teubner, S. 204.
370 A.a.O., S. 205 f.

unterstellt wird, als „Okkupation" eines bisher nicht rechtlich geregelten Gebiets. Der nicht vom Recht in Anspruch genommene Raum, der fallrechts- bzw. gesetzesfreie Raum wird als Urzustand empfunden; ein Freiheitsraum, der das gedankliche Gegenteil des Rechts darstellt[371]. Sowohl durch den Erlaß von Gesetzen seitens des Parlaments, als auch durch richterliche Entscheidungen werden einzelne Bereiche aus diesem Freiheitsraum dem Recht unterstellt. Auf diese Weise dringt das Recht langsam in den nicht-rechtlichen Bereich ein, kann sich aber auch - sofern kein gesellschaftlicher Bedarf mehr besteht - aus rechtlich gewordenen Gebieten wieder zurückziehen[372]. Trotz der grundsätzlich bestehenden hypothetischen Möglichkeit, jeden Lebensbereich durch rechtliche Regelungen zu erfassen, besteht in Großbritannien große Zurückhaltung, eine Frage zu einer Rechtsfrage zu machen. Unter anderem auf diesem Grund basierte der Wunsch Großbritanniens, die Beitrittsbedingungen zur (damals noch sog.) EWG neu auszuhandeln[373]. Das Recht ist für den englischen Juristen eine Art „Notordnung", die nur bemüht wird, wo dies um der Gerechtigkeit willen und zum Schutz bestimmter Rechte und Freiheiten erforderlich ist[374].

Der in Kontinentaleuropa vorherrschende Wunsch nach Kodifizierung hatte seinen Ursprung in dem großen Vertrauen, das man in Um- und Einsicht der gesetzgeberischen Regelung setzte und einem damit einhergehenden Mißtrauen gegenüber richterlicher Praxis, Gewohnheitsrecht und Rechtsentwicklung[375]. Letztlich ausschlaggebend war hierfür die Verknüpfung reformatorisch-humanistischen Systemdenkens mit aristotelisch-scholastischem Positivismus[376].

---

371 Vgl. Fikentscher, Methoden Bd. I, 2. Buch, S. 64.

372 A.a.O.

373 A.a.O. S. 66.

374 A.a.O., S.65.

375 A.a.O., S. 424; Gagnér, S. 112.

376 Gagnér, a.a.O.

Jedoch gibt es trotz der ursprünglich naturrechtlichen Prägung auch in Deutschland Stimmen, die der Annahme eines rechtsfreien Raumes nicht abgeneigt gegenüberstehen. Im Folgenden soll der Meinungsstand zu dieser Frage kurz dargelegt werden.

B. Meinungsstand zum rechtsfreien Raum

Vor dem oben erläuterten geschichtlichen Hintergrund erstaunt es nicht, daß die Frage nach einem rechtsfreien Raum in vielen deutschen Werken zu Rechtsphilosophie, -theorie und -methodik gar nicht erst auftaucht[377]. Für die Autoren war ein umfassendes rechtliches System eine Selbstverständlichkeit, die keiner weiteren Ausführungen bedurfte.

I. Die zwei großen Strömungen: Universalisten und Nicht-Universalisten

Stellt man sich der Problematik des rechtsfreien Raumes, sind im wesentlichen zwei Standpunkte möglich: entweder, man hält die Rechtsordnung für universal, oder man hält sie inhaltlich für begrenzt. Je nachdem, welche Grundhaltung man zur Rechtsordnung und ihrer Geltung einnimmt, wird die Möglichkeit eines rechtsfreien Raumes eher bejaht oder verneint.

Innerhalb dieser zwei Gruppen bietet es sich an, noch einmal nach dem Grund zu differenzieren, der den Ausgangspunkt dafür bildet, ob von Universalität oder Begrenztheit ausgegangen wird. So kann Universalität einmal aus dem System der Rechtsordnung an sich abgeleitet werden, oder aber aus der Idee eines ideellen, dem Naturrecht vergleichbaren Überbaus entstehen. Ähnliches gilt für die Begrenztheit der Rechtsordnung. Sie kann aus pragmatischen Erwägungen

---

377 Zippelius, Wesen; ders. Methoden; ders. Rechtsphilosophie; Esser, Grundsatz; Vgl. auch F. Müller, Juristische Methodik, Berlin 1970.

wie dem fehlenden Anlaß oder der rechtlichen Nichtregelbarkeit, oder dem normativen „Begrenzt-sein-Sollen“ hergeleitet werden.

1. Die Universalität der Rechtsordnung

Die Universalität der Rechtsordnung ist ein tragender Grundgedanke des Naturrechts. Dies ergibt sich aus dem Geltungsverständnis, welches das Naturrecht als überpositives Recht und Maßstab für das positive Recht begreift[378]. Die Abstraktheit und Unwandelbarkeit des Naturrechts, das auf „ewige Geltung“ ausgerichtet ist, fordern auch umfassende Geltung. Die Vorstellung eines rechtsfreien Raumes ist hiermit nicht vereinbar.

Das Recht kann aber auch *als System* universal verstanden werden. Diese Richtung hat in Gustav Radbruch seinen prominentesten Vertreter. Aber auch Somló, Zitelmann und E. Kaufmann gehen von ihr aus[379].

Radbruch hält die Geschlossenheit der Rechtsordnung für eine apriorische Notwendigkeit jeden rechtlichen Ordnens[380]. „Könnte sich irgendein Gebiet aus eigener Kraft dem Recht entziehen, wären dem Rechte Grenzen gesetzt, die es sich selbst nicht gesetzt hätte, so wären die jenes Gebiet abgrenzenden Normen von stärkerer Geltungskraft als das Recht und dieses seinerseits nicht mehr souverän. Deshalb ist ein `rechtsleerer Raum´ immer nur vermöge des eigenen Willens der Rechtsordnung rechtsleer und überhaupt nicht im strengen Sinne rechtsleer, nicht ein rechtlich ungeregeltes, sondern ein rechtlich im negativen Sinne, durch Verneinung jeder Rechtsfolge geregeltes Tatsachengebiet; die Rechtsordnung hat in dem angeblich rechtsleeren Raume nicht gewollt - nicht etwa: nicht wollen gewollt, was doch wohl ein

---

378 Vgl. Bühler, S. 3.

379 Vgl. Radbruch, Rechtsphilosophie, S. 188 ff.; Somló, S. 402; E. Kaufmann, S. 51.

380 Radbruch, Rechtsphilosophie, S. 188.

Widerspruch in sich wäre“[381]. Radbruch führt aus, daß diese Universalität für das räumliche und zeitliche Geltungsgebiet des Rechts anzunehmen sei: der Wille jeder einzelnen Rechtsordnung umfasse den gesamten Erdball; zeitlich beruhe der Ausschluß der Rückwirkung nur auf einer Selbstbeschränkung der Rechtsordnung[382]. Dasselbe gelte auch in sachlicher Hinsicht, denn „es gibt keine rechtlich indifferenten Tatsachen, keine rechtlich ungeregelten - vielmehr nur negativ geregelte Tatsachen, keine Tatsachen, die aus einem anderen Grunde ohne Rechtsfolgen zu bleiben hätten, als darum, weil die Rechtsordnung sie ihnen versagt hätte“[383]. Auch wenn das Recht folglich keine Regelung trifft, hört es dennoch nicht auf zu sein.

Das Recht regelt nicht jeden Sachverhalt ausdrücklich. Dies war auch den Vertretern der Universalität der Rechtsordnung stets bewußt. Die „totale Geschlossenheit“ des Rechtssystems ist zur Aufrechterhaltung ihrer Vorstellung vom Recht auch gar nicht erforderlich. Denn „Das Schweigen des Rechts bedeutet keinen rechtsleeren Raum, sondern nur einen stillschweigend geregelten im Gegensatz zum ausdrücklich geregelten“[384]. Alles vorstellbare Verhalten ist entweder rechtmäßig oder rechtswidrig und so in jedem Fall zumindest bewertet[385]. „Die Tatbestände des Lebens lassen sich entweder unter die vorhandenen Rechtssätze subsumieren oder nicht: und je nachdem ob ein gegebener Tatbestand unter einen Rechtsbegriff fällt oder nicht, sind die spezifischen Rechtsfolgen des in Rede stehenden Begriffs gegeben oder nicht. Eine Antwort ist de lege lata auf alle denkbaren Rechtsfragen immer da“[386].

---

381 A.a.O., S. 188 f.

382 Radbruch, Rechtsphilosophie, S. 189.

383 A.a.O.

384 Somló, S. 402.

385 Engisch, Raum, S. 392.

386 E. Kaufmann, S. 51.

2. Die Begrenztheit der Rechtsordnung

Der entgegengesetzte Ansatz geht von einer Begrenztheit des Rechts und damit der denklogischen Möglichkeit eines rechtsfreien, vom Recht nicht erfaßten Bereichs aus.

Diese Begrenztheit kann zum einen – parallel zur Vorstellung der Naturrechtsdenker – aus einem normativen Ansatz heraus angenommen werden, weil die Rechtsordnung nach übergeordneten Kriterien eben begrenzt sein *soll.* Sie kann aber auch aus der positiven Rechtsordnung heraus begründet werden, etwa weil für bestimmte Sachverhalte kein Regelungsbedarf besteht.

Insgesamt wurde der rechtsfreie Raum nur relativ selten zum Gegenstand der eigentlichen Untersuchung gemacht. Es sind vor allem Engisch mir seinem Aufsatz „Der rechtsfreie Raum" und Comes mit einer Arbeit gleichen Titels zu erwähnen. A. Kaufmann hat den Themenkreis insbesondere aus der strafrechtlichen Sicht beleuchtet; Fikentscher sich mit der Problematik in methodischer Weise umfassend auseinandergesetzt. Canaris und Larenz schließlich sind auf das Thema hauptsächlich unter dem Aspekt der vertraglichen „Lücke" eingegangen.

a. Heinrich Comes

Comes wirft in seine Arbeit zunächst die Frage auf, was ein rechtsfreier Raum ist. Erst am Ende der Abhandlung setzt er sich mit der Problematik auseinander, ob es diesen rechtsfreien Raum überhaupt gebe. Dabei faßt er Existenz nicht im Sinne tatsächlichen Vorhandenseins, sondern als „Denkrichtigkeit" auf[387].

---

[387] Comes, S. 19.

Schon hier wird deutlich, daß er sich sowohl dem Rechtsbegriff, als auch dem Problem des rechtsfreien Raumes auf der Ebene eines „gedanklichen Systems", nicht aber der gesetzlichen Regelungen nähert[388]. Recht und rechtsfreier Raum sind für ihn zwei Komplementärbegriffe, die sich ergänzen und ergänzen müssen. Diese Wechselseitigkeit soll allerdings nicht auf der Tatsache nur teilweise kodifizierter, lückenhafter rechtlicher Regelung, sondern auf einem normativen „nicht-geregelt-sein-Sollens" bestimmter Bereiche beruhen.

Die Ergänzung des Rechts durch den rechtsfreien Raum ergibt sich für Comes aus der Weseneigenheit des Menschen: „um die Notwendigkeit normativer Grenzen des Rechts anzuerkennen (genügt es), dem Menschen zugleich mit seiner sozialen, umweltbedingten Konstitution auch eine individuelle, einzigartige, von äußerer Determination freie Seinskomponente zuzugestehen. Eine Annahme, die schon aus dem „Komplexcharakter jeder Seinsstufe" folgt, aus der Unmöglichkeit, die jeweiligen Determinanten einer konkreten Existenz in einer historischen Situation, die Grundlagen ihres Verhaltens lückenlos nachzuvollziehen oder umgekehrt vorausschauend ein Verhalten zu entwerfen. Eine Annahme, die jeder Behauptung von Freiheit und jeder Forderung nach Freiheit vorausgeht. Diesem Komplexcharakter, der Einmaligkeit und Einzigartigkeit des konkreten Menschen kann das notwendigerweise verallgemeinernde typisierende Recht nicht gerecht werden"[389]. Und weiter: „Je weniger ein Sachverhalt sich typisieren läßt, desto weniger erlaubt er abstrakte Regeln. Dort aber, wo eine menschenwürdige Objektivierung überhaupt nicht mehr möglich ist, zeigen sich wiederum die Grenzen des Rechts. (...) Die Unmöglichkeit einer Objektivierung und Typisierung schlägt um in die Forderung der `autonomen Persönlichkeit nach Autonomie´"[390].

Recht und Nicht-Recht sieht Comes somit als zwei polare, absolut gedachte Bereiche. Damit scheiden auch Verschiebungen aufgrund veränderter Lebensum-

---

388 A.a.O.

389 Comes, S. 15.

390 Comes, S. 105.

stände oder geschichtlichen Wandels aus[391]. Jeder dieser Bereiche hat auch die Aufgabe, das eigene Terrain zu verteidigen, um so das Gleichgewicht der inneren Ergänzung aufrechtzuerhalten.

Mit seiner im Schlußkapitel nochmals gestreiften Frage nach der „Denkrichtigkeit" eines rechtsfreien Raumes begnügt sich Comes mit dem gegen die Vertreter von einem universalen Rechtsverständnis gerichteten Hinweis, die „begriffliche Leere derartiger Nachweise (liege) auf der Hand"[392]. Ein solcher Ansatz sei „Ausdruck juristischer Überheblichkeit und einer Mißachtung der Bedingungen und Grenzen des Rechts"[393].

b. Karl Engisch

Engisch greift in seinem Aufsatz zur Konkretisierung der Grenze zwischen Recht und rechtsfreiem Raum auf den Rechtsbegriff zurück[394]. Er nähert sich der Problematik über die These, daß dort, wo das Recht selbst meint, nicht zu sein, der rechtsfreie Raum beginne. Engisch geht dabei die verschiedenen Rechtsbegriffe durch, um nach den sich ergebenden logischen Konsequenzen bei der Annahme eines rechtsfreien Raums zu fragen. Hierbei interessiert sich Engisch vor allem für den weitest möglichen Rechtsbegriff. Denn wenn schon der Rechtsbegriff eng gewählt ist, ergibt sich für den Rest naturgemäß ein weiter rechtsfreier Raum[395].

---

[391] A.a.O., S. 109.

[392] Comes, S. 129.

[393] A.a.O.; konkret richtet sich der Vorwurf gegen ein Zitat von E. Kaufmann, S. 51, der hierin aber als Repräsentant der „Universalisten" verstanden werden kann; vgl. auch unten S. 89.

[394] Engisch, Raum, S. 402 ff.

[395] So müßte sich bei alternativen Rechtsbegriffen der rechtsfreie Raum auch anders konstituieren, etwa bei dem Ansatz, das Recht von seiner subjektiven Seite als Inbegriff von *Be*rechtigungen zu sehen würde der rechtfreie Raum beginnen, wo die subjektiven Rechte endeten; bei einem Rechtsbegriff aus dem Blickwinkel der Imperativentheorie heraus dort, wo durch Imperative motivierbares Willensverhalten nicht in Frage kommt.

Derjenige Rechtsbegriff, bei dem Engisch die potentielle Möglichkeit einer Universalität sieht, ist der, das Recht als „Inbegriff von Bewertungsnormen" aufzufassen[396]. Hier könnte alles Erdenkliche mit einem rechtlichen Wertakzent bedacht werden[397], es handelt sich um das Prinzip der „adressenlosen Norm", des „idealen Seinsollens"[398]. Wenn aber letztlich eine rechtliche Bewertung auch gegenüber göttlichen Ratschlägen oder den Naturgewalten prinzipiell möglich ist, stellt sich die Frage, ob - ganz im Sinne der „Universalisten" - diese rechtliche Bewertung nicht auch einen rechtsleeren Raum durchdringt[399]. Das Ergebnis hängt davon ab, ob es der Spruch des Rechts ist, der Rechtsfreiheit gewährt, oder ob diese Freiheit a priori schon da ist. Engisch fragt ganz in diesem Sinne: „Verhält sich die Rechtsordnung der Freiheit gegenüber billigend oder neutral? Nur im letzteren Falle könnten wir (...) von einem wirklich rechtsleeren Raume sprechen"[400].

Für seine eigene Differenzierung zwischen rechtsfreiem Raum und Recht zieht er sich auf den Standpunkt zurück, das Recht finde bei bestimmten Lebenskreisen und Situationen zu einer Bewertung gar keinen Anlaß. Auf diesen Gebieten „rechtlicher Indifferenz" siedelt er den rechtsfreien Raum an[401]. Engisch weist damit nicht einzelnen Bereiche absolut dem rechtlichen oder rechtsfreien Raum zu, sondern differenziert empirisch danach, ob eine Situation zu einer Bewertung Anlaß gibt[402]. Ist dies nicht der Fall, handelt es sich um eine sogenannte „einfache" Tatsache, die keine für das Recht bedeutsame Folgeerscheinung hervorbringt[403]. Solche „einfachen" und in den rechtsleeren Raum fallenden Le-

---

Vgl. a.a.O., S. 403 f. und 405.

396 Engisch, Raum, S. 411.

397 A.a.O., S. 412.

398 Engisch, Raum, S. 411.

399 A.a.O., S. 414.

400 A.a.O., S. 414.

401 A.a.O., S. 415.

402 Engisch, Raum, S. 415

403 A.a.O.., S. 417.

benssachverhalte *können* sich beispielsweise in den Bereichen von Familie, Freundschaft, gesellschaftlichem Umgang, Freizeit und Sport finden – wobei immer zu beachten ist, daß jeder einzelne Sachverhalt eben auch einer Bewertung unterworfen werden *kann.* Den spezifisch rechtsfolgefreien Raum siedelt Engisch ferner bei Gefälligkeiten, die keine vertraglichen Pflichten nach sich ziehen an[404]. Auch der Bereich der „Pflichten gegen sich selbst“ falle in den rechtsleeren Raum[405].

c. Flume, Medicus und Canaris

Manche Autoren gehen von der Rechtsordnung als einem vollständig gedachten System aus, innerhalb dessen sich eine rechtliche Regelung in manchen Bereichen allerdings aus unterschiedlichen Gründen erübrigt.

Flume stellt für rechtsgeschäftliche Regelungen fest, daß „bestimmte Bereiche der rechtsgeschäftlichen Regelung überhaupt entzogen (sind). (...) Gegenstand einer rechtlichen Vereinbarung kann \`überhaupt nicht sein´ der Bereich der menschlichen Beziehungen in der Familie und der menschlichen Beziehungen der Liebe, Freundschaft und des gesellschaftlichen Verkehrs“[406].

Ähnliches liest man bei Medicus. „Es gibt Geschäfte außerhalb der Ebene des Rechts, die daher auch von Rechts wegen keine Folgen herbeiführen“[407].

Canaris führt aus: „Beherrscht auch das Recht einen sehr großen Teil des sozialen Lebens, so gibt es doch andererseits viele Gebiete menschlichen Verhaltens, in denen es auf eine Regelung gänzlich oder teilweise verzichtet. Hierher gehören die Bereiche wie Religion, Liebe, Freundschaft oder das gesellschaftliche

---

404 Engisch, Raum, S. 419.

405 A.a.O., S. 420.

406 Flume, S. 82. Ähnlich Blomeyer, Cramer, Crome und Kohler, Studien.

407 Medicus, AT, Rdnr. 184.

Leben. (...) Bei allen diesen Beispielen sagt man, die Frage falle in den `rechtsfreien Raum'"[408].

Detaillierte nähere Begründungen, warum diese Autoren den Standpunkt vertreten, es gebe so etwas wie einen rechtsfreien Raum, finden sich nicht. Letztlich wird hier – ähnlich wie bei Engisch – geschlossen, daß sich für einzelne Bereiche ein rechtsfreier Raum aus einer Gesamtschau der Rechtsordnung selbst ergibt.

d. Wolfgang Fikentscher

Auch Fikentscher leitet seine Differenzierung zwischen Recht und rechtsfreien Raum aus dem Rechtsbegriff ab. Es sieht im rechtsfreien Raum den logischen Gegenbegriff zu dem der juristischen „Geltung"[409]. Hier stellt sich wieder das auch von Engisch angesprochene Problem, unter welchem Aspekt man den Begriff der Geltung zu fassen versucht[410].

Fikentscher orientiert sich für die Determination des rechtsfreien Raumes jedoch nicht an verschiedenen Geltungsbegriffen. Er läßt sich vielmehr auf eine hypothetische Möglichkeit eines in sich geschlossenen, tatsächlich universalen Rechtskörpers ein, um hieraus seine wesentliche Konsequenz die Frage von Recht und rechtsfreiem Raum zu ziehen.

Wäre das rechtliche System tatsächlich allumfassend, ergäbe sich hieraus für Art. 3 GG ein nicht aufzulösendes Problem. Art. 3 GG gebietet, Gleiches gleich und Ungleiches ungleich zu behandeln. Geht man nun von einem unbegrenzten rechtlichen Raum aus, der auch die nicht in positiven Regelungen erfaßten Le-

---

408 Canaris, S. 40.

409 Fikentscher, Methoden Bd. IV, S. 165.

410 A.a.O., S. 165. Die grundsätzliche rechtsphilosophische Diskussion soll an dieser Stelle nicht vertieft werden.

bensbereiche abdeckte, müßte sich jede weitere Regelung direkt aus Art. 3 GG ergeben[411]. Art. 3 GG würde so zu einer „kompletten Maschinerie der Lückenfüllung“[412]. Dies könne jedoch nicht richtig sein; Art. 3 GG sei kein allgemeiner Gesetzesersatz, denn dies würde bedeuten, daß die Parlamente nur für das vorhandene Recht Gesetzgeber seien, für die Lücken aber das Bundesverfassungsgericht, gestützt auf Art. 3 GG, diese Funktion erfülle[413]. Aus der „Unsinnigkeit dieses Ergebnisses“ schließt Fikentscher, daß es einen rechtsfreien Raum geben müsse[414].

e. Arthur Kaufmann

Kaufmann beleuchtet die Frage nach dem rechtsfreien Raum aus dem Kontext des Strafrechts. Hier taucht die Diskussion um das Vorhandensein einer rechtsfreien Raumes insbesondere im Zusammenhang mit der Behandlung „existenzieller“ Not- oder Grenzsituationen auf. Nach Kaufmann müsse es in derartigen Fällen eine Art strafrechtsfreien Raum geben[415]. Er führt hierzu vor allem den auf den griechischen Philosophen Karneades zurückgehenden Schulfall an: zwei Schiffbrüchige versuchen gleichzeitig, sich auf ein treibendes Brett zu retten. Das Brett kann nur einen von ihnen tragen, weswegen jeder versucht, den anderen vom Brett fernzuhalten[416].

Löst man diesen Fall, ohne dabei einen strafrechtsfreien Raum in Betracht zu ziehen, entsteht folgendes Problem: derjenige, der sich auf Kosten des anderen retten konnte, handelt im „entschuldigenden Notstand“. Er hatte folglich

---

411 Fikentscher, Methoden Bd. IV, S. 171.

412 A.a.O.

413 Fikentscher, Methoden Bd. IV, S. 171.

414 A.a.O.

415 A. Kaufmann, Raum S. 147 ff.; ders.: Strafrechtspraxis, S. 167 ff, 181; ders.: Schwangerschaftsabbruch S. 983; ders.: Grundlagen S. 204 ff.

416 A. Kaufmann, Raum, S. 147.

rechtswidrig getötet. Um dies zu vermeiden, hätte entweder einer freiwillig oder aber beide unfreiwillig ertrinken müssen. Gegen den Rettungsversuch des einen kann der andere Notwehr üben, denn es handelt sich um einen rechtswidrigen, wenn auch entschuldigten Angriff. Notwehr gegen Notwehr gibt es hingegen nicht. Dies bedeutet, daß jeder sich hinsichtlich seiner Angriffshandlung rechtswidrig, hinsichtlich der Verteidigungshandlung rechtmäßig verhält. Da beide Handlungen jedoch untrennbar sind und gleichsam in einer Aktion verschmelzen, wäre hier „ein und dieselbe Handlung sowohl rechtswidrig als auch nicht rechtswidrig (...): ein Musterbeispiel für einen Verstoß gegen den Satz vom Widerspruch“[417].

Die Verfahrenheit dieser „Lösung“ wurde von den Strafrechtlern durchaus gesehen. Daher besteht im Wesentlichen Einigkeit, daß der Gesetzgeber den gewählten Verhaltensweg in extremen Konfliktsituationen nicht mißbilligen darf. Dennoch fehlt bislang eine systematische Einordnung dieses Phänomens.

Kaufmann schlägt hier das Denkmodell des rechtsfreien Raumes vor, da eine befriedigende Lösung aus der Rechtsordnung heraus nicht gefunden werden kann: „die Rechtsordnung (muß) mangels eines rational einsichtigen, allgemeinverbindlichen Entscheidungsmaßstabs auf eine Normierung verzichten und es der freien Gewissensentscheidung des einzelnen überlassen (..), was zu tun sei“[418].

Die Verlagerung der extremen Konfliktfälle in den rechtsfreien Raum habe den Vorteil, daß neben die Kategorien von rechtmäßig und rechtswidrig der Bereich des „Unverbotenen“ tritt, im Rahmen dessen weder ein Verbot, noch eine Erlaubnis besteht. Dieser rechtsfreie Bereich ist in den Augen Kaufmanns dadurch gekennzeichnet, daß zwar eine Regelung mit einer Rechtsfolge erfolgt, diese Regelung aber nicht bewertet, d.h. weder als rechtmäßig noch als rechtwidrig eingestuft wird[419]. Kaufmann begründet seine Ansicht, warum er von einem

---

[417] Kaufmann, Raum, S. 148.

[418] A.a.O., S. 150.

[419] A. Kaufmann, Schwangerschaftsabbruch, S. 984.

rechtsfreien Raum ausgeht, also mit der (straf)rechtlichen Unlösbarkeit extremer Konfliktfälle[420]. Wo kein rationaler Entscheidungsmaßstab bestehe, können auch keine Kriterien für eine rechtliche Wertung gefunden werden[421]. Auf dieser Grundlage bleibt nach Kaufmann nur noch der Weg in den rechtsfreien Raum.

II. Analyse und Kritik

Bei den verschiedenen Begründungen, warum die Rechtsordnung universal sei bzw. warum es einen rechtsfreien Raum gebe, sind zwei verschiedene Gruppen zu differenzieren. Die eine geht von einem ideellen, übergeordneten Rechtsbegriff, einer „Rechtsidee" aus. Anhänger dieser „Rechtsidee" sind klassischerweise die Naturrechtler[422].

Die andere Gruppe begreift das Recht als in sich geschlossenes System. Dieses System kann sowohl universal, d.h. umfassend (so der Ansatz von Radbruch), als auch einen rechtsfreien Raum zulassend verstanden werden.

---

420 Engisch, Raum, S. 158.

421 A.a.O.

422 Bergbohm, S. 393 ff. führt hierzu aus: „Denn wer überhaupt das außerpositive Recht begrifflich anerkennt, der ist logisch genötigt, ein vollständiges ideelles Rechtssystem mit allen irgend erforderlichen Einzelheiten für alle nur denkbaren äußeren Lebensverhältnisse aufzunehmen (...)". Und weiter: „Die (...) ideellen Rechtsprinzipien (sind) durch bloße logische Specialisierung auf sämtliche äußere Thatsachen der ganzen Erde erstreckbar (..). Man muß die Naturrechtsgläubigen nur nötigen, mit ihrem `Recht an sich´ oder `ethischen Recht´ u.s.w. in der Hand, den ganzen Umkreis der menschlichen Lebensbethätigungen abzuschreiten, und sie können logischer Weise keinen Zustand, kein Verhältnis, keine Handlungsweise ohne passende Rechtsregel lassen. Wer also irgendwie die Giltigkeit eines Rechts außer dem positiven zugesteht, der muß sich klar werden darüber, daß er hiermit die Existenz eines vollständigen Netzes von Rechtsnormen, die für alle irgend denkbaren äußeren Lebenslagen ausreichen, zugegeben hat (...).

1. Das Recht als „ideelles Gebilde“

Problematisch ist an dem ideellen Rechtsbegriff als Ausgangspunkt, daß er von dem normierten Recht abweicht. Dementsprechend muß eine Konkretisierung des rechtsfreien Raumes, die sich als Gegenpol aus diesem Rechtsbegriff ableitet, zunächst den übergeordneten Rechtsbegriff selbst näher definieren.

Dabei ist zunächst festzuhalten, daß der ideelle Rechtsbegriff umfassend ist und neben sich keine anderen Ansätze duldet. Dementsprechend ist das Naturrecht nicht neben dem positiven Recht angesiedelt, sondern verdrängt es völlig als das *eigentliche* Recht, neben dem das positive keinen Raum hat:

Zwischen dem ideellen und dem positiven Rechtsverständnis ist eine Wahl zu treffen, denn *mit*einander sind sie nicht vereinbar: denkt man das ideelle Recht universal, bleibt kein Raum für das positive, geht man vom positiven Recht aus, ist kein Platz für das ideelle, will man schließlich letzteres als „Lückenfüller“, zerbricht die innere Ordnung, die das nichtpositive Recht ja gerade charakterisiert[423]. „Es gibt immer nur eine Wahl: entweder man hält das natürliche, ethische, absolute u.s.w. Recht aufrecht - dann folgt die unerträgliche Konsequenz, daß die positive Rechtsordnung völlig zusammenbricht, oder man macht mit der Anerkennung des positiven Rechts Ernst - dann ist das nichtpositive Recht eine bloß verwirrende und also aufzugebende Annahme“[424].

Aber auch wenn man sich gänzlich auf den ideellen Rechtsbegriff einläßt, bleibt dieser Ansatz problematisch. Es ist das Verdienst von Engisch, deutlich gemacht zu haben, daß die Anhänger der „Rechtsidee“ praktisch nie zu einem wirklichen Ergebnis gelangen können. Er behandelte die universale Rechtsidee unter dem Terminus „Inbegriff von Bewertungsnormen“ und zeigte die dann bestehende Möglichkeit auf, alles Erdenkliche rechtlich zu bewerten. Das Denkmodell von

---

423 Vgl. Bergbohm, S. 396 und 389.

424 A.a.O., S. 397.

Engisch mündet in der Frage, ob das Recht eine Freiheit gewährt oder ob Freiheit, denklogisch ohne und entgegengesetzt zum Recht, schon immer da war.

Man muß den Kritikern des ideellen Rechtsverständnisses daher zustimmen: diese Lehre kann nicht zu praktikablen Ergebnissen führen. Auf der ideellen Ebene ist so wenig Bezug zum Tatsächlichen und daher so wenig wirkliches Bedürfnis nach einer Lösung gegeben, daß die Entscheidung für oder gegen einen bestimmten Lösungsweg willkürlich erscheint.

2. Das Recht als in sich geschlossenes System

Der andere Ansatz geht von einem geschlossenen Rechtssystem aus. Dabei dient in der Regel der positive Rechtsbegriff als Ausgangspunkt.

Comes nimmt insofern eine Zwitterstellung ein, als es zwar von dem Recht als einem gedanklichen System ausgeht, innerhalb dieses Systems jedoch auf überpositive Gedanken zurückgreift und so den rechtsfreien Raum begründet.

a. Die Begründung von Comes

Im Comes Begründung der Existenz eines rechtsfreien Raumes schwingt die Idee von einem rechtlichen System mit, das aus übergeordneten, nichtpositiven - er nennt es „normativen“ - Überlegungen heraus rechtlich ist, weil es eben rechtlich sein soll. Daneben stellt er jedoch nun einen rechtfreien Raum, der aus gleichen Gründen rechtfrei bleiben müsse. Die Grenze zwischen beiden Bereichen stimmt ihm zufolge nicht notwendig mit der von positiven Regelungen gezogenen überein, denn der Umstand, daß eine Regelung fehle, sage noch nichts darüber aus, daß sie auch normativ fehlen müsse. Seine Argumentation liegt damit auf der Ebene derer, die einen ideellen, umfassenden, ethischen Rechtsbegriff propagieren: „Die Rechtsfreiheit eines Sachverhaltes läßt sich nicht daraus ableiten, daß dieser tatsächlich noch nicht rechtlich erfaßt ist, daß er etwa keine „Vorzeichnung“ in Form von Rechtsnormen kennt, oder daß es eventuell bestehenden Normen an einzelnen oder allen Durchsetzungsmöglichkeiten fehlt. (...) Auch ist eine empirisch festgestellte Nichtanerkennung oder gar Ablehnung der bloßen Regelungstatsache kein entscheidendes Merkmal des rechtfreien Raumes“[425].

Es wird deutlich, daß Comes das Recht als „ideelles System“ betrachtet; als Idee einer Ordnung, die sich mit der vorhandenen Rechtsordnung prinzipiell nicht decken muß. Er befindet sich damit an dem gleichen Punkt, von dem auch die Universalisten ausgehen, nur daß beide entgegengesetzte Schlußfolgerungen ziehen. Beide halten das „eigentliche Recht“ für mit dem positiven nicht identisch. Das sich daraus ergebende „ideelle Überrecht“ will in den Augen der Universalisten umfassend sein, und damit auch Freiheitsräume einbeziehen. Sie argumentieren, daß „wenn die freie Entwicklung sein soll, und wenn das Recht dieses Soll kraft seiner Autorität ausspricht, so betrachtet es damit diese Gegenstände nicht als irrelevant (...). In der Grenzziehung durch das Recht liegt eben die Aussage der Billigung des Freiheitsgebrauchs von Rechts wegen; der Freiheitsgebrauch wird vom Recht gewollt, daher von ihm mitumfaßt: die Macht über die Grenze ist identisch mit der Macht über das Ganze (...) die Freiheit liegt nicht außerhalb des Recht, sondern innerhalb“[426].
Comes hingegen schließt aus der Tatsache, daß es die übergeordnete Idee eines Rechts gebe, daß dieses Recht normative Grenzen haben müsse. Dies nämlich ergebe sich aus der „freien Seinskomponente des Menschen“. Derart allgemeine Bezugnahmen auf das Wesen des Menschen sind zur Begründung seiner Meinung jedoch wenig hilfreich. Auch die von Comes vertretene Ergänzung des *nichtpositiven* Rechts durch den eines *nichtpositiven* rechtsfreien Raumes ist schwierig nachzuvollziehen: man muß mit Bergbohm und im Endeffekt auch mit den Universalisten entgegenhalten, daß ein geistiges System, das sich selbst

---

425 Comes, S. 38 f.

426 E. Kaufmann, S. 51.

begrenzt und dadurch nur bedingte Geltung besitzt, fragwürdig ist. Weiter gelingt es Comes ebensowenig wie den Anhängern einer universalen Rechtsordnung, nachzuweisen, warum der „Komplexcharakter der Einmaligkeit und Einzigartigkeit des Menschen“ nach Comes die nicht-universale Sichtweise erzwingt. Sowohl sein Ansatz, als auch die von ihm abgelehnte Sichtweise der Universalisten sind Vorstellungen von geistigen Systemen; der Mensch als Wesen bleibt jedoch bei jeder der Einordnungen gleich. Beide Ansichten halten persönliche Freiheit für nötig, nur daß die Stellung dieser Freiheit zum Recht unterschiedlich gesehen und in keinem der Fälle überzeugend begründet wird. Dies mag an der Abstraktheit beider Ansätze liegen, die Wirklichkeit auf eine höhere Ebene zu verlagern. Es ändert jedoch am Ergebnis nichts, daß sich nämlich auch aus dem die menschliche Freiheit verteidigenden Ansatz von Comes letztlich keine zwingenden Gründe ergeben, die für oder gegen die Existenz eines rechtsfreien Raumes sprechen.

Eine Annäherung an den rechtsfreien Raum erscheint daher nur möglich, wenn man auf den ideellen Überbau eines vorgestellten Rechts verzichtet und die Frage nach seiner Existenz aus den Möglichkeiten des Rechts selbst löst.

b. Die Begründung auf der Grundlage des Rechtsbegriffs

Von den Autoren, die vom Rechtsbegriff ausgehend argumentieren, soll zunächst nochmals näher auf Engisch eingegangen werden. Sein Vorschlag, Gebiete rechtlicher Indifferenz als rechtsleer zu betrachten, führt für diese Fragestellung zu keiner überzeugenden Lösung. Bei diesem Denkansatz stellt sich nämlich stets die Frage, woraus sich diese Rechtsleere rechtfertigt – aus dem Zulassen durch das Recht oder der Erforderlichkeit rechtsfreier Bereiche. Diese rechtsphilosophische Überlegung wird von Engisch letztlich offen gelassen[427]. Engisch hält die Klärung dieser Problematik im Ergebnis nicht für erforderlich,

---

427 Engisch, Raum, S. 414.

da es ihm nicht darum geht, die Frage nach dem rechtsfreien Raum über abstrakte Theorien und Denkmodelle zu lösen. Er nähert sich dieser Fragestellung vielmehr durch die Analyse konkret zu regelnder Sachverhalte an. Dieser Ansatz führt in der Tat praktisch weiter. Denn letztlich orientiert sich die Differenzierung, ob ein Gebiet als in den rechtsfreien Raum fallend angesehen wird, an der Regelungsbedürftigkeit des Sachverhalts. Dies ist praktikabel und ergebnisorientiert. Allerdings setzt Engisch bei diesen Ausführungen den rechtsfreien Raum denkimmanent voraus und bleibt die Antwort, „warum" es einen rechtsfreien Raum geben soll, letztlich schuldig.

Die Ansätze von Flume, Medicus und Canaris sind zur Frage nach der Existenz des rechtsfreien Raumes nicht hinreichend detailliert. Alle Autoren gehen grundsätzlich von einem rechtsfreien Raum aus, der sich durch ein „dem Recht entzogen sein"[428], durch das Fehlen von Rechtsfolgen[429] oder den Verzicht (des Rechts) auf Regelungen[430] offenbart.

Flume entzieht von vornherein bestimmte Bereiche der Rechtsgeltung. Dies ist nicht dahingehend mißzuverstehen, daß zum Beispiel innerhalb der Familie keine rechtliche bindenden Abreden möglich sind. Es soll vielmehr das, was Familie im Spezifischen bedeutet, nämlich die Verbundenheit und menschliche Nähe als dem Recht vorausgesetzt gedacht werden. Flume läuft jedoch aufgrund der pauschalen Formulierung Gefahr, daß sämtliche genannten Bereiche automatisch als „der" rechtsfreie Raum angesehen werden, was in dieser Allgemeinheit falsch ist (wie allein das Familienrecht beweist). Geht man von dem Recht vorausgesetzten Lebensbereichen aus, wird Flume jedoch nicht hinreichend genau, was diese Bereiche im einzelnen qualifiziert und warum hierfür der rechtsfreie Bereich notwendig ist.

---

428 Flume, S. 82; vgl. oben S. 151.

429 Medicus, AT Rdnr. 184; vgl. oben S. 151.

430 Canaris, S. 40; vgl. oben S. 151.

Medicus ähnelt in seinem Ansatz – der rechtsfreie Raum sei dort, wo Geschäfte keine Rechtsfolgen hervorbrächten - dem Standpunkt von Engisch. Für Canaris ist es der Bereich, in dem das Recht auf eine Regelung – und damit Rechtsfolgen verzichtet. Beide sehen den rechtsleeren Raum aus dem Blickwinkel des Rechts. Es bleibt jedoch wie bei Engisch die Frage nach dem „warum" des rechtsfreien Raumes nach wie vor offen.

Fikentscher nähert sich dem Thema über einen anderen Weg. Er läßt sich auf dem Boden des Rechts auf die Hypothese eines umfassenden Rechtsbegriffs ein und zu prüft, wie das Recht selbst - intern - hiermit umgehen müßte. Wenn jeder Lebenssachverhalt rechtlich erfaßbar wäre, müßte sich dieser Anspruch auf die Möglichkeiten des schon bestehenden rechtlichen Systems und hierbei insbesondere Art. 3 GG gründen können. Die Folge, daß die Idee von der Universalität der Rechtsordnung auf eine Universalität positivrechtlicher Regelung hinausliefe, sei letztlich nicht gewollt. Art. 3 GG sei nicht zu diesem Zweck und mit einem derartigen Hintergrund konzipiert worden. Um dieses paradoxe Ergebnis zu vermeiden, gebe es nur eine Lösung: ein rechtsfreier Raum habe zwingend zu existieren. Die Lösung Fikentschers ist überzeugend. Letztlich muß man Art. 3 GG als Begründung dafür heranziehen, daß ein rechtsfreier Raum existiert.

Kaufmann geht die Frage nach dem rechtsfreien Raum vom strafrechtlichen Blickwinkel aus an. Hier taucht die Problematik eines naturrechtlichen, übergeordneten, absoluten Rechts schon allein deshalb typischerweise nicht auf, weil das Strafrecht schon aus dem Grundsatz nulla poene sine lege dem „gesetzten Recht" verpflichtet ist. Wo es um Schuld und Strafe geht, kann kein nichtpositiver Rechtsbegriff zugrundegelegt werden. Kaufmann geht also naturgemäß von einem positiven Recht als „dem Recht" aus. Wenn er versucht, hieraus Lösungen zu entwickeln, gleichzeitig aber feststellen muß, daß dies in gewissen Bereichen nicht möglich ist, bleibt ihm keine Rückzugsmöglichkeit in eine übergeordnete Ebene. Er kann nur entweder kapitulieren und die Problematik so unlösbar stehen lassen, wie sie ist, oder auf einen rechtsfreien Raum zurückgreifen.

Letzteres hat Kaufmann getan. Er bleibt damit innerhalb des Systems und findet doch eine Erklärung für die Unlösbarkeit der berühmten Konfliktfälle. Das macht seinen Ansatz überzeugend. Wie es Fikentscher für den zivilrechtlichen Bereich gelang, so hat Kaufmann für den strafrechtlichen Raum gezeigt, daß bei einem Abstellen auf die rechtliche Normierung Lebenssachverhalte auftauchen, die das Recht nicht zu bewältigen vermag und die daher der Annahme eines rechtsfreien Raumes bedürfen.

III. Zwischenergebnis

Der Ansatz, das Recht als übergeordnetes, ideelles System zu begreifen, ist unbefriedigend. Denn die Eigenschaft derartiger Denkmodelle, den Unebenheiten der Wirklichkeit enthoben zu sein, wirkt sich letztlich als Nachteil aus. Die Idee ist zwar in sich geschlossen, aber auf einer „Meta-Ebene", ohne Bezug zum tatsächlichen Leben. Dieses tatsächliche Leben ist es jedoch, worauf das Recht sich bezieht, was es regeln will und soll. Die Anthropologie zeigt, daß Normen generell und rechtliche Ordnungen im Speziellen aus einem menschlichen Bedürfnis nach Orientierung an wertende Verhaltensregeln entspringen. Das Leben ist Grundlage und ständiger Bezugspunkt des Rechts. Es erscheint aber nicht sinnvoll, das Recht von seinem Ansatz zu isolieren. Der Vorstellung einer von dem positiven Recht unabhängigen, ideellen naturrechtlichen Ordnung kann daher nicht überzeugen.

Orientiert man sich dagegen am positiven Recht, wird einmal das Fehlen von Regelungen für gewisse Bereiche, zum anderen eine Lückenhaftigkeit geregelter Lebenssachverhalte und schließlich aber auch die Insuffizienz rechtlicher Möglichkeiten bezüglich der Behandlung bestimmter Fälle offenbar.
All dies führt zu der Konsequenz, daß der rechtliche Raum nicht allumfassend sein kann. Hieraus folgt, daß es einen rechtsfreien Raum geben muß, der im folgenden näher zu charakterisiert ist, um im Anschluß daran das Verhältnis der sittlichen Pflicht i.S.v. § 814 Alt. 2 BGB zu diesem außerrechtlichen Bereich zu

untersuchen. Dabei wird insbesondere interessieren, ob sittliche Pflichten zugleich außerrechtliche Pflichten sind und wie das Verhältnis von Sittlichkeit und Rechtsfreiheit i.R.v. § 814 Alt. 2 BGB zu beurteilen ist.

C. Charakterisierung des rechtsfreien Raumes

I. Wesensmerkmale des rechtsfreien Raumes aus der Gegenüberstellung mit der Rechtsgeltung

Der rechtsfreie Raum wird vor allem durch den Rechtsbegriff determiniert. Denn der Bereich der Rechtsfreiheit beginnt dort, wo kein Recht (mehr) ist, so daß sich der rechtsfreie Raum an dem, was unter Recht zu verstehen ist, orientieren muß.

1. Meinungsstand zur Geltungsproblematik des Rechts

Im Wesentlichen besteht in der Literatur Einigkeit darüber, daß das Recht Grundlage einer Rechtsordnung ist, die ihrerseits aus mit gewisser Verbindlichkeit ausgestatteten Normen besteht[431]. Hier treten zwei Fragen auf, die die Diskussion zur sogenannten Geltungsproblematik prägen: was macht die spezifische Verbindlichkeit von Normen aus? und: wodurch qualifizieren sich Normen im allgemeinen zu solchen rechtlicher Art?[432]

Die hierzu vertretenen Meinungen lassen sich grob in eine faktische und eine normative Richtung einteilen.

---

431 Statt aller: Hoerster, S. 182. Diese elementare Frage soll nicht eingehend behandelt werden, da dies den Rahmen sprengen würde.

432 Fikentscher, Methoden Bd. IV, S. 151.

Nachfolgend werden die Argumente wesentlicher Vertreter der jeweiligen Richtung dargestellt[433]. Aus dem als geltendes Recht erkannten Rahmen kann der Bereich des rechtsfreien Raumes abgegrenzt werden, so daß man so zu den - wenn auch negativ statuierten - Wesensmerkmalen des rechtsfreien Raumes gelangt.

a. Der faktische Ansatz zur Erklärung der Rechtsgeltung

R. Schreiber ist als einer der wichtigsten Vertreter der faktischen Geltungstheorie zu nennen[434]. Er untergliedert die Erscheinungen, die die Geltung von Rechtsnormen insgesamt betreffen, in die Phänomene faktischer, verfassungsmäßiger und ideeller Geltung[435].

Die faktische Geltung wird dabei mit der Wirksamkeit von Rechtsnormen gleichgesetzt.
„Die Erscheinung, daß Rechtsnormen wirksam sein können, unabhängig davon, ob sie richtiges Recht, gerechtes Recht, positives Recht, verfassungsmäßiges Recht darstellen, legt es nahe, für diese Erscheinung einen besonderen Begriff zu nehmen. Das Phänomen soll beschrieben werden mit dem Begriff der faktischen Geltung. Eine Rechtsnorm gilt faktisch, soll bedeuten, eine Rechtsnorm ist wirksam derart, daß immer dann, wenn der Tatbestand der Rechtsnorm erfüllt ist, die Rechtsfolge eintritt“[436].

Schreiber nimmt faktische Geltung auch dann noch an, wenn eine Rechtsnorm nur bis zu einem gewissen Grade wirksam ist[437]. Diese „graduellen Abstufun-

---

433 Es handelt sich hierbei um eine bewußt enge Auswahl, die die wesentlichen Strömungen widerspiegeln soll.

434 R. Schreiber, S. 58 ff.

435 A.a.O.

436 R. Schreiber, S. 58.

437 A.a.O., S. 59.

gen" betreffen jedoch ebenfalls den parallelen Begriff der Wirksamkeit von Rechtsnormen, so daß bei einer eingeschränkten Wirksamkeit immer zugleich auch die faktische Geltung eingeschränkt ist.

Aus der Gleichsetzung mit der Wirksamkeit folgert Schreiber, daß es sich bei den faktisch geltenden, i.e. wirksamen Normen um diejenigen handelt, die das Tätigwerden des Sanktionsapparates im weiteren Sinne beschreiben[438]. Aus den von Schreiber angeführten Beispielen[439] für Normen faktischer Geltung wird deutlich, daß er solche Normen meint, die tatsächlich umgesetzt werden und so das (Rechts-) Leben prägen.

Von der faktischen Geltung unterscheidet Schreiber die sogenannte verfassungsmäßige Geltung. Während es bei der faktischen Geltung allein auf die Rechtswirklichkeit, d.h. darauf ankommt, daß einer Rechtsnorm durch eine Rechtsautorität Geltung verliehen wurde[440], soll bei der verfassungsmäßigen Geltung die Übereinstimmung mit den Vorschriften der Verfassung entscheidend sein.

Die ideelle Geltung von Rechtsnormen habe gar keinen unmittelbaren Charakter. Sie bestehe nur latent. Schreiber kennzeichnet sie folgendermaßen: „Solche Rechtsnormen, von bekannten Rechtslehrern ausgesprochen oder von unbekannten überliefert, können eine große Wirksamkeit im Rechtsleben entfalten, sei es, daß sie die menschliche Vorstellungswelt faszinieren, sei es, daß sie das Rechtsgefühl durch weisen Interessenausgleich befriedigen, sei es, daß sie die Menschen zur Verwirklichung einer besseren Rechtsordnung zu Aktivität anspornen"[441]. In dem hier zugrundegelegten Sinne könnte man eher von einer Rechtsidee als von einer Rechtsnorm sprechen.

---

[438] R. Schreiber, a.a.O.

[439] R. Schreiber nimmt Bezug auf 1.) höchstrichterliche Entscheidungen, 2.) Kommentare, 3.) positive Gesetze; vgl. a.a.O., S. 60.

[440] A.a.O., S. 64.

[441] R. Schreiber, S. 64.

Die Trias faktischer, verfassungsmäßiger und ideeller Geltung umfaßt für Schreiber die Rechtsgeltung.

b. Der normative Ansatz zur Erklärung der Rechtsgeltung

Die Vertreter des normativen Ansatzes sehen in Normen mehr als die empirisch belegbare Wirksamkeit gewisser Regelungen. Für sie dienen rechtliche Normen der Regelung menschlichen Verhaltens und stellen insofern einen Verhaltensmaßstab dar, der ein „Sollen“ im Sinne eines richtigen oder für gut befundenen Handelns statuiert[442]. Dieses „Sollen“ entspricht der Geltung der Norm[443].
Innerhalb der von einem normativen oder auch-normativen Ansatz ausgehenden Meinungen nimmt Kelsen eine Sonderstellung ein. Seine Theorie der „Stufenleiter des Sollens“ könnte als normativ-strukturell bezeichnet werden.
Kelsen versteht unter Geltung die „spezifische Existenz der Norm“[444]. Geltung bedeutet insofern „Vorhandensein“. Dieses Vorhandensein ist jedoch nicht aus sich selbst heraus gerechtfertigt. „Daraus, daß etwas *ist*, kann nicht folgen, daß etwas sein *soll*; sowie daraus, daß etwas sein *soll*, nicht folgen kann, daß etwas *ist*“[445]. Eine Norm kann damit den Grund ihrer Geltung nur in einer weiteren Norm haben; einer höheren, aus der sie sich ableitet[446]. Jede Norm hat demzufolge ihren Geltungsgrund in der Existenz einer anderen[447]. Kelsen begreift das Recht als Struktur, gewissermaßen als logisch-mathematisches System. Geht man derart die Stufenleiter der Herleitung immer höher, gelangt man zwangsläufig an eine nicht mehr ableitbare, eine letzte Norm. Kelsen bezeichnet sie als

442 Hoerster, S. 182.
443 Kelsen, S. 10.
444 Kelsen, S. 9 ff.
445 A.a.O., S. 196, Hervorhebungen im Original.
446 A.a.O.
447 A.a.O.

„Grundnorm“[448]. Die Geltung einer Grundnorm könne letztlich nur durch eine voraussetzende Norm begründet werden[449], die ihrerseits nur den Geltungsgrund der auf ihr aufbauenden Normketten lieferten, nicht aber etwas Inhaltliches bezüglich nachfolgender Normen aussagten. Dieses sog. dynamische Prinzip führt die Grundnorm schließlich deshalb zu Geltung, weil ihr Erlaß durch die unmittelbaren Ermächtigungen der Verfassung, die wiederum das Parlament zum Erlaß entsprechender Gesetze befugt, autorisiert ist.
Kelsen entwickelt für das dynamische Prinzip keinen konkreten Inhalt. Letztlich kann jede Aussage das Gepräge einer Rechtsnorm erhalten. Nicht der Wert einer derartigen inhaltlichen Aussage, sondern die Abstraktion des Sollens, hinter der immer wieder ein Sollen steht, ist Mittelpunkt seiner Theorie. Hieran wird deutlich, warum Kelsen betont hat, von einem „Sein“ (der Faktizität als Wirksamkeit rechtlicher Regelungen) könne ein „Sollen“ nie ableitbar sein[450].

Die übrigen Vertreter der „normativen Richtung“ halten regelmäßig neben normativen Kriterien die faktische Erscheinungsform des Rechts für entscheidend. Sie sehen die Rechtsgeltung als mehrdimensionalen Begriff[451]. Der Schwerpunkt liegt für sie dabei auf der normativen, d.h. verhaltenslenkenden Seite.
Den Grundstein zur Kumulation mehrerer Kriterien zur Bestimmung der Rechtsgeltung legte Max Weber[452]. Die Tatsache, daß Regeln in der Wirklichkeit befolgt würden, belege die faktisch/empirische Geltung des Rechts, die jedoch noch nicht sein Wesen spiegele. Dieses zeige sich erst in dem Phänomen, daß das Recht auch gelte und gelten wolle, wenn es nicht befolgt würde, i.e. der normativen Geltung. Das Recht sei damit „eine `Ordnung´ mit gewissen spezifischen Garantien für die Chance ihrer empirischen Geltung“[453].

---

448 A.a.O., S. 32.

449 A.a.O., S. 199.

450 Kelsen, S. 10 und S. 196.

451 Z.B. Henkel, Einführung, S. 544.

452 Weber, Wirtschaft, S. 16 ff.; vgl. auch ders. Rechtssoziologie; Fikentscher, Methoden Bd. IV, S. 151 f.

453 Weber, Rechtssoziologie, S. 53 ff.

Dabei legten die Vertreter der normativen Richtung zur Frage nach der Geltungsverbindlichkeit durchaus unterschiedliche Kriterien zugrunde[454].

Nach Hoerster laufe Kelsens Ableitungsverfahren - die Legitimation einer Norm, die er mit „Gültigkeit" umschreibt - irgendwann ad absurdum. Für Hoerster war daher nicht die Gültigkeit, sondern der Begriff der „Geltung" das entscheidende Kriterium. Von Geltung kann nach Hoerster dann ausgegangen werden, wenn die Rechtfertigung durch Ableitung nicht in Betracht kommt, z.B. weil es sich um eine Regelung aus der Verfassung selbst handelt. Hier bejaht Hoerster die Legitimation der Norm dann, wenn sie *akzeptiert wird* und sich als *wirksam* erweist[455]. Die Akzeptanz verkörpere den normativen Teil, sie sei gegeben, wenn die Gesellschaft sich mit dem Sollen identifiziere und sich der Norm verpflichtet fühle. Die Wirksamkeit i.S. der tatsächlichen Befolgung durch die Adressaten entspreche somit der faktisch-empirischen Geltung.

Auch Zippelius ist ein Vertreter der normativen Richtung, der sich der Erforderlichkeit der faktischen Seite bewußt ist. Primär bedeutet ihm das Gelten einer Norm ein Sollen. Damit setzt Zippelius voraus, daß das Recht eine gewisse Verhaltensanforderung an den Menschen stellt. Die Tatsache des Sollens an sich sei dem Recht wesenseigen. Da dieses „Sollen an sich" aber noch nichts spezifisch Rechtliches beinhalte, komme es darauf an, seine spezifische Rechtlichkeit zu erklären. Auch in anderen normativen Ordnungen habe das Sollen ja seinen Platz, daher reiche eine allgemeine Methode zur Legitimation des Sollens - wie sie Kelsen entwarf - nicht aus[456]. Denn hierdurch werde man nicht in die Lage versetzt, das rechtliche Sollen von den Ansprüchen anderer Normenordnungen zu differenzieren.
Zippelius geht daher der Frage nach, wie und wo das Sollen konkret wirkt und kommt dabei zu einer Differenzierung nach verschiedenen Wirkungsmodalitä-

---

454 Die Auswahl erhebt keinen Anspruch auf Vollständigkeit und ist beispielhaft zu verstehen.

455 Hoerster, S. 182.

456 Zippelius, Wesen, S. 30.

ten: das moralische Sollen appelliere an das Gewissen, das sozialethische richte sich an die in einer Gemeinschaft herrschenden Vorstellungen und das rechtliche gelte aufgrund seiner spezifischen Durchsetzbarkeit[457]. „Die Eigenart der Geltung des garantierten Rechts liegt darin, daß hinter ihm (...) die Chance (steht), durch organisiertes obrigkeitliches Handeln durchgesetzt zu werden“[458]. Hier aber komme das faktische Moment zum Tragen: denn auch der „spezifische Geltungsmodus der garantierten Normen kann nicht rein normativ begriffen werden. Die sichere Chance, daß eine Norm durch obrigkeitliche Organe angewandt und durchgesetzt wird, ist ein soziologischer Tatbestand, der insbesondere bedingt ist durch das Faktum einer zuverlässig funktionierenden obrigkeitlichen Organisation“[459].
Da, wo Normen rechtlich wirken, sind sie für Zippelius auch rechtlich geltend.

Henkel hält es ebenfalls nicht für möglich, den Begriff der Rechtsgeltung in einer einzigen, umfassenden Formel zu definieren[460]. Die Rechtsgeltung stelle sowohl ein Stück soziale Wirklichkeit, als auch eine ethische Normenordnung dar. Infolgedessen bestätige sie die faktische Geltung i.S. der Wirksamkeit des Rechts in seiner regulativen und repressiven Erscheinungsform. Wesentlich erscheint Henkel aber das Recht als System von Sollensnormen. „Geltung“ habe damit nicht nur die Bedeutung, daß sie eine Richtschnur für richtiges Handeln begründe, sondern sie habe auch eine „Bestimmungsfunktion“, nämlich die Adressaten zu normgemäßen Verhalten zu motivieren[461]. Die Begründung der Verbindlichkeit von Rechtsnormen könnten weder soziale noch psychologische, weder ethische, noch sittlich-moralische Argumente dartun. Henkel sieht sie vielmehr im „Rechtsethos“, da das Sollen selbst und für sich genommen schon einen ethischen Grundsatz darstelle. Wenn es a priori richtig sei, ein Sollen zu

---

457 A.a.O., S. 31 und 39.

458 Zippelius, S. 39.

459 A.a.O.

460 Henkel, Einführung, S. 543.

461 Henkel, Einführung, S. 553.

befolgen, dann komme einem ein Sollen gebietenden Rechtssatz allein dadurch schon die Legitimation zu.

c. Analyse

Der reine faktische Erklärungsansatz kann das Phänomen rechtlicher Geltung nicht erfassen. Auch wenn zwischen Geltung und Wirksamkeit ein gewisser Zusammenhang besteht, eine Norm also nur gültig sein soll, wenn das durch sie geregelte menschliche Verhalten ihr wenigstens zum Teil entspricht, ist die Geltungsproblematik von der (empirischen) Tatsache der Wirksamkeit grundsätzlich zu differenzieren. Denn auch wenn die Geltung ein Minimum an tatsächlicher Umsetzung erfordert, impliziert der Anspruch des Sollens doch auch die Möglichkeit nicht normgemäßen Verhaltens. „Eine Norm, die vorschreiben würde, daß etwas geschehen solle, wovon man von vorneherein weiß, daß es notwendigerweise kraft Naturgesetz immer und überall geschehen muß, wäre ebenso sinnlos wie eine Norm, die vorschreiben würde, daß etwas geschehen soll, von dem man von vorneherein weiß, daß es kraft Naturgesetz überhaupt nicht geschehen kann“[462]. Wenn nun die Zuwiderhandlung die Norm in einem konkreten Fall ihrer faktischen Wirksamkeit beraubt, wird sie dadurch nicht zu einer „nicht-mehr-geltenden“ und es bleibt der Sollensanspruch, ein bestimmtes Verhalten fordernd, dennoch bestehen.

Der Ansatz Kelsens ist ebenfalls zu eng. Das Phänomen der Ableitbarkeit betrifft nicht lediglich rechtliche Normen und bietet dementsprechend auch kein hinreichendes Differenzierungskriterium, mit dem rechtliche und andere Normen auseinanderzuhalten wären. Ethische oder religiöse Normenordnungen haben ebenfalls hierarchische Struktur. Daher kann das spezifisch Rechtliche durch die Tatsache der Ableitung und Ableitbarkeit allein nicht gefunden wer-

[462] Kelsen, S. 10.

den[463]. Außerdem kann auch nicht allein aus der Legitimation des Erzeugungsaktes zwingend auf die Legitimation des Sollensanspruchs der Norm geschlossen werden[464]. Auch wenn das demokratische Prinzip letztlich auf einer derartigen Ableitbarkeit der Ermächtigung fußt, sind zusätzlich inhaltliche Kriterien erforderlich, um eine wirkliche Legitimation im rechtlichen Sinne zu erzielen.

Hoersters Abstellen auf die Akzeptanz einer Norm ist dem faktischen „wirksam sein" zu ähnlich. Auch Akzeptanz kann einen soziologischen Tatbestand darstellen.

Gegen Henkel, der auf das Rechtsethos als soziale Aufgabe des Rechts abstellt, kann eingewandt werden, daß dieses Rechtsethos sich nicht hinreichend von dem „normalen" Ethos, der Ethik an sich, unterscheidet.

Zippelius macht in seinem Vorschlag deutlich, daß eine Norm (im nicht nur rechtlichen Sinne) als Sollensaufruf verschiedene Wirkungsmodalitäten haben kann. Das Spezifische einer rechtlichen Norm erschöpft sich demzufolge nicht in der Tatsache des Sollens allein, denn auch nicht-rechtliche Normen verpflichten durch einen Sollensaufruf. Nach Zippelius kommt es auf die spezifische Art ihrer Wirksamkeit an, die durch die „Richtung des Sollens", bestimmt wird. Eine Norm erhält nach Zippelius ihren rechtlichen Charakter durch die Chance, sie durch ein organisiertes obrigkeitliches Erzwingungsverfahren durchzusetzen[465].
Diese Differenzierung nach der Art der Wirksamkeit, der „Richtung des Sollens" macht es möglich, das „spezifisch Rechtliche" einer Norm herauszufiltern, ohne sie dadurch einer Wirkungsmodalität allein zuzuordnen. So kann ein Rechtssatz z.B. auch moralisch gelten, nämlich dann, wenn er auch bei fehlender Zwangsdrohung aus eigenem Antrieb befolgt werden würde. Die rechtliche

---

463 Zippelius, Wesen, S. 30 ff; Fikentscher, Methoden, Bd. IV, S. 151 f., Hoerster, S. 182.
464 Henkel, Problem, S. 63 ff.; vgl. auch Larenz, Methodenlehre, S. 73 ff.
465 Zippelius, Rechtsphilosophie, S. 30; ders. Wesen, S. 37 ff., 39.

Wirkungsmodalität wird jedoch durch das Element der Erzwingbarkeit geprägt, das anderen Normenordnungen gerade nicht eigen ist.

Die von Zippelius vorgeschlagene Differenzierung ist überzeugend, denn hier wird die Problematik der Geltung ergebnisorientiert gelöst. Die anderen Vorschläge blieben entweder zu theoretisch und damit nicht wirklich umsetzbar, oder sie waren zu sehr an der empirischen Geltung orientiert. Dem Erklärungsansatz von Zippelius muß aus diesem Grund zugestimmt werden. Damit gilt eine Norm rechtlich, wenn das in ihr statuierte Sollen rechtlich *wirkt.*

2. Folgerungen für den rechtsfreien Raum und sein Verhältnis zum rechtlichen Raum

Im vorhergehenden Abschnitt wurde der rechtliche Raum als der Bereich qualifiziert, in dem Normen im Sinne menschlicher Verhaltensanforderungen *rechtlich wirken.* Überträgt man dieses Ergebnis nun auf den rechtsfreien Raum, so muß dieser den Bereich betreffen, in dem (a) entweder überhaupt keine Normen existieren (und daher auch nicht rechtlich wirken können), oder (b) Normen gegeben sind, die aber nicht-rechtlich, d.h. anders wirken[466].
Der Bereich a), der sich durch das Fehlen von Normen auszeichnet, prägt das tägliche Leben. Es sind Entscheidungen, die jeder - zum Teil ohne sich dessen wirklich bewußt zu werden - alltäglich trifft und die sich außerhalb jeglichen Sollens befinden. Konkret darf man sich hierunter Verhaltensweisen vorstellen wie die Entscheidung, auf dieser oder jener Straßenseite zu gehen, zu Hause oder auswärts zu essen, zu telefonieren oder einen Brief zu schreiben, zu schlafen oder ins Kino zu gehen. All diese Wahlmöglichkeiten liegen außerhalb der rechtlichen Sphäre, denn hier ist kein Sollen, i.e. keine Norm im Spiel[467].

---

466 Vgl. Fikentscher, Methoden, Bd. IV, S. 164 f. Er geht umgekehrt vor, indem er seinen Begriff der Geltung u.a. aus dem des rechtsfreien Raumes heraus entwickelt.

467 Vgl. Fikentscher, a.a.O.; S. 169; ähnlich Staudinger/Schmidt, Einl. vor §§ 241 ff. Rdnr. (178).

Bei b), dem zweiten im rechtsfreien Raum angesiedelten Bereich, existieren Normen i.S.v. Verhaltensanforderungen an den Menschen. Diese Normen sind jedoch nicht-rechtlicher Art. Es handelt sich vielmehr um soziologische, ethische oder religiöse Verpflichtungen, die nicht zugleich auch durch den rechtlichen Sollensanspruch erfaßt werden. Hierunter fällt beispielsweise die Verpflichtung, auf Einladungen zu reagieren oder die Bereitschaft zu Hilfeleistungen innerhalb der Nachbarschaft. Ferner zählen üblicherweise erwartete Leistungen wie das Trinkgeld im Restaurant, das Gastgeschenk oder die Kollekte in der Kirche zu dieser Gruppe.

In beiden Bereichen besteht die theoretische Möglichkeit, daß einzelne Beziehungen - sobald mehrere Menschen involviert sind und Anlaß besteht - rechtlich geregelt werden bzw. dem Recht zugänglich gemacht werden, indem z.B. von einem Dritten auf ein bestimmtes verhalten oder Unterlassen geklagt wird. Damit stellt sich die Frage nach Kriterien der Abgrenzung des rechtlichen vom außerrechtlichen Raum. Im Folgenden soll daher zur Abgrenzungsproblematik Stellung genommen werden, um daraufhin die sittliche Pflicht des § 814 Alt. 2 BGB in den so gefundenen Rahmen einordnen zu können.

II. Abgrenzung des rechtsfreien Raumes vom Recht

1. Differenzierung verschiedener rechtlicher und nicht-rechtlicher Sphären

Eine der Schwierigkeiten an einer genauen Grenzziehung zwischen rechtsfreiem Raumes und Recht liegt in der Tatsache begründet, daß sich der rechtsfreie Bereich immer nur in Bezug auf seinen Antipoden - das Recht - denken läßt, dieses Recht aber - je nach Funktion und Zweck - unterschiedliche Erscheinungsformen hat. Wenn z.B. das Strafrecht das äußere Verhalten und Zusammenleben durch Verbote regelt, so unterscheidet sich dieser Ansatz diametral von der zivilrechtlichen Vertragsfreiheit. Es ist für das Verständnis der Ausführungen, die zum rechtsfreien Raum gemacht werden, daher von großer Bedeutung, welches

Rechtsverständnis der jeweilige Autor mitbringt und in welcher Richtung er diesbezüglich beheimatet ist.
Auch innerhalb eines spezifischen Rechtsgebietes, wie z.B. des Zivilrechts, ist es schwer, „den" Rechtsbegriff zu finden, der alle vertretenen Ansichten und Unteransichten abdeckt. So war man in der Literatur der nahezu einhelligen Auffassung, mit der Imperativentheorie das Wesen zivilrechtlicher Handlungsweisen schlechthin gefunden zu haben. Diese Theorie besagt, daß der normativ, d.h. als Sollenssatz verstandene Rechtssatz durch Verbindung von Tatbestand und Rechtsfolge zu einem hypothetischen Sollenssatz, durch Adressierung an fremdes menschliches Verhalten zu einem Imperativ wird[468].

Kritiker dieser Theorie führen nunmehr jedoch an, die Auffassung, daß Rechtsnormen Befehle i.S.v. Ver- und Geboten seien, erweise sich dann als zu eng, wenn es gar nicht mehr um ein Ver- oder Gebot, sondern um eine Gewährung gehe, etwa die Vertragsfreiheit[469]. Auch die Ehe stelle ein anschauliches Beispiel dar, warum die Imperativentheorie nicht in der Lage sei, das Recht in *all* seinen Erscheinungsformen zu erfassen[470]. „Es ist nicht verboten und nicht geboten, zu heiraten, trotzdem kann man es `von Rechts wegen´ tun, und niemand wird bestreiten, daß die Ehe eines der wichtigsten Institute des Rechts ist"[471]. Hier handelt es sich um Institute, die entweder im Grunde dem Recht vorausgesetzt sind und durch die Rechtsordnung nur noch eine der Rechtsklarheit dienende Ausgestaltung erfuhren, oder die als ein „Dürfen von Rechts wegen" verstanden werden müssen. Die Frage, ob die Vertragsfreiheit dem Recht vorausgesetzt ist oder durch das Recht gewährt wird, soll hier nicht erörtert werden. Eine allgemeingültige Antwort ist bei der bereits von Engisch aufgeworfenen parallelen Frage, ob sich das Recht der Freiheit gegenüber billigend oder neutral verhält, nicht möglich[472].

---

468 Engisch, Einführung, S. 20 ff.

469 Fikentscher, Methoden, Bd. IV, S. 160.

470 A.a.O.

471 Fikentscher, Methoden, Bd. IV, S. 160.

472 Engisch, Raum S. 414.

Da zur Bestimmung der Grenzen des rechtsfreien Raumes ein Rechtsbegriff benötigt wird, der im wesentlichen die Erscheinungsformen privatrechtlichen Tätigwerdens abdeckt, sind die „imperativischen Sollensnormen“ in jedem Fall zu eng. Es muß vielmehr von einem Rechtsverständnis ausgegangen werden, das auch die Idee einer dem Recht vorgelagerten Freiheit bzw. ein „Dürfen von Rechts wegen“ mitumfaßt. Sowohl im Verständnis von „Recht“, als auch bei der Frage nach der Abgrenzung vom rechtsfreien Raum hat die rechtsgestaltende Seite dann den ihr gebührenden Platz.

Ein so gewählter Rechtsbegriff muß mehrdimensional sein. Dies hat automatisch auch Auswirkungen auf den rechtsfreien Raum. Wenn schon das Recht verstanden wird als Summe von Ver- bzw. Geboten *und* Gewährungen, dann ist auch der rechtsfreie Raum entsprechend betroffen: er beginnt, wo keine Ver- bzw. Gebote gelten *oder* die rechtlichen Gewährungen ein Ende haben. Um die Grenze zwischen Recht und – spiegelbildlich – rechtsfreiem Raum abschließend zu bestimmen, müßte man nunmehr sämtliche Normen der deutschen Rechtsordnung auf ihren Regelungsbereich und – negativ – ihren entsprechenden rechtsfreien Bereich hin untersuchen und bewerten. Diese zweifellos aufwendige, aber interessante Untersuchung soll im Rahmen dieser Arbeit beispielhaft am Fall des § 814 Alt. 2 BGB durchgeführt werden.

Dabei muß man folgende Ausgangspunkt berücksichtigen:

Die sittliche Pflicht ist Bestandteil eines bereicherungsrechtlichen Rückabwicklungsverbots, das im Rahmen des Zivilrechts dem Recht der Schuldverhältnisse angehört. Wenn man sich also um eine konkrete Abgrenzung des rechtsfreien Raumes vom Recht bezüglich der „sittlichen Pflicht“ bemüht, konkretisiert sich das „Recht an sich“ auf das Recht der Schuldverhältnisse. Dieses kann rechtsgeschäftlich und gesetzlich begründet werden, denn im Rahmen von § 814 Alt. 2 BGB kommt es lediglich darauf an, daß zum Zwecke der Erfüllung einer - wie immer zustandegekommenen bzw. irrtümlich vorgestellten - Verbindlichkeit geleistet wurde.

Im Folgenden soll daher zunächst auf die Abgrenzungsfrage bei rechtsgeschäftlich begründeten, im Anschluß bei gesetzlich begründeten Schuldverhältnissen eingegangen werden.

2. Abgrenzung des rechtsfreien Raumes vom rechtsgeschäftlichen Bereich

a. Entwicklung vor Verabschiedung des BGB

In der römisch-rechtlichen Vertragsordnung galt unter anderem das Prinzip des Typenzwanges. Eine Willenseinigung bzw. eine Leistung aus einem Vertrag war demzufolge nur einklagbar, wenn sie in Form und Inhalt einem vorgegebenen Vertragsmuster entsprach. Zudem unterlagen die bestehenden Muster einem numerus clausus, d.h. eine Erweiterung war nur durch Rechtssetzungsakte möglich.

Im 17. und 18. Jahrhundert, der Epoche des „usus modernus", begann eine Emanzipation gegenüber diesen Beschränkungen, die letztlich in die Klagbarkeit aller Verträge mündete. Damit hatte sich die Vertragsfreiheit durchgesetzt.

Diese neue Vertragsfreiheit führte zu der Schwierigkeit, daß nun die als rechtsgeschäftlich zu verstehenden Einigungen von Übereinkünften sonstiger Art abzugrenzen waren. Nachdem im 17. und 18. Jahrhundert noch die Kritik an dem überkommenen und überwundenen Vertragssystem vorherrschte, mehrten sich im 19. Jahrhundert die Stimmen, in denen Bedauern über das Ende der Stipulation anklingt[473].

Seit Anfang des 19. Jahrhunderts wurde infolgedessen nach immer neuen Möglichkeiten gesucht, das „Wesen" der Obligation durch griffige Kriterien zu fixieren. Aus der großen Uneinheitlichkeit in den Beschreibungen dessen, was eine schuldrechtliche Einigung begrifflich denn sei, entwickelte sich im Laufe des 19. Jahrhunderts die bald zur h.M. avancierte Ansicht, daß an der Forderung ein Vermögensinteresse des Gläubigers erforderlich sei[474]. Das Kriterium des Vermögensinteresses war im römischen Recht verankert und wurde durch die

---

473 Puchta, Pandekten, S. 390.

474 Vgl. zum Meinungsstand Windscheid-Kipp, 9. Aufl. 2. Bd., § 250 Fn. 3 (S. 4).

um römische Rechtsquellen bemühten Pandektenwissenschaftler „wiederentdeckt".

Essentiell für das Kriterium vom Vermögenswert war eine Sequenz des Gaius, in der er anführte, daß jedes Leistungsurteil sich auf eine bestimmte zu zahlende Geldsumme zu richten habe (condemnatio pecunaria)[475]. Hieraus schloß man, daß auch die Leistung selbst grundsätzlich in Geld bezifferbar sein müsse.

Dem Lehrbuch Windscheids von 1862 kann jedoch entnommen werden, daß bereits in der Mitte des 19. Jahrhunderts ein wachsender Teil der Literatur im Vermögensinteresse keineswegs eine zwingende Voraussetzung für die klagbaren Leistungen sah[476]. So führte Windscheid aus: „Die Handlung, welche von dem Forderungsrecht geboten wird, hat regelmäßig einen Geldwert für den Berechtigten. Daß sie einen Geldwert haben müsse, mit anderen Worten, daß eine Tatsache, welche an und für sich ein Forderungsrecht zu erzeugen imstande ist, ein Forderungsrecht auf eine in Geld nicht zu veranschlagende Handlung zu erzeugen nicht imstande sei, ist eine zwar oft aufgestellte, aber nicht zu rechtfertigende Behauptung"[477]. Windscheid wies darauf hin, wie gefährlich es sei, „gelegentlich gemachte allgemeine Ausdrücke der Quellen beim Worte zu nehmen" und führte in diesem Zusammenhang andere Textstellen der Digesten an, in denen gerade kein Vermögensinteresse gefordert wurde.

Auch Baron hat die herrschende Auffassung vom Vermögensinteresse intensiv abgelehnt[478]. Er führte aus, daß zwar nach der herrschenden Ansicht das Af-

---

475 Gaius IV, 48: „Omnium autem formularum, quae condemnationem habent, ad pecuniariam aestimationem condemnatio concepta est. itaque et si corpus aliquod petamus, uelut fundum, hominem, uestam, aurum, argentum, iudex non ipsam rem condemnat eum, cum quo actum est, sicut olim fieri solebat, sed aestimata re pecuniam eum condemnat."

476 Windscheid, Lehrbuch des Pandektenrechts, 2. Bd.

477 Windscheid, Lehrbuch des Pandektenrechts, Bd. 2, S. 2 ff., S. 4 mit Verweis auf 1.7 D. 19,5; 1.38 § 17; 1.95. D.45,1.

478 Baron, Pandekten.

fektionsinteresse „nur dann ein hinreichenden Grund zur Obligation (sei), wenn sich an dasselbe durch besondere hinzutrete Umstände ein Vermögensinteresse anschließt (...)“[479]. Auch im reinen Römischen Recht habe man aber zwischen den obligationes stricti iuris und denen bonae fidei unterschieden, wobei für letztere das Affektionsinteresse ausreichend gewesen sei. Und da heute die römischen obligationes stricti iuris untergegangen seien, sei allgemein der Grundsatz der bonae fidei-Obligationen anzuwenden, d.h. ein Vermögensinteresse als Voraussetzung für die Begründung einer klagbaren Leistung zu verneinen[480].

Einen nicht nur theoretischen Beitrag zur Abgrenzungsfrage lieferte Jhering im Rahmen seines die Gäubahn betreffenden Gutachtens[481]. Nach Jhering ist das Vermögenserfordernis schon im Ansatz verfehlt. „Es ist nicht wahr, daß das Vermögen das einzige Gut bildet, welches das Recht als Gegenstand des Vertrages zu schützen hat, und daß auch andere Güter nur (...) indem sie ihren Schutz vom Vermögen ableiten, dazu gelangen können, an demselben zu partizipieren. Denselben Anspruch, mit dem das Vermögen vor dem Richter auftritt, um seiner selbst willen geschützt zu werden, erheben auch sie, auch ihrer kann das Leben eines Culturvolkes nicht entbehren, und wenn der V e r t r a g , d.h. der Grundsatz der autonomischen individuellen Lebensgestaltung einmal in Bezug auf das Vermögen zugelassen ist, so ist nicht abzusehen, warum er es für sie weniger sein sollte“[482]. Das Dogma vom Vermögensinteresse sei aber auch in sich unschlüssig. Denn einerseits wolle die Theorie zwar das Vermögen schützen; sie lasse es andererseits aber dort schutzlos, wo es „seine handgreifliche faßbare Form abgestreift und sich in andere Güter umgesetzt hat“[483].

Noch nachdrücklicher kritisierte Kohler die damalige herrschende Meinung. Das Geld bzw. der Geldwert sei überhaupt kein Maßstab für die Anerkennung einer Leistung als klagbare Obligation[484]. Zum einen sei es fehlerhaft, in allem

479 Baron, a.a.O., S. 342.

480 A.a.O.

481 Jhering, Rechtsgutachten, S. 1 ff.

482 Jhering, Rechtsgutauchten, S. 49 ff., Sperrschrift im Original.

483 A.a.O., S. 49 ff.

484 Kohler, Studien, S. 1 ff.

und jedem zwanghaft einen Bezug zu einem Geldwert herstellen zu wollen. Wie soll der, welcher einer Dame an einem Badeort verspricht, sie zum Gesang zu begleiten, den Geldwertbezug finden, ohne „wirklich in ein böses Gestrüpp" zu geraten, und schließlich ob der Rechtsfolgen zu erzittern?[485] Zum anderen seien selbst Leistungen mit Vermögensbezug nicht alle käuflich. Kohler fragt entsprechend: „Ist vielleicht Raphaels Sixtina zu haben oder Michelangelos David?" Und sollte man deshalb, weil sie eben nicht erwerbbar seien, das Vermögensinteresse leugnen?[486] Schließlich seien Leistungen nicht - nur weil anderswo für Geld zu haben - in ihrer konkreten Ausprägung „geldwert", wie unschwer am Beispiel, einen Kuß oder eine sanften Blick als Vermögenswert zu betrachten, erkennbar sei[487]. Die Problematik der fehlerhaften Vermögenstheorie liege darin, daß sie das Obligationenrecht als „Leistung der Dinge" qualifiziere[488]. Tatsächlich aber handele es sich um Leistungen des Menschen. Der Mensch aber sei kein Gegenstand des Vermögensrechts. Wolle man dies behaupten und die Natur der Leistungen hierauf reduzieren, fiele man zurück in „ein Stück Altertum, ein Stück alter Volkswirtschaft mit Sklavenwesen"[489].

Die Befürworter der Lehre vom Vermögensbegriff reagierten auf die Kritik, indem sie die Definition des Begriffs „Vermögen" erweiterten. So sollte keine direkte Mehrung des Vermögens des Leistungsempfängers mehr erforderlich sein[490]. Es sollte ausreichen, wenn es sich um Dinge handelte, die im Verkehr für Geld zu haben waren. Dabei liege das Vermögensinteresse darin, daß der Gläubiger Auslagen erspare, die er für die Beschaffung des Geschuldeten aufzuwenden habe, wenn es ihm nicht vertragsgemäß geleistet werde[491].

485 Kohler, a.a.O., S. 12.
486 A.a.O., S. 11.
487 A.a.O.
488 A.a.O., S. 13.
489 A.a.O.
490 Dernburg, Pandekten, S. 51.
491 A.a.O.

Vor allem Hellwig hielt – unter Zugrundelegung eines erweiterten Vermögensbegriffs - am Erfordernis des Vermögensinteresses– entgegen der Ansicht von Windscheid, Jhering oder Kohler – fest[492]. Für das vermögensrechtliche Interesse sei nach Hellwig nur zu fordern, „daß die zugesagte Leistung objektiv, ihrer Natur nach, eine Beziehung auf das Vermögen besitzt“ und daß „sie gerade für die Gläubiger von `pekuniärem´ Belang“ ist, so daß ihr Ausbleiben auf die Gestaltung seiner vermögensrechtlichen, seiner ökonomischen Verhältnisse einen Einfluß ausübt“[493].

Ob aber ein derart erweitertes Vermögensinteresse überhaupt noch als sicheres Abgrenzungskriterium gelten könne, schien vielen Autoren zweifelhaft. So tat Siber dar, bei einem engem Begriffsverständnis fielen zwar rechtsschutzwürdige Schuldverhältnisse aus den dann anerkannten Obligationen heraus, bei weitem Begriffsverständnis würde es jedoch Ansprüche ohne Bezug zum Vermögen so gut wie nicht mehr geben[494].

Der Theorienstreit, ob das Schuldverhältnis für seine Konkretisierung den erweiterten Vermögensbegriff benötigt oder ohne den Bezug zum Geldwert auskommt, wurde durch die Kodifikation des BGB entschieden.

b. Entwicklung während und nach Verabschiedung des BGB

Mit § 241 BGB hatte der Gesetzgeber gegen das Erfordernis eines Vermögensinteresses beim Gläubiger der Leistung votiert. Die beteiligten Gesetzgebungsgremien waren der Auffassung, daß ein Vermögensinteresse nicht zum Wesen der Obligation zähle.

Gleichwohl wurde die Problematik im Vorfeld eingehend diskutiert. Ausgehend vom Vorentwurf v. Kübels, der für die Leistung Gebundenheit des Schuldners

---

492 Hellwig, S. 224 ff.

493 A.a.O.

494 Siber, S. 94.

sowie irgendein Interesse des Gläubigers forderte[495], entstand folgender § 205 des Beratungsentwurfs der ersten Kommission zum BGB, welcher identisch unter § 206 als endgültiger Entwurf beschlossen wurde: „Gegenstand eines Schuldverhältnisses kann ein Thun oder Unterlassen des Schuldners (Leistung) sein“[496]. Aus den Motiven sowie den - veröffentlichten - Protokollen ergibt sich in diesem Zusammenhang, daß das vermögensrechtliche Interesse ausdrücklich nicht als zum Wesen der Obligation gehörend angesehen wurde[497]. Dies nochmals durch eine Bestimmung klarzustellen, hielt man nicht für erforderlich, da zum einen der Mangel einer entgegenstehenden Vorschrift genüge, zum anderen eine Negativdefinition möglicherweise zu einem argumentum e contrario einlade[498].

Die Kritik an dem Entwurf des § 206 war - dem Stand der Diskussion entsprechend - heftig. Während die einen die sprachliche Fassung kritisierten[499] oder anführten, in ihrer Allgemeinheit habe die Vorschrift keinen praktischen Wert[500], kamen andere - wie v. Gierke - immer wieder auf das Vermögensinteresse als einzig taugliches Kriterium zurück. Eine Obligation, deren Gegenstand kein vermögensrechtliches Interesse habe, sei schlicht undenkbar[501]. Zwar sei es möglich, auf das Interesse des Gläubigers zu verzichten, nicht aber darauf, daß der geschuldeten Leistung als solche einen Vermögenswert zukommen muß[502].

---

495 Kübel, Vorlagen, Teil 1 AT, S. 1: „Zu einem Schuldverhältnisse wird erfordert, daß vermöge desselben Jemand als Schuldner einem Anderen zu einer Leistung (einem Thun oder Unterlassen) verpflichtet und der Andere als Gläubiger diese Leistung zu fordern berechtigt ist.“ Vgl. ebenso Jakobs/Schubert, Beratung, Recht der Schuldverhältnisse I, S. 41, Fn. 8.

496 Entwurf eines Bürgerlichen Gesetzbuchs für das Deutsche Reich, Erste Beratung, Berlin 1885, in: Kübel, Vorlagen, Bd. 3 (Anlageband), S. 63.

497 Mot. II, S. 5 zu § 206; Jakobs/Schubert, Recht der Schuldverhältnisse I, S. 40.

498 Jakobs/Schubert, a.a.O.

499 Vgl. Seuffert, S. 5; Gierke, Entwurf, Jh.Jb. 1889 (13. Jahrgang) S. 192 ff.; Laband, S. 161 ff., 170; Hartmann, S. 310 ff., 358.

500 Bähr, Fn. zu § 206 auf S. 49.

501 Gierke, Entwurf, Jh.Jb. 1889 (13. Jahrgang), S. 192.

502 A.a.O.

Gleichwohl hielt auch der zweite Entwurf daran fest, daß ein Vermögensinteresse seitens des Gläubigers nicht zum Wesen der Obligation gehöre. „Vermöge des Schuldverhältnisses ist der Gläubiger von dem Schuldner eine Leistung zu fordern berechtigt. Die Leistung kann in einem Thun oder in einem Unterlassen bestehen“[503].
Die zweite Kommission wählte diesen Vorschlag unter insgesamt vier Möglichkeiten als ihren Entwurf aus und befürwortete auch den Entwurf des heutigen § 241 BGB, der in der zweiten Lesung nicht mehr geändert wurde.

In der Folgezeit beharrten die Anhänger des Vermögenserfordernisses zwar nicht auf einem Vermögensinteresse beim Gläubiger, wohl aber darauf, daß die Leistung selbst einen Vermögenswert haben müsse[504]. In diesem Sinne müsse eine Leistung wirtschaftlicher Natur sein[505]. Brauweiler beispielsweise hielt einen „wirtschaftlichen Charakter der Leistung“[506] bei Sachleistungen dann für gegeben, wenn die privatwirtschaftliche Brauchbarkeit zu bejahen ist“[507]. Im übrigen stellte er bei Dienstleistungen auf die potentielle Entgeltlichkeit einer Leistung ab[508]. Nach Cosack-Mitteis sei eine Leistung dann wirtschaftlicher Art, wenn sie „ihrer Art nach wirtschaftlich verwendet werden (könne).“[509] Oertmann legte dar, daß die Fälle sehr selten seien, in denen keine Vermögensinteressen vorlägen und dennoch fraglich wäre, ob sie zu den Obligationen zählten. Diese wenigen Fälle rechtfertigten es nicht, vom bewährten Kriterium des Vermögensinteresses abzuweichen, da es das einzige Kriterium sei, das „imstande ist, den Begriff und das Gebiet der Schuldverhältnisse vor unbrauchbarer Verflüchtigung zu bewahren (...)“[510]. Auch Dernburg und Endemann blieben

---

503 Jakobs/Schubert, Beratung, Recht der Schuldverhältnisse I, S. 44.
504 Dernburg, Recht Bd. II 1, S. 218; Gierke, Privatrecht, S. 53.
505 Cosack/ Mitteis, S. 334.
506 Brauweiler, S. 75.
507 A.a.O., S. 70 und 74.
508 A.a.O., S. 75.
509 Cosack/Mitteis, S. 334.
510 Oertmann, S. 20.

beim Erfordernis des Vermögensinteresses: so müsse die Leistung für ersteren entweder einen Geldwert haben, oder im Verkehr beschaffbar (sein)“[511]. Endemann betonte sogar eine „nicht-erweiterte“ Auffassung. Ihm zufolge mußte die Leistung nach wie vor für den Gläubiger einen Vermögenswert haben[512].

Diese Ansichten gerieten jedoch nach der Kodifikation des BGB und damit des § 241 BGB in den Hintergrund. Die ganz herrschende Meinung war seit diesem Zeitpunkt der Ansicht, daß das Vermögensinteresse des Gläubigers kein spezifisches Element des Schuldverhältnisses sein müsse. Dennoch war man ganz überwiegend der Auffassung, daß das Rechtsgeschäft dann auf andere Weise vom nichtrechtsgeschäftlichen Bereich abgegrenzt werden müsse[513].
Für die Abgrenzung wurden jetzt die Kriterien herangezogen, an denen sich bereits die Gegner der Theorie vom Vermögenswert orientiert hatten. Diese Kriterien waren vor allem das schutzwürdige, ernsthafte Interesse, die „Geschäftsmäßigkeit“ oder § 138 BGB als generelle Grenze[514]. Die verschiedenen Meinungen können nicht immer klar voneinander abgegrenzt werden, denn die Übergänge sind zwischen den Kriterien sind fließend[515].

Für das Unterscheidungsmerkmal des schutzwürdigen Interesses sprachen sich vor allem Matthiaß, Heck und Schollmeyer aus. So formulierte Matthiaß: „An der Leistung muß der Gläubiger, objektiv betrachtet, ein schutzwürdiges Interesse haben, ein Vermögensinteresse ist nicht erforderlich“[516]. Schollmeyer legte dar, daß durch die Verbotsgesetze und den Maßstab der guten Sitten nur die äußerste Grenze der Vertragsmöglichkeiten abgesteckt würde. Zwischen

---

511 Dernburg, Recht, S. 219.

512 Endemann, § 109 Anm. 6; S. 630

513 Vgl. z.B. Kohler, Wille, S. 242 ff.

514 Die wesentlichen Vertreter der einzelnen Ansichten werden im Anschluß dargestellt.

515 Scheerer-Buchmeier, S. 148.

516 Matthiaß, S. 176; vgl. ebenso Heck, Grundriß, § 5 Ziff. 2 (S. 19); Ennecerus, 2. Bd. S. 6; ähnlich bereits Prot. I, S. 281: „Ein schutzwürdiges Interesse müsse freilich erfordert werden“; aber schutzwürdig sei jedes Interesse, „welches sich innerhalb des vom Gesetze der individuellen Freiheit gewährten Gebiets halte.“

dem hierdurch Verbotenen und der vermögensrechtliche Leistung liege noch das große Gebiet der schutzberechtigten Interessen[517]. „Die Grundsätze, die allgemein für die subjektiven Rechte aufgestellt sind, gelten auch für die Obligationen“[518]. Durch das Kriterium vom schutzwürdigen Interesse sei „die Befriedigung der lediglich durch die Laune oder in Sitte oder Moral begründeten Verpflichtungen vom Gebiete der Schuldverhältnisse ebenso ausgeschlossen, wie vom Rechtsgebiete überhaupt.“[519]

Schreiber forderte ein ernsthaftes Interesse, das er folgendermaßen beschrieb: „Jede obligatorische Abrede ist klagbar, wenn sie nicht gesetzwidrig, unsittlich oder schikanös ist und wenn sie von einem ernsthaften Interesse getragen wird. Bei letzterem Punkt ist zu beachten, daß persönliche Interessen so gut wie wirtschaftliche, eigene so gut wie fremde oder sachliche `ernsthaft´ sind“[520]. In diesem Zusammenhang setzte er sich auch mit dem Problem der auf dem Interesse basierenden Kriterien auseinander. Letztere seien nämlich nicht in der Lage, ad hoc eine Differenzierung herbeizuführen, sondern dienen „lediglich“ als Leitfaden für den alle Umstände würdigenden Richter: „Die Beantwortung der Frage, was im Einzelfall danach noch zu schützen ist und was nicht, muß dem richterlichen Urteil überlassen bleiben. (...) Die Gründe, die dafür sprechen, einen so weit gefaßten Begriff zu verwenden, sind hier wie dort dieselben: nämlich die Mannigfaltigkeit der gleichzeitigen und die Veränderlichkeit der zeitlich getrennten Verhältnisse und Anschauungen. Danach ist die Aufstellung einer anderen Formel nicht nur nicht möglich, sondern auch nicht erstrebenswert“[521].

Kohler stellte dagegen auf das Kriterium der „Geschäftsmäßigkeit“ ab[522]. Sein Vorschlag zeichnete sich besonders dadurch aus, daß er die Geschäftsmäßigkeit

---

[517] Schollmeyer, S. 3.
[518] Heck, Grundriß, § 5 Ziff. 2 (S. 19).
[519] Matthiaß, S. 176.
[520] O. Schreiber, S. 106 ff., 149.
[521] O. Schreiber, S. 149 f.
[522] Kohler, Studien, S. 20.

aufgrund von Indizien erfassen will. Darin spiegelt sich die Erkenntnis, daß es „das“ Abgrenzungskriterium wohl gar nicht geben kann, sondern die äußeren Umstände lediglich möglichst genau abzutasten sind. So nannte er als wichtige Faktoren die Entgeltlichkeit des Dienstes, die Frage, ob jemand der Dienstleistung berufsmäßig nachgeht, die Form und die mit ihr verbundenen äußeren Gegebenheiten, das Verhältnis der in Kontakt tretenden Personen - wenn sie sich fern stehen, spricht dies für Geschäftsmäßigkeit-, sowie sonstige besondere Umstände[523].

Schließlich wurde auch § 138 generell als Kriterium für die Abgrenzung des Rechtsgeschäfts vom rechtsfreien Raum vorgeschlagen[524]. Auch wenn kein Verstoß gegen § 138 BGB in dem Sinne gegeben sei, daß die Leistung gegen die guten Sitten verstoße und damit nichtig sei, könne § 138 BGB als Maßstab dafür herangezogen werden, ob ein Mißbrauch der Privatautonomie vorliegt, weil sich eine Partei etwas rechtsgeschäftlich versprechen läßt, was einzig dem freien Willen unterliegen dürfe. So werde zum Beispiel das Versprechen des ersten Tanzes auf einem Ball regelmäßig ohnehin nicht als bindender Vertrag vereinbart. Sollte dies jedoch ausdrücklich der Fall sein, sei die Vereinbarung gem. § 138 BGB nichtig, weil „jemand sich rechtsgeschäftlich etwas versprechen läßt, was nach den Geboten der Sittlichkeit und des Anstandes nur auf Grund eines freien Entschlusses geschehen oder unterlassen werden soll.“[525].

In der Folgezeit wurde die Diskussion mehr und mehr unter dem Blickwinkel des „Gefälligkeitsverhältnisses“ als dem der nichtrechtsgeschäftlichen Vereinbarung geführt und verlor dadurch etwas von ihrem dogmatischen Ansatz. Die in diesem Zusammenhang auftretenden haftungsrechtlichen Fragen machten die Problematik praktisch faßbarer. Vom Ende der zwanziger Jahre bis in den zweiten Weltkrieg hinein wurde dieses Thema besonders intensiv diskutiert. In

---

523 Kohler, a.a.O., S. 23 f.

524 Vgl. Planck, S. 6.

525 Planck, S. 6; a.A. Ehrlich, S. 20 f., der solche Verträge für unwirksam hält, weil sie sich außerhalb des Rechts befänden.

diesem Zeitraum entstanden allein mehr als zwanzig Dissertationen zu dem genannten Themenkreis[526]. Später wurde die Problematik insbesondere unter dem Stichwort „gentlemen's agreements" wieder aufgenommen[527].

Die Auseinandersetzung mit den sog. Gefälligkeitsverhältnissen geht im wesentlichen auf ein heftig umstrittenes Urteil des Reichsgerichts zurück[528]: Ein Fuhrmann hatte in dem vom Reichsgericht entschiedenen Fall einen Wanderer aus Gefälligkeit mitaufsitzen lassen, die Pferde gingen ihm durch und der Wanderer wurde verletzt. Der Fuhrmann mußte gemäß § 833 BGB für den Schaden haften. Die gegen das Urteil gerichteten Stimmen kritisierten übereinstimmend, daß durch die Entscheidung Menschenfreundlichkeit mit Strafe bedroht werde[529].

Die deliktische Haftung wurde als unbillig empfunden. Eine vertragliche Haftungsmilderung, etwa auf Vorsatz und grobe Fahrlässigkeit, wäre aber nur dann möglich, wenn das gesamte Verhältnis, d.h. das Gefälligkeitsverhältnis, als schuldrechtlicher Vertrag qualifiziert werde. Dies war dann auch der Ausgangspunkt einer insbesondere von Krückmann[530], Geigel[531] und v. Blume[532] geprägten Richtung[533]. Sie gingen davon aus, daß die vertragliche Grundlage der Gefälligkeiten zwar eine Leistungspflicht impliziere, dem loseren Charakter der Gefälligkeiten jedoch durch ein jederzeitiges Kündigungsrecht begegnet werde[534]. Krückmann lehnte die sogenannten „Gefälligkeitsverträge" an die ge-

---

526 Im Folgenden eine Auswahl. Die Seitenangaben beziehen sich auf den haftungsrechtlichen Teil: Schumacher, Diss. 1932, S. 21 - 30; Zuleger, Diss. 1933, S. 26 - 38; Cramer, Diss. 1934, S. 22 ff.; Pauly, Diss. 1935, S. 22 - 31; Propach, Diss. 1935, S. 16 –25; Dahmann, Diss. 1935, S. 38 - 46; Terwiel, Diss. 1935, S. 54 - 81; Schieferstein, Diss. 1936, S. 37 - 69; Drewitz, Diss. 1939, S. 51 - 70.

527 Vgl. zur geschichtlichen Entwicklung: Scheerer-Buchmeier, S. 140 ff.

528 RG 54, S. 73 ff.; vgl. Recht 1905, S. 481 ff.

529 Blume, S. 650.

530 Krückmann, Gefälligkeitsfahrt, S. 3688 ff.

531 Geigel, S. 37 ff.

532 Blume, S. 647 ff.

533 Vgl. auch Klein, S. 24 ff.; Drewitz, S. 13; Schumacher, S. 9 und 21.

534 Krückmann, Gefälligkeitsfahrt, S. 3688; ders. Gefälligkeitsverträge, S. 153 ff.; Drewitz,

setzlichen Typen der unentgeltlichen Schuldverhältnisse der BGB an[535], Geigel ging von einem Vertrag sui generis aus, der nach den allgemeinen Regeln von Angebot und Annahme, zustandegekommen sei[536].
Die Vertreter der Gegenansicht hielten Gefälligkeiten grundsätzlich für Ereignisse ohne jeden rechtsgeschäftlichen Aspekt. Dieser Standpunkt beherrschte insbesondere die Rechtsprechung, die in einer weiteren Entscheidung des Reichsgerichts ausführte: „Eine Gefälligkeitsfahrt ist, ebenso wie die Einladung zu einem Essen oder zu einer Jagd, eine gesellschaftliche Veranstaltung ohne rechtlichen Charakter“[537].
Maßgebliches Abgrenzungskriterium sei, wie auch bei der Konstuktion einer schuldrechtlichen Vertragsverhältnisses, in erster Linie der sog. Rechtsbindungswille, der aber regelmäßig bei Gefälligkeitsverhältnissen fehle [538].

Auch nachdem mit § 241 BGB die Entscheidung des Gesetzgebers gefallen war, für das Schuldverhältnis keinen Vermögenswert zu fordern, war die Konkretisierung des Wesens der Obligation ein umstrittenes Thema. Ein für alle Fallkonstellationen gleichermaßen geeignetes Kriterium wurde trotz der unterschiedlichen Ansätze, sich der Problematik zu nähern, nicht gefunden.

c. Gegenwärtiger Diskussionsstand

Die Abgrenzungsfrage von Rechtsgeschäft und nichtrechtsgeschäftlichem Bereich wird auch heute noch zum überwiegenden Teil unter dem Stichwort Schuldverhältnis - Gefälligkeitsverhältnis geführt, wobei das Gefälligkeitsverhältnis regelmäßig als *die* Ausprägung einer nicht rechtsgeschäftlichen und nicht

---

S. 50.

535 Krückmann, Gefälligkeitsverträge, S. 113, 153 ff.

536 Geigel, S. 37 ff.; es gab auch „Mischformen“, vgl. Schumacher, S. 50; Zuleger, S. 25; Cramer, S. 19.

537 Urteil vom 24.5.1934, JW 1934, S. 2033 ff.

538 Crome, S. 20; Dahmann, S. 26; Terwiel, S. 49; Propach, S. 41, 14; Pauly, S. 16 f.

(rechtlich) verpflichtenden Einigung angesehen wird. Es gibt jedoch – wie nachfolgend zu zeigen sein wird - auch starke Bestrebungen, unabhängig von den – nur eine besondere Fallgruppe umfassenden – Gefälligkeitsverhältnissen eine allgemeingültige Qualifikation und Abgrenzung privatautonomer Abreden zu erzielen.

aa. Die herrschende Meinung

Die zur Zeit herrschende Meinung der Literatur und die Rechtsprechung sehen ein Schuldverhältnis dann als rechtsgeschäftlich an, wenn ein „objektiv zu interpretierender Rechtsbindungswille“ der Beteiligten konstatiert werden kann[539]. „Entscheidend ist dabei nicht der innere Wille; es kommt vielmehr darauf an, wie sich das Verhalten der Beteiligten bei Würdigung aller Umstände einem objektiven Beurteiler darstellt“[540].

Larenz stellt ausdrücklich klar, daß dies nicht dahingehend mißverstanden werden dürfe, daß der „innere“ Rechtsfolgewille ohne jede Bedeutung wäre. Willenserklärungen seien jedoch Erklärungen für andere, d.h. Akte zwischenmenschlicher, sozialer Kommunikation. Hierdurch gewinne der Aussagegehalt der Erklärung selbstständige Bedeutung[541].
Diese den Parteiwillen objektivierende Richtung innerhalb der subjektiven Sichtweise teilt u.a. auch Pallmann. Er stimmt Larenz darin zu, auf den objektiven und damit dem Erklärenden zurechenbaren Sinn abzustellen, um so die Schwierigkeiten zu umgehen, die sich bei der Prüfung des „empirischen Rechtsfolgewillens als eines psychologischen Faktums“ einstellten[542]. Die Ermittlung des Rechtsfolgewillens gelinge primär anhand der Auslegung der Erklärung der

---

539 Münch. Komm./Kramer, Einl. vor § 241, Rdnr. 28 a.E.; vgl. ders. vor § 145, Rdnr.09087 22; Soergel/Hefermehl, vor § 116, Rdnr. 27.

540 Palandt/Heinrichs, Einl. vor § 241, Rdnr. 9 mit Verweis auf BGH 21, 107.

541 Larenz, AT, S. 323.

542 Pallmann, S. 50.

Beteiligten[543]. Auch wenn die Auslegung per se für Willenserklärungen, d.h. für anerkanntermaßen *im* rechtlichen Raum angesiedelte Erklärungen und Vereinbarungen vorgesehen sei, könne es auch für die Fragestellung herangezogen werden, *ob* überhaupt eine rechtlich relevante Äußerung vorliege. Denn eine rechtliche Einigung unterscheide sich von einer außerrechtlichen letztlich nur durch die Art der Verpflichtung. Eine Einigung bleibe vom soziologischen Ansatz her immer eine Einigung, so daß eine außerrechtliche Vereinbarung eine Art „wesensgleiches Minus" zu einer auf Willenserklärungen basierenden Einigung sei. Man könne daher, unabhängig von der Qualität der Einigung immer nur durch Auslegung zum wirklich Gewollten der Abrede vordringen. Daher müsse auch die Frage, inwieweit man sich im rechtlichen oder im rechtsfreien Gebiet befindet, durch Auslegung entschieden werden[544].

Wesentlich häufiger als die Fälle, bei denen sich aus den Äußerungen der Parteien oder durch deren Auslegung der Wille der Parteien ergibt, sind jedoch Sachverhalte, in denen etwas vereinbart wird, diese Einigung jedoch keinen Schluß auf einen Rechtsbindungswillen zuläßt (z.B. die Mitnahme eines fremden im PKW)[545]. Hier liegen die Schwierigkeiten weniger auf dogmatischem als vielmehr auf tatsächlichem Gebiet, was aber die Entscheidung über die Intensität des Rechtsbindungswillens jedoch nicht vereinfacht[546].

In diesen Fällen müssen Indizien herangezogen werden, von denen man auf einen Rechtsbindungswillens schließen kann. Der BGH hat in seinem sog. Transportunternehmerfall die entscheidenden Kriterien hierfür herausgearbeitet[547]. In diesem Fall hatte der von der Beklagten zur Verfügung gestellte Kraftwagenführer für die Klägerin einen Transport mit einem klägerischen Lastzug durch-

---

543 Vgl. Larenz, AT. S. 325.

544 So auch Münch.Komm./Mayer-Maly, § 133 Rdnr. 39; Soergel/Hefermehl, § 133, Rdnr. 9; Larenz/Canaris, Methodenlehre, S. 188.

545 Schieferstein, S. 27; Michaelis, S. 26.

546 Scheerer-Buchmeier, S. 154.

547 BGHZ 21, S. 102, 106 ff. (=NJW 1956, S. 1313).

geführt und war auf dem Rückweg infolge eines Motorschadens liegengeblieben. Die Klägerin verlangte von der Beklagten den Ersatz der Reparaturkosten und des Verdienstausfalls.

Der BGH hat die aus Gefälligkeit erfolgte Bereitstellung des Kraftwagenführers an das Speditionsunternehmen der Klägerin im Ergebnis als Rechtsgeschäft angesehen. Dabei zog das Gericht zunächst den Rechtsfolgewillen der Parteien als Grundlage seiner Entscheidung heran, stützte sich jedoch im Rahmen der Auslegung daneben noch auf die in dieser Entscheidung erstmals entwickelten objektiven Kriterien, weil der Wille der Parteien (und somit der Rechtsfolgewille) nicht ausdrücklich geäußert worden war. Der BGH führte aus: „Eine erwiesene Gefälligkeit hat nur dann rechtgeschäftlichen Charakter, wenn der Leistende den Willen hat, daß seinem Handeln rechtliche Geltung zukommen sollte (...). Fehlt es hieran, so scheidet eine Würdigung unter rechtsgeschäftlichen Gesichtspunkten aus.“ Wenn der Wille zu einer rechtsgeschäftlichen oder nicht rechtsgeschäftlichen Bindung nicht klar erkennbar ist, zieht der BGH nach dieser Entscheidung objektive Gesichtspunkte heran, um auf das Vorliegen oder Fehlen eines rechtlichen Bindungswillens schließen zu können, insbesondere die „Art der Gefälligkeit, ihr Grund und Zweck, ihre wirtschaftliche und rechtliche Bedeutung, insbesondere für den Empfänger (...). Der Wert einer anvertrauten Sache, die wirtschaftliche Bedeutung einer Angelegenheit, das erkennbare Interesse des Begünstigten und die nicht ihm, wohl aber dem Leistenden erkennbare Gefahr, in die er durch eine fehlerhafte Leistung geraten kann (...)“[548].

Trotz dieser Objektivierungsansätze bleibt die ganz herrschende Meinung dabei, daß letztlich der Parteiwille in seiner Ausprägung als Rechtsfolgewille für die Zugehörigkeit einer Abrede zum rechtsgeschäftlichen Bereich ausschlaggebend sei[549]. So betont Eike Schmidt, die private Daseinsgestaltung erheische auch dort Respekt, wo sich die Frage stelle, ob gewissen Artikulationen überhaupt

548 BGHZ 21, S. 106.

549 Statt aller: Larenz AT, S. 321.

rechtliche Relevanz beigemessen werden könne. Denn den Beteiligten müsse jedenfalls jenseits des typischen Geschäftssektors überlassen bleiben, ob sie mit ihren (zwischenmenschlichen) Beziehungen auf der Ebene der Kollegialität, Freund- oder Nachbarschaft usw. bleiben wollten oder nicht[550].

bb. Werner Flume

Gegen den Ansatz der herrschenden Meinung, die den Rechtsbindungswillen in den Mittelpunkt der Abgrenzung stellt, spricht sich unter anderen Flume aus. Er vertritt die Meinung, bestimmte Bereiche seien der rechtsgeschäftlichen Regelung überhaupt entzogen, und zwar unabhängig von einer diesbezüglichen Vereinbarung der Parteien[551]. Flume entzieht damit gewisse Lebensbereiche, nämlich die der menschlichen Beziehungen in Familie, Liebe, Freundschaft und gesellschaftlichem Verkehr der Disposition der sich Einigenden[552]. Hier sei eine *rechtliche* Vereinbarung an sich nicht möglich.
In Ausnahmefällen seien in diesen rechtsfreien Bereichen rechtsgeschäftliche Bindungen allerdings denkbar, vor allem wenn Vermögensinteressen betroffen seien. So habe z.B. die Vereinbarung einer gemeinsamen Reise „auf rein freundschaftlicher Basis“ insofern rechtsgeschäftlichen Charakter, als einer der Beteiligten Aufwendungen mache oder Verpflichtungen eingehe (wie z.B. Fahrkarten kaufen oder Quartier besorgen)[553]. In Bereichen, die eigentlich dem Recht verschlossen sind müsse also das Merkmal vom „Vermögensinteresse“ hinzukommen, um einen rechtsgeschäftlichen Charakter zu erhalten. Flume sieht dennoch im Vermögenswert nicht *das* Abgrenzungskriterium zwischen rechtsgeschäftlichem und nicht-rechtsgeschäftlichem Bereich. Er betont, daß der Schuldvertrag nach h.M. auch Leistungen zum Gegenstand haben könne, die keinen Vermögenswert hätten. Gleichwohl handele es sich hierbei meist um Abreden im in-

---

550 Esser/Eike Schmidt, Schuldrecht, § 10 I 3.

551 Flume, S. 82.

552 A.a.O.

553 A.a.O., S. 83.

nerfamiliären bzw. freundschaftlichen Bereich, innerhalb dessen ohnehin rechtsgeschäftliche Vereinbarungen ausschieden.
Selbst wenn Vereinbarungen vermögensrechtlichen Inhalts in diesen Bereichen vorlägen, sei aber nicht zwingend der rechtsgeschäftliche Raum gegeben[554]. Vielmehr sei auch hier eine Wertung maßgebend, inwieweit sich die Erklärenden mit ihrer Abrede in den dem Recht verschlossenen Bereichen bewegen[555].

Im Ergebnis befürwortet Flume damit einen rechtsfreien Raum dort, wo der private Lebensbereich betroffen ist, keine Vermögensinteressen berührt werden und die – richterliche - Wertung dieses Ergebnis bestätigt.

cc. Harald Kallmeyer

Kallmeyer erarbeitet in seiner Dissertation einen Vorschlag zur Behandlung des rechtsfreien Raumes unter dem Thema der Gefälligkeitsverhältnisse vor. Er stützt sich dabei auf die These, die schuldrechtliche Vertragsfreiheit sei das vom Gesetz vorgesehene Mittel, der besonderen Eigenart einer sozialen Beziehung rechtliche Geltung zu verschaffen. Der Eigenart der Gefälligkeiten könne man daher nur durch die Annahme eines schuldrechtlichen Vertrages gerecht wer-

---

554 Flume, S. 83 illustriert dies an Hand eines Beispiels aus dem englischen Rechtskreis, der Entscheidung Balfour v. Balfour. Hier hatte ein Angehöriger des civil service in Ceylon, als er mit seiner Frau in England war und sich herausstellte, daß seine Frau aus Gesundheitsgründen nicht mit ihm nach Ceylon zurückkehren konnte, seiner Frau eine monatliche Zahlung von 30 Pfund versprochen, damit sie davon ihren Lebensunterhalt bestreite. Der Klage wegen Bruchs dieser Vereinbarung wurde nicht stattgegeben: „All I can say is that there is no such contract here. These two people never intended to make a bargain which could be enforced in law. The husband expressed his intention to make his payment, and was bound in honour to continue it so long as he was in a position to do so." Dieses Beispiel mag heute als fragwürdig erscheinen, da die Ehefrau nach deutschem Recht wohl einen gesetzlichen Unterhaltsanspruch gegen ihren Mann hätte.

555 Flume, S. 83.

den[556]. Hierbei handele es sich um einen Vertrag ohne primäre Leistungspflicht[557].

Kallmeyer begründet diesen Vertragstypus damit, daß man bei den Gefälligkeitsverhältnissen einen rechtlichen Bestandteil aus der Leistungspflicht herauslöse und verselbstständige: Die Leistungspflicht soll in herkömmlichen Schuldverhältnissen zum einen dem Gläubiger Gewähr für die Erlangung der Leistung verschaffen, ihm zum anderen aber zugleich die Befugnis geben, die Leistung zu behalten. Diese letztere Aufgabe könne man nun auch isolieren und so die Begründung eines Rechtsgrundes für den Erwerb der Leistung als Inhalt eines Vertrages ohne Leistungspflicht ansehen.

Unter den Typus eines „Vertrages ohne Leistungspflicht" könne man ganz allgemein die Gefälligkeitsabreden fassen, und zwar ohne daß daneben noch ein vertragsfreier Raum bestünde[558]. Denn die Bedeutung der Merkmale, die durch Form, begleitende Umstände sowie die sozialen Beziehungen der Parteien untereinander einen vertragsfreien Raum bezeichneten, erschöpfe sich darin, daß sie die Annahme einer vertraglichen Leistungspflicht ausschlössen. Alle bisher als rechtsfrei angesehenen Gefälligkeiten seien dementsprechend Verträge ohne Leistungspflicht. Damit müsse man nur noch Gefälligkeitsverträge ohne Leistungspflicht von verpflichtenden Gefälligkeitsverträgen abgrenzen. Kallmeyer greift hierfür insbesondere auf die äußere Form des Versprechens zurück und verweist im übrigen auf die von Kohler[559] entwickelten Symptome rechtlicher Verbindlichkeit, die darauf abstellen, daß die Einigung „präzis und bündig, nicht allgemein und unbestimmt erfolge; wenn es in der Form erfolge, in der geschäftliche Dinge abgemacht zu werden pflegen; in der Umgebung und mit den Kautelen, die beim Geschäftsabschluß üblich seien."

Die Abgrenzung der verpflichtenden Gefälligkeitsverträge von bloßen Gefälligkeitsverträgen ohne Leistungspflicht kann nach Kallmeyer auch auf den Partei-

---

556 Kallmeyer, S. 126 ff.

557 A.a.O., S. 83 ff., 91 f.

558 Kallmeyer, S. 126 ff.

559 Kohler, Studien, S. 23 f.

willen zurückgeführt werden. Denn wenn der Parteiwille durch das Recht bestimmt sei, sei er *auch* durch die sozialpsychologischen Befunde bestimmt, mit denen die Gesellschaft an der Ausbildung ungeschriebenen Rechts teilnehme. Dann „wolle" der Gefällige sich nur dann verpflichten, wenn die Gesellschaft seine Erklärung auch als verpflichtend ansehe.

Kallmeyer siedelt somit sämtliche Abreden im rechtlichen Raum an, innerhalb dessen die wesentliche Differenzierung nach dem Kriterium der vertraglich geschuldeten Leistungspflicht erfolgt. Für einen daneben noch bestehenden rechtsfreien bereich gibt es nach Kallmeyer keinen Raum.

dd. Dietmar Willoweit

Willoweit beginnt seine grundlegende Arbeit über die Abgrenzung und rechtliche Relevanz nicht rechtgeschäftlicher Vereinbarungen mit einer umfassenden Kritik der bisherigen Lösungsvorschläge. Sowohl objektive, als auch subjektive Kriterien könnten keine wirklich befriedigenden Resultate hervorbringen.

Im Rahmen der von ihm untersuchten objektiven Unterscheidungsmerkmale wie z.B. dem vermögensrechtlichen oder schutzwürdigen Interesse, der Sphäre der Geschäftsmäßigkeit oder der Ausgrenzung einzelner Lebensbereiche bemängelt er zum Kriterium des „Vermögenswertes", daß sich diese Voraussetzung an relativ einfachen Vorgängen des Güteraustauschs orientiere[560]. Problematisch sei dabei insbesondere, daß die Parteien reine Affektionswerte jederzeit in Beziehung zu einem bestimmten Geldbetrag setzen und damit dem Erfordernis des Vermögenswertes genügen könnten. Das vermeintlich sachliche Abgrenzungskriterium verwandele sich so in ein Instrument der Parteiautonomie[561].

---

560 Willoweit, Abgrenzung, S. 15 f.

561 A.a.O., S. 16.

Auch das Kriterium des schutzwürdigen Interesses sei problematisch. Zum einen habe die Rechtswissenschaft nur selten versucht, den Begriff anschaulich zu machen[562]. Wenn Larenz von einer Leistung spreche, die dem Gläubiger in irgend einer Weise von Vorteil sei, heiße das letztlich nur, daß kein Vermögensvorteil vorausgesetzt werde[563]. Auch die als nicht-rechtsgeschäftlich geltenden Vereinbarungen brächten jedoch „in irgend einer Weise Vorteile“[564]. Weiterhin habe es von Schutzwürdigkeit zu sprechen dann keinen Sinn, wenn die Gerichte entweder keinen hinreichenden Schutz gewähren könnten oder ein Bedürfnis nach Rechtsschutz überhaupt nicht bestehe[565]. Schließlich sei das Kriterium vom „schutzwürdige Interesse“ auch deshalb untauglich, weil auch nicht-rechtgeschäftliche Vereinbarungen dem gerichtlichen Schutz grundsätzlich zugänglich seien[566].

Hinsichtlich der von Kohler entwickelten „Geschäftsmäßigkeit“, die aufgrund von Indizien feststellbar sein soll, gesteht Willoweit zwar zu, daß Kohler erstmals die Bedingtheit des Rechtsgeschäfts von den sozialen Ordnungen erkannt habe[567]. Er kritisiert aber, daß die Fälle erst dann schwierig würden, wenn sichere Indizien eben nicht gegeben seien. Wenn Kohler hier notgedrungen auf den Verpflichtungswillen zurückgreife, werde deutlich, daß sein System der typischen Rechtsgeschäfte einfach zu eng konzipiert sei[568].

Die Ausgrenzung einzelner Lebensbereiche verkenne, daß der Abstraktionsgrad der im BGB enthaltenen Normen eine Beschränkung der Regelungen auf ganz bestimmte Lebensverhältnisse ausschließe[569]; und die Ausgrenzung spezifischer Verhaltensformen sei aufgrund der notwendig subjektiven Struktur der menschlichen Beziehung kein taugliches Kriterium[570].

---

562 Willoweit, Abgrenzung, S. 19

563 A.a.O. mit Verweis auf Larenz, AT, S. 5.

564 A.a.O., S. 20.

565 Willoweit, Abgrenzung, S. 20.

566 A.a.O., S. 22.

567 A.a.O., S. 24.

568 A.a.O., S. 25.

569 A.a.O., S. 26 f.

570 A.a.O., S. 29.

Insgesamt sei den objektiven Abgrenzungsversuchen vorzuwerfen, daß sie unter dem gemeinsamen Mangel litten, dem formal konzipierten Begriff des Rechtsgeschäfts nachträglich einen Sachbereich zuordnen zu wollen, ohne der Vielgestaltigkeit der herkömmlicherweise als Rechtsgeschäft betrachteten Vorgänge gerecht werden zu können[571].

Auch das Abstellen auf den Parteiwillen als subjektives Kriterium kritisiert Willoweit. Hierbei werden nämlich die offensichtlichen Konsequenzen des Ansatzes, die rechtliche Qualifikation einer Abrede dem Willen der Parteien zu überlassen, in der Regel nicht beachtet. „Wenn der Wille, einen rechtlichen Erfolg herbeizuführen, allein entscheidend für das Vorliegen eines Rechtsgeschäfts sein soll, dann kann auch der banalste Vorgang des täglichen Lebens bei entsprechender Willensintention zum Rechtsgeschäft erhoben werden“[572]. In der Regel trete dieser Wille nicht deutlich hervor, weil die Beteiligten zwar einen bestimmten Zweck oder Erfolg mit ihrer Abrede verfolgten und diesen auch artikulierten, jedoch zur Einordnung ihrer Einigung nicht explizit Stellung nähmen. Daher werde meist mit Indizien und objektiven Kriterien gearbeitet, die helfen sollen, diesen Willen zu ermitteln. Steht er jedoch fest, sei für derartige Hypothesen kein Raum. Nach Willoweit versagten daher alle objektiven Hilfen, wenn die Parteien den Rechtsfolgewillen ausdrücklich bejaht oder verneint hätten[573]. Damit sei jedoch „eigentlich“ jeder der Rechtsordnung angehörende Vertrag ebensogut als außerrechtliche Vereinbarung möglich. Könne es aber außerrechtlich Kaufverträge, Dienstverträge usw. nicht geben, dann sei die Unterstellung eines wertenden Rechtsfolgewillens eine sinnwidrige Konstruktion[574].

Nach Willoweit ist es den Parteien daher nicht möglich, die rechtliche Qualität einer Einigung zu beseitigen. Zur Begründung dieses Ergebnisses stützt er sich

---

571 Willoweit, Abgrenzung, S. 30.

572 Willoweit, Abgrenzung, S. 31.

573 A.a.O., S. 32.

574 A.a.O., S. 35.

maßgeblich auf die Arbeit Adolf Reinachs[575]. Dieser habe im Rahmen seiner Untersuchung des Wesens rechtlicher Gebilde das phänomenologisch verstandene Versprechen untersucht und sei zu dem Resultat gelangt, daß hieraus im Sinne einer vorgegebenen Gesetzmäßigkeit stets Anspruch und Verbindlichkeit folgten. Der Vertrag könne daher seinem Wesen nach nur als Erscheinung des Rechts begriffen werden. Der Wille der Parteien sei nicht imstande, diese Eigentümlichkeit des Vertrages zu hintergehen, so daß vertragliche Absprachen die Qualität ihres vertraglichen Charakters inhärierten[576].

Hiervon ausgehend entwickelt Willoweit seinen eigenen Vorschlag zur Abgrenzung des rechtsgeschäftlichen vom nicht-rechtsgeschäftlichen Bereich. Dabei unterscheidet er verschiedene Stufen rechtserheblichen Handelns von jeweils unterschiedlicher Intensität[577].
Grundlage jeder rechtgeschäftlichen Einigung sei die Privatautonomie. Diese dürfe jedoch nicht als undifferenziertes rechtliches Wollen aufgefaßt werden. Vielmehr seien hier zwei Ebenen streng zu unterscheiden: der „natürliche Wille“, der sich auf einen bestimmten, durch die Vereinbarung bezweckten Erfolg richte und der Rechtsfolgewille, das Werturteil über die Rechtsgeschäftlichkeit des Vertrages[578]. Der natürliche Wille sei der eigentliche Ausfluß der Privatautonomie, im Rahmen derer eine Fülle verschiedenartiger Gestaltungsmöglichkeiten zur Verfügung stünden, die sich der rechtsgeschäftlich Handelnde nach seinen besonderen Bedürfnissen dienstbar machen könne. Nicht nur die Vereinbarung über zu erbringende Leistungen habe hier ihren Platz, sondern auch Abreden über einen Leistungszweck oder den Rechtsgrund. Welche Rechtsfolge vereinbart werde, sei für die begriffliche Erfassung des Rechtsgeschäfts völlig gleichgültig. Es sei daher nicht richtig, den Leistungsanspruch als die zwar häufigste, keineswegs aber notwendige Form rechtsgeschäftlichen Handelns zum alleinigen Kriterium des Rechtsgeschäfts zu machen. Ebensowenig sei es er-

575 Vgl. insbesondere „Phänomenologie des Rechts“ München, 1953.

576 Willoweit, Abgrenzung, S. 33 und S. 36 f.

577 Willoweit, Abgrenzung, S. 44 ff.

578 A.a.O., S. 30 ff., S. 102 f., 104.

laubt, unter den vielfältigen vertraglichen Gestaltungsmöglichkeiten solche Absprachen auszuscheiden, deren geringe rechtliche Bedeutung die Charakterisierung als Rechtsgeschäft zunächst wenig gerechtfertigt erscheinen läßt. Innerhalb der vertragliches Recht schaffenden Abreden lasse sich keine Grenze zwischen Rechtsgeschäft und nicht rechtsgeschäftlicher Vereinbarung ziehen. Solange der Vertrag einen spezifisch rechtlichen Erfolg herbeiführen wolle - und sei es auch nur anhand einer Einigung über den Rechtsgrund einer vorübergehenden oder endgültigen Vermögensverschiebung - sei er ein Stück privatautonome Gestaltung der Rechtswirklichkeit.

Der Rechtsfolgewille als übergeordnete Bewertung der abgeschlossenen Vereinbarung ist nach Willoweit kein notwendiger Bestandteil einer rechtsgeschäftlichen Einigung. Als Abgrenzungskriterium habe er sich überdies als ungeeignet erwiesen. Dies sei darauf zurückzuführen, daß es Vereinbarungen gebe, die ihrer Natur nach Rechtsgeschäfte seien[579]. Nicht die Beurteilung der betroffenen Parteien, sondern das Werturteil der Rechtsordnung sei für die Frage, ob einer Einigung rechtsgeschäftlicher Charakter zukomme, entscheidend. Daneben sei aber ein weiterer Rechtsfolgewille obsolet. Denn eine Doppelbewertung sowohl durch die Parteien, als auch durch die Rechtsordnung sei widersinnig.

Die Rechtsordnung finde ihre maßgeblichen Anhaltspunkte für die Differenzierung im (natürlichen) Parteiwillen. Nach Willoweit kann man das von den Parteien Vereinbarte im wesentlichen in vier Lebensbereiche einteilen, die den Hintergrund der sozialen Einordnung der fraglichen Abrede bilden[580]. Bei den vier Gruppen handele es sich um Funktionsbereiche, d.h. eine Absprache sei selten nur einem Lebensbereich zuordenbar. Gleichwohl sei der gesellschaftliche Hintergrund, vor dem eine Abrede stattfinde, für deren Einordnung entscheidend[581]. Willoweit unterscheidet in folgende vier Bereiche: 1.) die Familie, 2.) den freundschaftlichen und gesellschaftlichen Verkehr, 3.) das berufliche und wirtschaftliche Leben sowie 4.) die nur ganz vorübergehenden Kontakte. Diese Gruppen seien nicht als von der Rechtsordnung ausklammerbare Lebens-

579 Willoweit, Abgrenzung, S. 35.

580 A.a.O., S. 62 ff.

581 A.a.O., S. 61 und 63.

bereiche mißzuverstehen. Sie stellten vielmehr das „Material", das der rechtliche Wertung zugrunde zu legen sei[582]. Im Ergebnis würden hierdurch zwangsläufig eine Fülle von bisher als nicht rechtsgeschäftlich bezeichneter Vereinbarungen dem rechtsgeschäftlichen Handeln zuzuordnen sein. Nicht rechtsgeschäftlicher Natur seien dann nur noch jene Vereinbarungen, die keinerlei Absprachen rechtlichen Inhalts zum Gegenstand hätten[583]. Dies treffe z.B. für die Vereinbarung zu einem Spaziergang oder für das Versprechen des ersten Tanzes zu. Schon die gesellschaftliche Einladung enthalte rechtliche Elemente, wenn man davon ausgehe, daß der ein Abendessen zu sich nehmende Gast keinem Bereicherungsanspruch ausgesetzt sein solle[584]. So gelte z.B. überall, wo dingliche Rechtsverhältnisse berührt seien, der Totalitätsanspruch der Rechtsordnung. Insofern seien die Parteien verpflichtet, sich bestimmter, durch die Rechtsordnung vorgegebener Gestaltungsmöglichkeiten zu bedienen[585]. Dies sei auch durchaus sachgemäß und notwendig, wenn man das Rechtsgeschäft nicht auf das Vorhandensein von Leistungsansprüchen reduziert. Nach Willoweit wird die Bewertung und damit die Einordnung einer Abrede als rechtsgeschäftlich oder nicht rechtsgeschäftlich einzig durch die Rechtsordnung vorgenommen, die sich ihrerseits an dem konkreten, privatautonom beschlossenen Vereinbarungsgefüge der Parteien in seiner soziologischen Eingebundenheit orientiert. Das damit einhergehende „neue" Verständnis gegenüber dem Begriff des Rechtsgeschäfts sei nicht so revolutionär, wie es auf den ersten Blick scheinen mag. Die auf dem Rechtsfolgewillen aufbauende subjektivistische Lehre stützte sich unverhältnismäßig stark auf den in den Motiven zu findenden Passus, der rechtliche Erfolg trete deswegen ein, weil er gewollt sei.

Ebenso finde sich im unmittelbaren Anschluß jedoch eine Ausführung, die im Laufe der vergangenen Jahrzehnte in den Hintergrund gerückt sei, obwohl sie eine entscheidende Aussage beinhalte: „Das Wesen des Rechtsgeschäfts wird darin gefunden, daß sich ein auf die Hervorbringung rechtlicher Wirkungen ge-

---

582 A.a.O., S. 65.

583 Willoweit, Abgrenzung, S. 101.

584 Willoweit, Abgrenzung, S. 47 f.

585 A.a.O., S. 51.

richteter Wille sich bethätigt, und daß der Spruch der Rechtsordnung in Anerkennung dieses Willens die gewollte rechtliche Gestaltung in der Rechtswelt verwirklicht"[586].

ee. Harro Plander

Plander zeigt an Hand der Entscheidung des BGH zur „Lottotippgemeinschaft" die Problematik auf, die sich ergibt, wenn der Rechtsbindungswille zum Abgrenzungskriterium zwischen Rechtsgeschäft und einer Besorgung rein „gesellschaftlicher" Natur bzw. einer bloßen Gefälligkeit erhoben würde[587]. In dem besprochenen Fall hatten sich die Parteien zu einer Tippgemeinschaft zusammengetan und vereinbart, daß jede Woche eine abgesprochene Zahlenreihe getippt werden soll. Der Beklagte war dafür verantwortlich, den Lottoschein auszufüllen und abzugeben. Aus Zeitnot füllte er eine nicht abgesprochene Zahlenkombination aus. Die Tippgemeinschaft hätte mit der vereinbarten Zahlenreihe einen Gewinn von DM 10.000,00 erzielt, von dem der Kläger den auf ihn entfallenden Anteil vom Beklagten forderte.

Plander führt aus, das Kriterium vom Rechtsbindungswillen sei zum einen zu weit gefaßt, wenn danach gefragt wird, ob die Parteien überhaupt einen Willen zu rechtlicher Bindung hatten bzw. ob die Auslegung ihrer Erklärungen einen solchen Willen ergäbe[588]. Andererseits erweise sich das Kriterium des Rechtsbindungswillens aber auch als zu eng, da auf seiner Grundlage allenfalls eine Antwort auf die Frage zu gewinnen sei, ob eine Einigung vertraglicher oder nichtvertraglicher Natur sei, und unbeantwortet bleibe, ob jedenfalls die Bestimmungen über die Geschäftsführung ohne Auftrag nach ihrer ratio anwendbar seien[589]. Das Kriterium des Rechtsbindungswillens sei ferner problema-

---

586 Motive I, S. 126.

587 Harro Plander, S. 425 ff.

588 A.a.O., S. 440.

589 A.a.O.

tisch, soweit es auf der Prämisse beruhe, daß es in der Macht der Rechtsgenossen stehe, privatautonom darüber zu disponieren, ob sie sich für bestimmte von ihnen angestrebte praktische Zwecke des Instruments Rechtsgeschäft bedienen wollen oder nicht[590]. Ob ein Rechtsgeschäft vorliege, sei vielmehr nach objektivem Recht zu entscheiden: Die Rechtsordnung entscheide dabei einmal darüber, ob der Inhalt der Vereinbarung überhaupt Gegenstand eines Rechtsgeschäfts sein könne, zum anderen darüber, ob eine konkrete Vereinbarung (deshalb) als Rechtsgeschäft zu qualifizieren sei (und welche Art des Geschäfts vorliege).
Nach Plander sei es schwierig, nach einem Abschied vom Rechtsbindungswillen jene Wertungsgesichtspunkte herauszuarbeiten, anhand derer beurteilt werden könne, ob und inwieweit Parteivereinbarungen nach objektivem Recht rechtsgeschäftlichen Charakter hätten und welche primären oder auch nur sekundären Pflichten bestünden. Es gehe zunächst einmal darum, das tatsächlich übereinstimmend Gewollte zu ermitteln und dann zu fragen, ob und ggf. in welcher Hinsicht eine Willensübereinstimmung nach objektivem Recht als Rechtsgeschäft zu qualifizieren ist. Dabei könne man die Bewertung des Vorgangs durch die Gemeinschaft als Entscheidungsgrundlage berücksichtigen[591].

ff. Jürgen Schmidt

Schmidt stellt in seiner Darstellung der Abgrenzung des „Schuldverhältnisses" als Rechtsverhältnis von anderen Sozialverhältnissen klar, daß er die häufige Gegenüberstellung „des" Schuldverhältnisses mit „dem" Gefälligkeitsverhältnis für verfehlt hält. Es gehe vielmehr um einige wenige klar abgrenzbare Problemgruppen, die auch als solche herausgearbeitet und erörtert werden müßten[592]. Durch Recht geregelte Sozialverhältnisse seien zunächst von durch andere Normen geregelte Sozialverhältnisse dadurch abzugrenzen, daß für erstere ent-

---

590 A.a.O., S. 441.
591 Plander, S. 445.
592 Staudinger/J. Schmidt, Einl. vor § 241, Rdnr. 214.

sprechende Rechtssätze existierten. Problematisch werde die Differenzierung dann, wenn die heranzuziehenden Rechtssätze nicht gesetzlich festgeschrieben, sondern privatautonomer Herkunft seien. Im Rahmen der Feststellung, wann sich eine Vereinbarung durch rechtliche und wann durch nur soziale Verbindlichkeit auszeichne, führt Schmidt aus, daß privatautonome Vereinbarungen *jeglicher* Art eine „Befugnis zum Behalten der Leistung", die der „Schuldner" (im untechnischen Sinne) erbringt, beinhalte. *Insoweit* hätten also *alle* „Vereinbarungen" *rechtliche Folgen*, „Rechtsbindungen" oder „rechtliche Bindungen". Der Kern der Abgrenzungsproblematik liege aber in der Frage, ob dem (potentiellen) Gläubiger eine „Einziehungsbefugnis" zustehe oder nicht. Schmidt unterscheidet dabei drei Fallgruppen: a) Die Parteien treffen eine Vereinbarung über ein Verhalten des „Schuldners" - offen bleibt, wie die Vereinbarung einzuordnen ist. An Hand dieser Fallgruppe setzt sich Schmidt mit dem objektiven und dem subjektiven Denkansatz, die sich in der Literatur zur Lösung dieses Problems gebildet haben, auseinander und kommt dabei zu dem Ergebnis, daß diese Theorien nicht so gegensätzlich sind, wie es den Anschein haben könnte. Schmidt sieht hier eine Annäherung derart, „daß der Unterschied zwischen einer nicht abstrakt formulierten, sondern konkrete Einzeltatbestandsmerkmale herausarbeitenden objektiven Theorie und einer mit dem heutigen normativen Begriff der Willenserklärung arbeitenden (und auf dieser Basis ebenfalls konkrete Einzeltatbestandsmerkmale für unsere Frage herausarbeitenden) subjektiven Theorie heute nur noch von theoretischem Interesse ist, während ihm eine praktische Relevanz nicht mehr zukommt"[593]. Ist der Wille der Beteiligten, wie sie ihre Abrede einzuordnen gedenken, also nicht ausdrücklich geäußert worden, unterscheiden sich nach Schmidt die beiden Grundrichtungen im Ergebnis kaum.

Davon müßten Sachverhalte unterschieden werden, in denen die Parteien b) eine Abrede träfen <u>und</u> darüber hinaus bestimmten, daß hierdurch kein (rechtsge-

---

593 Staudinger/Schmidt, Einl. vor § 241, Rdnr. 229.

schäftliches) Schuldverhältnis begründet werden solle[594]. Diese häufig im Rahmen von gentlemen's agreements (d.h. bei Fallgestaltungen, die für die eine rechtliche Bindung möglich und zulässig wäre, von der Parteien aber nicht gewollt ist) auftauchende Konstellation wirft die Frage auf, wie mit einem qualifizierenden „übergeordneten" Willen umzugehen ist. Nach Schmidt gibt es in diesen Fällen ein sozialpolitisches Interesse, einem solchen (qualifizierenden) Parteiwillen die Anerkennung zu versagen[595]. Denn obwohl die Beteiligten keine Rechtsbindung anstrebten, seien sich beide über die Bindungswirkung ihrer Abrede einig. Rechtsbindung bedeute jedoch nicht nur „rechtliche Durchsetzung", sondern auch, daß man eine Inhaltskontrolle bezüglich der eingegangenen Verbindlichkeit durchführen könne, in der die Gerechtigkeit des Inhalts des Vereinbarten an den Kontrollmaßstäben des BGB gemessen werde. Diese Inhaltskontrolle sei aber *nur* möglich, wenn ein *Rechtsverhältnis* vorläge, nicht, wenn *kein* Rechtsverhältnis gegeben sei. Das sozialpolitische Interesse an einer solchen Inhaltskontrolle rechtfertige es, den ausdrücklich anderslautenden Willen der Beteiligten unbeachtet zu lassen.

Diese beiden Fallgestaltungen seien schließlich von der Konstellation zu unterscheiden, in der die Parteien c) eine Vereinbarung träfen, obwohl sie wüßten, daß der Vereinbarung Unwirksamkeitsgründe entgegenstünden[596]. Bestünde der Unwirksamkeitsgrund in Wirklichkeit nicht, so sei die Abrede gleichwohl bindend, denn bei exakter Auslegung stelle die eigene Qualifikation der Abrede allenfalls ein - letztlich irrelevantes - Indizmerkmal dar. Liege der Unwirksamkeitsgrund dagegen tatsächlich vor, sei ein Rechtsverhältnis zu verneinen. Problematisch sei diese Konstellation, wenn es sich bei dem als unwirksam eingestuften Rechtsverhältnis um eine Vorfrage im Rahmen eines anderen Tatbestandes handelt. In diesem Fall sei es nicht interessengerecht, das Rechtsverhält-

---

594 A.a.O., Rdnr. 224.
595 Staudinger/Schmidt, vor § 241, Rdnr. 239 a. E.
596 A.a.O., Rdnr. 225 und 244.

nis von vorneherein abzulehnen, vielmehr müsse man eine am Sinn und Zweck des Hauptverhältnisses orientierte Lösung finden[597].

c. Stellungnahme

Jürgen Schmidt ist im Ergebnis darin zuzustimmen, daß die praktisch relevanten Unterschiede zwischen dem subjektiven und dem objektiven Erklärungsansatz mittlerweile verschwindend gering geworden seien. Die Annäherung der beiden Positionen wird gerade dort besonders deutlich, wo es darum geht, eine faktisch vorliegende Einigung, bei der ein ausdrücklicher Rechtsbindungswille nicht geäußert wurde, sachgemäß zu qualifizieren. Diese Konstellation kann man als den „Normalfall" bezeichnen, weil die meisten der Abreden derart getroffen werden, daß sich die Parteien regelmäßig über den Gegenstand ihrer Einigung, nicht aber über die Einordnung im Umfeld von Recht und Rechtsfreiheit Gedanken machen.

Zwar kann an der primär auf das subjektive Merkmal des Parteiwillens abstellenden h.M. kritisiert werden, daß sie diesen Regelfall nicht ohne Rückgriff auf objektive Anhaltspunkt zu lösen in der Lage ist. Insofern ist Flume zuzustimmen, wenn er den Rechtsbindungswillen letztlich als Fiktion einstuft[598]. Allerdings ist zu berücksichtigen - und das verkennt Flume - daß die h.M. gar nicht von einer subjektiven Theorie „in Reinform" ausgeht. Vielmehr legt sie zwar den Rechtsfolgewillen zugrunde, interpretiert diesen jedoch normativ aus dem Empfängerhorizont heraus und „nach Treu und Glauben mit Rücksicht auf die Verkehrssitte"[599]. Dadurch wird auch hier im Endeffekt ein ähnliches Ergebnis erzielt, wie bei der von vornherein an objektiven Kriterien orientierten Ansicht.

---

597 A.a.O., Rdnr. 264.

598 Flume, S. 91.

599 Staudinger/J. Schmidt, Einl. vor § 241, Rdnr., Rdnr. (189).

Der extrem subjektive Ansatz ist, wie Willoweit zu Recht darstellt, in seiner Konsequenz absurd. Die sich nämlich hieraus ergebende doppelt mögliche Existenz einer jeden Vereinbarung sowohl im rechtlichen, als auch im rechtsfreien Raum ist für eine sich selbst als verbindlich betrachtende Rechtsordnung nicht möglich.
Auch Willoweits Kritik an den objektiven Differenzierungskriterien verdient Zustimmung. Eine von außen ansetzende Einordnung kann die durch die Privatautonomie gewährleistete Vielgestaltigkeit rechtlich möglicher Abreden schwerlich richtig erfassen.
Bei seinem eigenen Vorschlag, nimmt er den „natürlichen", die Abrede betreffenden Parteiwillen zur Grundlage, um die Vereinbarung dann aufgrund objektiver, sozialtypischer Kriterien einzuordnen. Letztlich handelt es sich hierbei um eine Kombination der Kriterien, denn sowohl der subjektive Parteiwille i. S. des „wirklichen (natürlichen) Willens", als auch die im Ergebnis durch die Rechtsordnung - und nicht die Beteiligten - vorgenommene Einordnung haben hier ihren Platz.
Willoweit muß sich jedoch entgegenhalten lassen, daß die Positionen der objektiven und vor allem subjektiven Richtung in der extremen Ausprägung, wie er sie darstellt, in Literatur und Rechtsprechung kaum vertreten werden. Sofern lediglich eine „einfache Abrede" vorliegt, kommt er anhand seiner „kombinierten Theorie" (unter Neubestimmung des Begriffs des Rechtsgeschäfts) ebenso wie die modifizierte und am Einzelfall orientierte objektive und wie die subjektive, den Rechtsfolgewillen aus objektiven Anhaltspunkten herleitende Theorie zu vergleichbaren Ergebnissen. Dogmatisch ist Willoweit, wenn er den Rechtsfolgewillen als Differenzierungskriterium ablehnt, jedoch immer dann zu folgen, wenn es um den Umgang mit einem vom Ursprung der Abrede unabhängigen, qualifizierenden Parteiwillen geht. Sieht man diesen einordnenden Willen als Rechtsfolgewillen an, muß jede den Rechtsfolgewillen als Kriterium der Abgrenzung bejahende Ansicht verworfen werden.

Dem Ansatz Flumes, der den Bereich menschlicher Beziehungen aus dem der rechtgeschäftlich möglichen Abreden herausnehmen will, liegt ebenfalls eine

objektive Haltung zugrunde. Zu Unrecht wurde ihm vorgeworfen, seine Beschränkung auf Beziehungen von vermögensrechtlicher Relevanz lasse die überholte Theorie vom Vermögenswert aufleben[600]. Vielmehr ist Flume bestrebt, durch die gemeinsamen Kriterien der menschlichen Beziehungen und sicher auch das Vorliegen eines Vermögenswertes den Bereich nichtrechtsgeschäftlicher Abreden näher einzugrenzen.
Dennoch geht seine Theorie zu wenig auf das tatsächliche Vereinbarungsgefüge ein. Die Raster, die er mit Begriffen wie Familie, Liebe, Freundschaft und gesellschaftlicher Verkehr zeichnet, sind zu grob, um die Nuancen problematischer Abreden richtig zu erfassen. Es gibt Rechtsgeschäfte wie z.B. die Schenkung, die sich gerade typischerweise innerhalb des Bereichs der „menschlichen Beziehungen" abspielen. Hier zwischen der primär emotionalen Komponente und dem sachlichen Erfolg unterscheiden zu wollen, ist schwierig: das eine wäre ohne das andere schlicht nicht denkbar. Nicht ein zuvor determinierter Bereich von „der" Familie, Freundschaft etc. verleiht einer Abrede ihr spezifisches Gesicht, sondern das tatsächlich Vereinbarte.

Der Vorschlag Kallmeyers ist schon deshalb zu eng, als sich bei ihm die Abgrenzung von Rechtsgeschäft und nichtrechtsgeschäftlichem Bereich auf die Einordnung von „Gefälligkeitsverhältnissen" beschränkt. Dabei stuft er sämtliche Gefälligkeitsverhältnisse als schuldrechtliche Verträge ein, wobei die „Gefälligkeitsverhältnisse" als schuldrechtliche Verträge ohne primäre Leistungspflicht, die „Gefälligkeitsverträge" als schuldrechtliche Verträge mit Leistungspflichten i.S.v. § 241 BGB angesehen werden. Nach Kallmeyer gibt es daher keinen rechtgeschäftsfreien Bereich. Dem kann nicht zugestimmt werden. Kallmeyer übersieht, daß die Rechtsordnung nicht als universales System angesehen wird, sondern als Regelungsmechanismus, der dazu dient, einzelne Vorgänge einer sachgemäßen und gerechten Lösung zuzuführen, sofern diese eine solche erfordern. Pallmann hat Kallmeyer darüber hinaus zutreffend entgegengehalten, daß die Konstruktion eines jederzeit kündbaren unentgeltlichen Vertrages nicht

---

600 So aber Pallmann, S. 31.

notwendig mit dem Fehlen einer primären Leistungspflicht einhergehe[601]. Dies zeige schon der Wortlaut der §§ 598 (Leihe) und 668 BGB (Verzinsungspflicht, wenn Beauftragter Geld für sich verwendet) sowie die Schadensersatzpflicht des § 671 Abs. 2 S. 2 BGB bei Kündigung des Auftrags zur Unzeit, denn die Notwendigkeit einer Kündigung bzw. eines Widerrufs erfordert eine Leistungspflicht[602]. Weiterhin ist auch der eigentliche Zweck dieser Konstruktion, nämlich die Kondiktion auszuschließen, zweifelhaft. Denn anerkanntermaßen muß hierfür kein schuldrechtlicher Vertrag nachgewiesen werden; Rechtsgrund i.S. der §§ 812 ff. BGB kann z.B. auch der Nichteintritt des bezweckten Erfolges sein[603].

Der Vorschlag von Plander ist eng an den von Willoweit angelehnt. Das von ihm neu eingeführte Kriterium der Bewertung des Vorgangs durch die Gemeinschaft spiegelt zwar die soziale Eingebundenheit der Abrede wider, erscheint jedoch letztlich als zu empirisch. Zwar werden auch die Wertungsgesichtspunkte der Rechtsordnung durch die Gemeinschaft fortlaufend mitgeprägt. Die Qualifikation durch die Rechtsordnung kann aber nicht nach demoskopischen Kriterien erfolgen, hierfür ist eine objektive Wertung unter Zugrundelegung der Vorstellungen in der Rechtsgemeinschaft erforderlich.

Für die Abgrenzung des Rechtsgeschäfts vom nichtrechtsgeschäftlichen Bereich ergibt sich daher Folgendes:
Entscheidend für eine der Abrede der Parteien gerecht werdende Einordnung ist die unmittelbare Orientierung an der getroffenen Vereinbarung. Sie ist Ausfluß der Privatautonomie und bildet die Grundlage jeden vertraglichen oder nichtvertraglichen Handelns. Der im Sinn und Zweck dieser Abrede enthaltene Hinweis auf die Qualifikation zwischen Recht und nicht-rechtsgeschäftlichem Bereich deckt sich mit der „Einigungsessenz". Die Einordnung muß - sofern die

601 Pallmann, S. 39 ff.

602 Pallmann, S. 39 ff.

603 Vgl. Palandt/Thomas, § 812, Rdnr. 86 ff.; Staudinger/J. Schmidt, Einl. §§ 241 ff. Rdnr. 229.

vorzunehmende Qualifikation nicht hinreichend zu Tage tritt - an Hand von Indizien vorgenommen werden, die entweder ihrerseits schon objektiver Natur sind, oder aber den Parteiwillen durch Einbeziehung des Empfängerhorizonts bzw. des mutmaßlich Gewollten „objektivieren". Liegt eine ausdrückliche Äußerung bezüglich der Einordnung der Abrede vor, ist nicht anders zu verfahren. Denn den Parteien steht die Qualifikation ihrer Abrede grundsätzlich nicht zu.
Auf den ersten Blick scheint sich dieses Ergebnis kaum von dem moderat-subjektiven Ansatz zu unterscheiden. Dies ist jedoch nur richtig, wenn die objektive Qualifikation des Gewollten und der geäußerte Wille sich entsprechen. Weichen diese beiden Komponenten voneinander ab, würde - bei konsequenter Befolgung der subjektiven Richtung - der Gebrauch der Rechtsordnung letztlich zu Disposition der Parteien stehen. Dieses Ergebnis würde den Rahmen der Privatautonomie sprengen, weil sich die Privatautonomie in der Möglichkeit, die eigenen Belange eigenverantwortlich so zu regeln, wie es den Beteiligten am günstigsten ist, erschöpft. Als Instrument der Rechtsordnung kann sie nicht zusätzlich die Kompetenz verleihen, sich außer ihrer selbst zu stellen. Das vermag nur die getroffene Abrede in ihrer spezifischen Ausgestaltung und ohne daß ein weiteres Wollensmoment der Parteien hinzukommen müßte.
Schließlich liefert auch § 814 Alt. 2 BGB ein weiteres Argument für die hier vertretene Auffassung, daß die Parteien die Qualifikation ihrer Abrede nicht selbst bestimmen können. Im Rahmen dieser Vorschrift befindet sich der Leistende nämlich tatbestandsnotwendig in einem Irrtum: Er geht davon aus, sich im rechtlichen Raum zu bewegen, i.e. zur getätigten Leistung verpflichtet zu sein. Dies ist jedoch nicht der Fall; die Leistung entspricht nur einer sittlichen Pflicht, die er nicht hätte erbringen müssen. Hier bestimmt § 814 Alt. 2 BGB, die Qualifikation durch den Betroffenen sei zwar falsch, berechtige ihn jedoch gleichwohl nicht zur Kondiktion und damit zur Beseitigung des Irrtums, weil die Einordnung der Handlung durch den Leistenden zumindest bei der Vornahme von sittlichen Pflichten entsprechenden Leistungen unbeachtlich sei. Der Gesetzge-

ber zeigt also, daß die irrtümliche Einordnung des Sachverhalts durch den Leistenden keinen Einfluß auf die vorzunehmende Qualifikation hat[604].

3. Abgrenzung des rechtsfreien Raumes vom Bereich der gesetzlichen Schuldverhältnisse ?

Neben der rechtsgeschäftlichen Begründung von Schuldverhältnissen besteht die Möglichkeit, daß das Gesetz selbst den Umfang der Leistungspflicht bestimmt[605]. Solche sog. gesetzlichen Schuldverhältnisse beruhen auf einem vom Gesetz näher gekennzeichneten Tatbestand, an den dieses als Rechtsfolge die Entstehung eines Schuldverhältnisses anknüpft[606]. Begründung sowie Inhalt dieses Schuldverhältnisses ergeben sich dabei allein aus dem Gesetz und den mit ihm verbundenen gesellschaftlichen Wertungen; die für Rechtsgeschäfte so maßgebliche Privatautonomie ist hier völlig irrelevant[607].
Bei der Abgrenzung derart begründeter Rechtsgeschäfte vom rechtsfreien Raum kommt es daher auf einen Willen der Parteien nicht an. Wenn das Vorliegen gesetzlicher Tatbestandsmerkmale darüber entscheidet, ob das gesetzliche Schuldverhältnis gegeben ist, so muß deren Fehlen grundsätzlich dafür ausreichen, daß kein gesetzliches Schuldverhältnis vorliegt.

---

604 Die einzige Möglichkeit, an dem Rechtsfolgewillen als Differenzierungskriterium festzuhalten, wäre die, den Rechtsfolgewillen selbst neu zu definieren. Ein solcher Rechtsfolgewillen dürfte nicht das vom Wollen des Grundgeschäfts zu trennende Wollen von Rechtsfolgen sein, sondern müßte im Wollen des Grundgeschäfts als dessen rechtsbewußter Teil mitenthalten sein.

605 Allg. Meinung, vgl. z.B. Fikentscher, Schuldrecht S. 101; anders Staudinger/J. Schmidt, Einl. zu §§ 241 ff., Rdnr. 407, 414 ff., der Rechtsgeschäfte von „Nicht-Rechtsgeschäften“ (und nicht von gesetzlichen Schuldverhältnissen) differenziert und innerhalb der Nicht-Rechtsgeschäfte eine Einteilung nach der Art und Weise der Tatbestandserfüllung vornimmt.

606 Larenz/Canaris, Lehrbuch, S. 2.

607 Staudinger/J. Schmidt, § 242, Rdnr. 62.

Das Nichtvorhandensein gesetzlicher Tatbestandsmerkmale kann jedoch nicht automatisch mit dem Vorliegen eines rechtsfreien Raumes gleichgesetzt werden. Dies würde ein wirklich vollständiges und fehlerfreies Gesetz voraussetzen. Ein derart komplettes Regelungswerk in dem Sinne, daß alle regelungsbedürftigen Lebensbereiche und -situationen erfaßt wären, ist aber schlichtweg nicht denkbar[608].

Gesetze betreffen als abstrakte Regelungen zwar eine Vielzahl unterschiedlicher Einzelfälle, können als Summe vieler einzelner Geltungsanordnungen jedoch nicht flächendeckend sein. Ist das Gesetz nun aber quasi „unfreiwillig unvollständig", läßt sich aus dieser Tatsache schwerlich ableiten, alles nicht Geregelte fiele in den rechtsfreien Raum, denn hierzu hätte es einer bewußten Auslassung bei der Normierung bedurft. Auch der ungekehrte Schluß, das Ungeregelte sei im Sinne des schon Normierten zu ergänzen, ist unzulässig.

Das Nichterfaßtsein durch die positivrechtliche Normierung kann damit zum einen heißen, daß der Sachverhalt dem rechtsfreien Raum zuzuordnen ist, zum anderen aber auch, daß ein anderer, anders zu behandelnder Fall gesetzlicher Nichtregelung vorliegt. Es muß folglich stets neu entschieden werden, wie ein spezifisches „Schweigen des Gesetzes" zu deuten ist.

a. Die verschiedenen Möglichkeiten des „Schweigens des Gesetzes"

Folgende prinzipielle Möglichkeiten kommen als Hintergrund für die Nichtregelung in Betracht [609]: Es kann sich einmal um einen in den gänzlich rechtsfreien Raum fallenden Lebenssachverhalt handeln, denn dann konnte und dürfte keine Normierung erfolgen.

Das Schweigen kann ferner beredt sein, d.h. durch die Nichtregelung eine bestimmte Behandlung des nicht normierten Falles vorschreiben (argumentum e contrario). Schließlich kann das Schweigen des Gesetzes darauf zurückzuführen

---

608 Larenz/Canaris, Methodenlehre, S. 187; Müller, S. 117, Elze, S. 37 f.; E. Kaufmann, S. 48 f.; vgl. auch Larenz, AT, S. 80.

609 Canaris, S. 40 ff., Larenz/Canaris, Methodenlehre, S. 191 ff.

sein, daß eine Lücke vorliegt, d.h. eine Regelung fehlt, obwohl das Gesetz für den fraglichen Bereich eine einigermaßen vollständige Regelung anstrebt[610]. Die genannten Möglichkeiten sollen im Folgenden kurz dargestellt und erörtert werden.

aa. Die Lücke

Umgangssprachlich versteht man unter einer Lücke eine Auslassung, die das Gesamte unvollständig erscheinen läßt. Diese Unvollständigkeit wird nur deshalb als solche empfunden, weil die Einheit, deren Teil sie ist, „eigentlich" vollständig sein sollte und vollständig gedacht wird. Neben die Tatsachenfeststellung, daß etwas fehlt, tritt das Werturteil, daß etwas *vorhanden* sein sollte[611]. Dies gilt auch im rechtlichen Bereich: eine Lücke kann hier als Auslassung im Rahmen einer einzelnen Norm oder eines Regelungsbereichs angesehen werden, die die rechtliche Behandlung unvollständig erscheinen läßt. Die Gesetzeslücke kann daher als *planwidrige Unvollständigkeit* umschrieben werden[612].
Unvollständigkeit liegt damit einmal vor, wenn es keine die Lücke füllende gewohnheitsrechtliche Regelung gibt. Zum anderen kann sie sich aus dem Wortsinn eines Gesetzes ergeben, das dann als lückenhaft empfunden wird, wenn für einen Sachverhalt keine unmittelbar anwendbare Norm gefunden werden kann[613].
Neben dem Wortsinn wird regelmäßig auf die ratio legis der fraglichen Vorschrift abgestellt. Danach soll eine Lücke vorliegen, wenn sich aus dem Sinn der gesetzlichen Regelung keine dem Fall zugrunde zu legende Wertung entnehmen läßt[614]. Die auf den Regelungszweck abstellende Lückenfeststellung ist jedoch

---

610 Larenz/Canaris, a.a.O., S. 192.

611 Canaris, S. 16.

612 Erstmals in diesem Kontext: Elze, S. 4 ff., 6; ähnlich Heck, Gesetzesauslegung, S. 103: „Lücken sind daher die schutzbedürftigen, aber nicht gedeckten Sachverhalte.".

613 Canaris, S. 20.

614 Engisch, Begriff, S. 88; Meier-Hayoz, Richter, S. 61.

weniger sachgerecht als die Orientierung am Wortsinn[615]. Nimmt man nämlich die Wertungen des Gesetzes für die Lücken*feststellung* hinzu, wird die Grenze zwischen unmittelbarer Anwendung einer Norm und deren Auslegung verwischt: die Auslegung gründet sich auf einer den gesetzlichen Wertungen entsprechenden Gleichbehandlung nicht ausdrücklich erfaßter Sachverhalte mit solchen, die eine explizite Regelung erfahren haben und ihnen ähnlich sind. Auch wenn diese Sachverhalte im Ergebnis gleichbehandelt werden, basiert deren rechtliche Erfassung sie doch auf unterschiedlichen Rechtsgründen: während der eine Sachverhalt direkt aus dem Gesetz subsumiert werden kann, hat der andere seine Grundlage im Gleichbehandlungsgrundsatz als Hintergrund der Analogie. Diesem methodischen Unterschied wird nur die auf den Wortlaut abstellende Lückenfeststellung gerecht. Dabei wird eine auf den Wortlaut zurückgehende Bedeutung so lange von der Autorität der gesetzgeberischen Anordnung erfaßt, als sie sich noch irgendwie mit ihm i.S. eines „möglichen Wortsinns" vereinbaren läßt[616].

Alles, was in diesem Sinne nicht vom möglichen Wortsinn erfaßt wird, *könnte* Gesetzeslücke sein und damit durch die Anwendung vergleichbarer Normen in den rechtlichen Regelungskreis miteinbezogen werden. Es *ist* Gesetzeslücke, wenn zusätzlich der Nachweis der sog. Planwidrigkeit gelingt. Bewertungsgrundlage für diese Planwidrigkeit ist nach h.M. die Gesamtheit des geltenden Rechts und dabei insbesondere die dem Gesetz innewohnende Teleologie[617]. Ein außerrechtlicher Maßstab zur Bewertung dessen, was als Lücke anzusehen ist, kann diesen Anforderungen nach herrschender Ansicht in der Literatur nicht gerecht werden. Da nämlich die Lücke selbst schon etwas Gesetzesimmanentes ist, dürfen Wertungen, die zur Bejahung bzw. Verneinung einer Lücke führen, lediglich dem Gesetz entnommen werden. Zieht man zur Lückenfeststellung äußere, außerhalb der Rechtsordnung liegende Verhältnisse heran, wird das Gesetz

615 Vgl. insbesondere Canaris, S. 20.

616 A.a.O., S. 22.

617 Larenz/Canaris, Methodenlehre, S. 194; Binder, S. 977; Teichmann, S. 80; Meier-Hayoz, Kommentar, Rdnr. 253; vgl. auch Elze, S. 24 ff.; 28.

an Maßstäben gemessen, die nicht mehr in ihm selbst liegen[618]. Auf diese Art und Weise lassen sich zwar rechtspolitische Fehler, nicht aber Lücken ausmachen. Ein Beispiel von Larenz kann dies anschaulich verdeutlichen[619]: Die ursprüngliche Regelungsabsicht des Gesetzgebers sah vor, dingliches Sonderrecht an einer Wohnung nicht zuzulassen. Das (damalige) BGB enthielt daher auch keine Bestimmung über das Wohnungseigentum. Diese Entscheidung erwies sich nach 1945 aus wirtschafts- und gesellschaftspolitischen Gründen als verfehlt. Die hier aufgrund äußerer Verhältnisse erkannte Unvollständigkeit der gesetzlichen Regelung war jedoch keine Unvollständigkeit *innerhalb* des Gesetzes. Daher war das Gesetz nicht *lückenhaft*, sondern verbesserungsbedürftig. Es durfte daher nicht im Wege richterlicher Rechtsfortbildung erweitert werden, vielmehr bedurfte die erforderliche Änderung der Einführung eines neuen Gesetzes (WEG).

Auch der richterlichen Rechtsfortbildung sind damit durch die Wertungen des geltenden Rechts Grenzen gesetzt.

Zusammenfassend ist unter einer „Lücke" eine planwidrige Unvollständigkeit innerhalb des positiven Rechts (d.h. des Gesetzes i.R. seines möglichen Wortsinnes und des Gewohnheitsrechts), gemessen am Maßstab der gesamten positiven Rechtsordnung zu verstehen.

bb. Das argumentum e contrario

Beim argumentum e contrario handelt es sich um eine (durch Auslegung zu findende) mittelbare Regelung durch Nichtregelung. Dies bedeutet, daß in einer Norm oder einem Regelungsbereich ganz bewußt keine Regelung getroffen wurde, um klarzustellen, daß der nicht von der gesetzlichen Regelung erfaßte

618 Larenz/Canaris; Methodenlehre, S. 195.
619 A.a.O., S. 191 und 194.

Sachverhalt gerade anders als die hierunter fallenden Konstellationen behandelt werden soll[620]. Die Nichtregelung eines bestimmten Lebenssachverhalts kann also, wenn er im Kontext einer ähnlichen Regelung steht, allein durch die Tatsache, nicht ebenfalls normiert zu sein, Aussagekraft besitzen. Die Nichterwähnung einer einem geregelten Sachverhalt ähnlichen Situation kann dann im Umkehrschluß bedeuten, daß das Gesetz diese gerade nicht in der normierten Weise behandelt haben will. In diesen Fällen stellt das gesetzliche Schweigen eine Art „negative Lösung" des nicht geregelten Lebenssachverhalts dar.
Eine solche „mittelbare Regelung" unterscheidet sich von der Lücke dadurch, daß das Schweigen des Gesetzes im Fall der „mittelbaren Regelung" nicht planwidrig ist, sondern bewußt vom Gesetzgeber eingesetzt wird, um eine bestimmte Rechtsfolge zu erzielen. Das Schweigen wird hier zu einem Mittel rechtlicher Regelung.

Um das Verhältnis des beredten Schweigens zu der mit ihm im Zusammenhang stehenden gesetzlichen Regelung richtig zu erfassen, bedarf es sorgfältiger Prüfung. Dabei dürfen nicht allein logische Gesichtspunkte zu Grunde gelegt werden[621]. Beim argumentum e contrario muß man stets von der bewußten Regelung des einen Falles gegenüber der bewußten Auslassung des anderen Falles ausgehen. Die Lücke ist also hier nicht planwidrig. Auch wenn man dem Gesetzgeber Sorgfalt unterstellen kann, ist nicht auszuschließen, daß er einen vergleichbaren Fall übersehen hat, der eigentlich auch unter die normierte Gruppe fallen müßte. Würde man diesen Irrtum als bewußte Wertung ansehen und immer nach dem Grundsatz des argumentum e contrario verfahren, wäre das Ergebnis in vielen Fällen unzutreffend.

Man kommt daher im Falle von gesetzlich nicht geregelten Lebenssachverhalten an normativ-teleologischen Kriterien zu deren Bewertung nicht vorbei[622]. Dabei müssen diese Fälle anhand von Wertungskriterien zu einer Einordnung (A-

---

620 Vgl. Canaris, S. 44.
621 Canaris, S. 45.
622 Canaris, S. 45.

nalogie oder e contrario) gelangen, die sich nicht zwingend aus der vorgegebenen Regelung ergibt. Die hier maßgeblichen Entscheidungsmaßstäbe sind nämlich letztlich von einem Durchblick auf gesellschaftliche Vorstellungen und Wertungen außerhalb des dogmatischen Systems abhängig[623].

Wenn das Gesetz „schweigt", kommen mithin zwei Lösungsansätze für den Lebenssachverhalt in Betracht: Wurde der Sachverhalt durch die Nichtaufnahme in die Normierung bewußt mittelbar mitgeregelt, ist von einem argumentum e contrario auszugehen, bei dem das Schweigen des Gesetzes als negative Regelung ebenso wie ein ausdrücklich geregelter Sachverhalt unter den Herrschaftsbereich des Rechts fällt. Liegt eine ausfüllungsbedürftige Nichtregelung vor, die sich durch Ähnlichkeit zu einer normierten Regelung auszeichnet, muß der Sachverhalt im Wege der Analogie geregelt werden[624].

b. Abgrenzung des rechtsfreien Raumes von anderen Fällen gesetzlicher Nichtregelung

Der rechtsfreie Raum ist der Bereich rechtlicher Irrelevanz. In ihm gelten entweder gar keine Normen, oder solche anderer Art: ethische, sittliche oder religiöse Sollensgebote. Im Gegensatz zur „Lücke", der planwidrigen Unvollständigkeit des Gesetzes, ist der rechtsfreie Raum ganz bewußt von jeglicher Rechtsfolge frei: er ist typischerweise, nicht dagegen versehentlich rechtsfrei, sozusagen „rechtsfrei verplant".
Die Abgrenzung, ob ein Sachverhalt als – auszufüllende - Lücke einzustufen ist oder in den rechtsfreien Raum fällt, muß regelmäßig der angerufene Richter entscheiden. Er wird sich dabei an der Regelungsbedürftigkeit der Problematik und der Regelungsabsicht des Gesetzgebers orientieren[625]. Ergibt sich i.R. der teleologischen Auslegung, daß aus dem Kontext des Rechts heraus eine Normie-

---

[623] Esser, Vorverständnis, S. 185.

[624] Canaris, S. 47.

[625] Larenz/Canaris, Methodenlehre, S. 194.

rung erforderlich wäre, liegt eine Lücke vor. Ergibt sich, daß der Sachverhalt gerade von rechtlicher Einflußnahme frei bleiben sollte, ist vom Vorliegen eines rechtsfreien Raumes auszugehen.
Mit dem argumentum e contrario verbindet den rechtsfreien Raum die Tatsache, daß in beiden Fällen von einer gewollten Nichtregelung auszugehen ist. Das Mittel der Nichtregelung dient jedoch dabei völlig unterschiedlichen Zwecken: beim argumentum e contrario wird durch die Nichtregelung eine rechtlich relevante Aussage getroffen. Beim rechtsfreien Raum soll gerade dies nicht der Fall sein.

c. Das argumentum e silentio als eigenständige Gruppe?

aa. Darstellung

Canaris trifft in seiner Untersuchung zur Feststellung von Lücken im Gesetz eine weitere Differenzierung: er unterscheidet die Fälle des sog. argumentum e silentio von denen des rechtsfreien Raumes, der Lücke sowie des argumentum e contrario. Diese vierte Gruppe des „argumentum e silentio" diene nach Canaris dazu, die zwischen Analogieschluß und argumentum e contrario weiterhin offen bleibenden Fälle gesetzlichen Schweigens einzuordnen[626]. Der Gegensatz zwischen argumentum e contrario und Lücke sei nämlich keineswegs ein ausschließlicher, denn die Annahme eines Umkehrschlusses schließe eine – gleichzeitige - Analogie zwar aus, andererseits führe seine Ablehnung aber nicht zwingend zu einer Analogie, da deren Anwendungsvoraussetzungen weiterhin vorliegen müssen[627]: Der Analogieschluß erfordere nämlich die Feststellung der Rechtsähnlichkeit. Aufgrund der Unterschiedlichkeit ihrer Voraussetzungen bestehe zwischen argumentum e contrario und Analogie ein verhältnismäßig breiter Raum. Diese Fälle seien der von Zitelmann entwickelten Gruppe des so-

626 Canaris, S. 50.
627 Klug, S. 134; vgl. auch Engisch, Einführung, S. 144, Anm. 168; Canaris, S. 48.

genannten argumentum e silentio zuzuordnen. Zitelmann hatte ursprünglich die These aufgestellt, hinter jedem speziellen Rechtssatz stehe immer auch der allgemeine „negative Grundsatz", daß - von diesen besonderen Fällen abgesehen - alle übrigen Handlungen straffrei bzw. ersatzfrei blieben[628]. Die Theorie vom negativen Grundsatz stieß jedoch auf breite Ablehnung[629]. Trotz seiner eigenen Kritik räumt Canaris ein, daß hinter der Lehre Zitelmanns ein nachvollziehbarer Gedanke stehe, nämlich jener des argumentum e silentio. Die hierunter fallenden Sachverhalte könnten in das bisherige System nicht eingeordnet werden, da weder eine ausdrückliche gesetzliche Regelung vorliege, noch eine über die Analogie erfaßbare Lücke, noch eine mittelbare Regelung durch argumentum e contrario. Die Abgrenzung zum argumentum e contrario rechtfertige es, einen eigenen Terminus einzuführen, denn während in diesen Fällen das Gesetz durch die Regelung eines Tatbestandes mittelbar auch eine - negative - Bestimmung über einen zweiten Fall treffe, das Schweigen des Gesetzes also „qualifiziere", fehle für die Fälle des argumentum e silentio jede auch mittelbare Entscheidung; hier werde also nicht aus einer bestimmten Norm e contrario, sondern aus dem Fehlen jeglicher Rechtsgrundlage,- man kann daher sagen: e silentio - geschlossen[630].

---

628 Zitelmann, Lücken, S. 19.

629 Teichmann (S. 79) ist der Auffassung, der Kreis der Gesetzeslücken werde hierdurch erheblich zu weit gezogen. Larenz betont, daß Zitelmanns Lehre vom „negativen Grundsatz" nur für einige Spezialgebiete, nicht aber allgemein anwendbar sei und er auch angesichts der Vielfalt notwendiger Regelungen nicht praktikabel wäre, vgl. Larenz/Canaris, Methodenlehre, S. 199; bei den Spezialgebieten könnte an § 2 Abs. 1 StGB gedacht werden. Canaris (S. 50) führt aus, die Theorie Zitelmanns sei logisch nicht haltbar, weil sie unzulässigerweise negativ vom Grund auf die Folge schließe und dabei verkenne, daß Rechtssätze regelmäßig keinen ausschließlichen Charakter trügen. Weiter sei sie nicht haltbar, weil dem Gesetz ein allgemeiner Rechtssatz der Art, daß außer in den ausdrücklich erwähnten Fällen Schadensersatz usw. nicht gewährt werden solle, fremd sei.

630 Canaris, S. 52.

bb. Stellungnahme

Canaris geht zunächst von der nachvollziehbaren Erwägung aus, daß es Fälle gibt, die weder von einer Analogie, noch vom argumentum e contrario erfaßt sind. Es stellt sich jedoch die Frage, ob man diese Fälle wirklich *innerhalb des Rechts* in einer „neuen Gruppe" des argumentum e silentio behandelt oder ob sie nicht schlicht dem rechtsfreien Raum zuzuordnen sind.
Mit der Abgrenzung von rechtsfreiem Raum und argumentum e silentio hat sich Canaris nicht vertieft auseinandergesetzt. Gleichwohl muß man im Kontext seiner Ausführungen davon ausgehen, daß er die unter das argumentum e silentio fallenden Lebenssachverhalte vom rechtsfreien Raum abgrenzt, indem er letzteren als den Bereich rechtlicher Irrelevanz charakterisiert, für die Fälle des argumentum e silentio jedoch (irgendeine) rechtliche Relevanz annimmt.

Dieser Ansatz kann nicht überzeugen: nimmt man nämlich für die Gruppe des argumentum e silentio rechtliche Relevanz an, ist unklar, warum diese sich nicht äußert - allein das größere Potential, später einmal dem rechtlich Geregelten zugeschlagen zu werden, rechtfertigt die Differenzierung noch nicht. Sachverhalte, die durch das Netz aller Möglichkeiten der Lückenfeststellung fallen, werden vom Recht nicht erfaßt, Ansprüche, die unter keinem Gesichtspunkt gegeben sind, existieren nicht. Dem Recht sind daher die Konstellationen des „argumentum e silentio" nicht zuordenbar.
Es drängt sich daher auf, die Gruppe des argumentum e silentio als Teil des nicht-rechtlichen Raumes zu bewerten. Dann aber stellt sich die Frage, warum überhaupt differenziert werden muß. Die Fälle des argumentum e silentio haben – auch nach Canaris – keine andere Rechtsfolge als jene des rechtsfreien Raumes. Wenn man einmal davon ausgeht, daß die Fälle des argumentum e silentio zum rechtsfreien Raum gehören, würde eine Unterscheidung nur Sinn machen, wenn der Rechtsfreiheit des rechtsfreien Raumes und des argumentum e silentio unterschiedliche Qualitäten beigemessen würden; man also innerhalb des rechtsfreien Raumes nochmals z.B. zwischen „normal rechtsfreien" und „absolut rechtsfreien" Gebieten unterscheiden würde. Die Gruppe des argumentum e si-

lentio wäre dann „normal rechtsfrei", nur sie dürfte bei einer Weiterentwicklung des Rechts durch Veränderung der Akzente verändert werden, wohingegen der rechtsfreie Raum nicht aufgrund mangelnder Regelung, sondern aufgrund der Überzeugung der Rechtsordnung rechtsfrei bleiben müßte.
Dieses Beispiel zeigt bereits, daß die Unterscheidung zwischen „normalem" und „absolutem" rechtsfreiem Raum unnötig und verwirrend zugleich ist. Es bleibt also dabei: Wenn eine Materie unter keinem denkbaren Gesichtspunkt vom Recht erfaßt werden kann, fällt sie in den rechtsfreien Raum.

Schließlich ist es auch aus logischen Gesichtspunkten nicht möglich, die Gruppe des argumentum e silentio keinem der beiden Bereiche zuzuordnen. Ein Sachverhalt, der weder zum Recht noch zum rechtsfreien Bereich zählt, ist nicht denkbar. Die beiden Bereiche sind insofern ausschließlicher Natur.

III. Zusammenfassung

Der rechtsfreie Raum umfaßt den Bereich, in dem entweder gar keine Normen gelten, oder aber nicht-rechtliche Sollensvorschriften das Miteinander prägen. Jedoch sind beide Bereiche nicht „absolut" rechtsfrei: es ist durchaus denkbar, daß ungeregelte Alltäglichkeiten durch ein verstärkt auftretendes Regelungsbedürfnis oder bisher nur Sitte, Moral oder Religion unterfallende Verhaltensanforderungen aufgrund eines gesellschaftlichen Wandels *auch* rechtlich ausgebildet werden. Daher ist eine abstrakte Grenzziehung nicht möglich, vielmehr muß das Vorliegen von Recht oder rechtsfreiem Raum am Einzelfall geprüft werden.
Die Abgrenzung ist im Rahmen des rechtsgeschäftlichen Bereichs auf der Grundlage der konkreten Parteivereinbarung an Hand objektiver Kriterien vorzunehmen. Bei gesetzlichen Schuldverhältnissen liegt ein rechtsfreier Raum vor, wenn ein Sachverhalt weder ausdrücklich geregelt, noch vom Gewohnheitsrecht erfaßt ist und des weiteren weder unter dem Gesichtspunkt der Lückenausfüllung durch Analogie, noch des argumentum e contrario dem rechtlichen Regelungsbereich zugeschlagen werden kann.

Im Folgenden ist nun die sittliche Pflicht i.S.v. § 814 Alt. 2 BGB zum rechtsfreien Raum in Verhältnis zu setzen und zu prüfen, ob sittliche Pflichten tatsächlich ein „Tor zum rechtsfreien Raum" sind.

D. Konsequenz für § 814 Alt. 2 BGB

Bei der Frage, wie die sittliche Pflicht i.R. des § 814 Alt. 2 BGB in das Gefüge zwischen Recht und rechtsfreiem Raum einzuordnen sei, ist zunächst nochmals kurz auf die Struktur dieser Vorschrift zu verweisen.
§ 814 Alt. 2 BGB hat seinem Wesen nach zwei „Ebenen": Auf der ersten Ebene sind die Parteien irrtümlich von einem zur Leistung verpflichtenden Schuldverhältnis ausgegangen, aufgrunddessen dann auch tatsächlich geleistet wurde. Dieses Schuldverhältnis ist *als solches* für die hier gegebene Fragestellung irrelevant, solange es tatsächlich *nicht existiert.* § 814 Alt. 2 BGB setzt die Rechtsgrundlosigkeit der Leistung aufgrund seines Bezuges zu § 812 Abs. 1 S. 1 BGB voraus. Zwischen den Parteien besteht also bei § 814 Alt. 2 BGB keine schuldrechtlich bindende Vereinbarung.
Die zweite Ebene ist vom Willen der Parteien unabhängig. Sie knüpft lediglich an die Tatsache einer rechtsgrundlosen Leistung an. Damit erfährt die aufgrund Irrtums vorgenommene Vermögensverschiebung dann eine andere Behandlung als die in § 812 Abs. 1 Satz 1 Fall 1 BGB vorgesehene Kondiktion, wenn sie auch als Erfüllung einer sittlichen Pflicht qualifizierbar ist. Die „sittliche Pflicht" nimmt damit die Stelle eines Rechtsgrundes für die Leistung ein. Die einer sittlichen Pflicht entsprechende Leistung hat somit die Funktion, die dem irrtümlich angenommenen Schuldverhältnis seitens der Parteien zugedacht war.

Die Frage, wie sittliche Pflichten sich zum Recht verhalten, hängt maßgeblich davon ab, ob man erstere als allgemeinen ethischen Terminus auffaßt oder ihnen einen engeren Anwendungsbereich zuweist.

Wie oben ausgeführt[631], ist eine ohne jede Einschränkung verstandene sittliche Pflicht – d.h. eine sittliche Pflicht als „allgemeiner Terminus“ - mit der Sittlichkeit gleichzusetzen: die sich aus der Sittlichkeit ergebenden Verhaltensanforderungen *sind* sittliche Pflichten.

Für die hier zu klärende Fragestellung kommt es nun darauf an, ob die so beschriebene sittliche Pflicht ein „Tor zum rechtsfreien Raum“ ist, kurz: ob sie mit dem rechtsfreien Raum gleichzusetzen ist.

Die sittliche Pflicht in diesem allgemeinen Sinne wäre dann im rechtsfreien Raum - und auch *nur* dort - beheimatet, wenn keine ihrer Verhaltensanforderungen zugleich auch vom Recht erfaßt würden. Dies ist jedoch nicht der Fall; eine teilweise Überschneidung von Recht und Sittlichkeit steht seit dem Naturrecht außer Frage. Die Rechtsordnung greift dementsprechend viele sittliche Gebote auf und macht sie zugleich zu Rechtsregeln, wie beispielsweise das Unterhaltsrecht gegenüber Ehegatten und Kindern. Derartige Bereiche sind doppelt geregelt, rechtlich und sittlich; der Mensch ist in diesen Fällen einer zweifachen Verhaltensanforderung ausgesetzt. Neben den „einfachen“ Bereichen, bei denen ein Verhaltensgebot entweder nur der Sittlichkeit (z.B. das Gebot, Trinkgelder zu geben oder sich nach einer Einladung zu bedanken) oder nur dem Recht entstammt (wie z.B. Parkanordnungen i.R. des Straßenverkehrs als Vorschriften rein ordnungsrechtlichen Charakters) gibt es ein breites Spektrum, das sowohl von der Sittlichkeit, als auch vom Recht erfaßt wird. Die Sittlichkeit kann damit nicht ausschließlich der negativen Seite des Rechts, dem rechtsfreien Raum, zugeordnet werden.

Die Gleichsetzung von Sittlichkeit und rechtsfreiem Raum würde zudem voraussetzen, daß die Kriterien der Sittlichkeit sich nach den gleichen Regeln bemessen müßten, die man – negativ – zur Abgrenzung von Recht und rechtsfreiem Raum benötigt. Erst dadurch würde die Einordnung des einen in das andere System möglich. Die Gesichtspunkte, die den sittlichen Bereich ausmachen, sind jedoch andere, als diejenigen, die das Recht vom rechtsfreien Raum differenzieren. Es gibt nicht nur Recht und Nicht-Recht, sondern daneben auch noch

---

631 Vgl. oben, S. 73 ff.

andere Foren für die Beurteilung menschlicher Handlungen. Sie alle unter Nicht-Recht zusammenzufassen, würde die Tatsache verkennen, daß die Sittlichkeit ein neben dem Recht bestehendes, autonomes Normsystem darstellt.
Im Ergebnis kann die sittliche Pflicht als Verhaltensanforderung des allgemeinen ethischen Bereichs somit grundsätzlich nicht unter die Begriffe Recht - Nicht-Recht subsumiert werden. Sie deckt sich teilweise mit beiden Bereichen, stellt aber eben kein Differenzierungskriterium dar, welches bei der Entscheidung, ob ein Sachverhalt sich im rechtlichen oder außerrechtlichen Bereich befindet, hilfreich sein könnte.

Etwas anderes kann sich allerdings aus der Einbindung der sittlichen Pflicht in die Regelung von § 814 Alt. 2 BGB ergeben. Folgende Gesichtspunkte unterscheiden allgemeine, ethisch-moralische sittliche Pflichten nämlich von denen des § 814 Alt. 2 BGB: die Regelung des § 814 Alt. 2 BGB setzt voraus, daß sich die sittliche Pflicht auf eine Leistung im Sinne des Bereicherungsrechts bezieht. Weiterhin ersetzt sie im Kontext des §§ 812 Abs. 1 S. 1 BGB den Rechtsgrund und ist aus diesem Bedeutungszusammenhang heraus zu verstehen.

Aus diesen beiden Aspekten heraus kann es sich möglicherweise rechtfertigen, daß die sittliche Pflicht im Sinne von § 814 Alt. 2 BGB eine andere Behandlung erfährt, als die sittliche Pflicht im allgemeinen als Teil des ethisch-moralischen Bereichs. Es stellt sich daher die Frage, ob sich aus den beiden Charakteristika des § 814 Alt. 2 BGB eine Zuordnung der sittlichen Pflicht zum rechtlichen oder rechtsfreien Gebiet ergibt. Dabei ist zum einen die Verknüpfung von sittlicher Pflicht und Leistung, zum anderen die ratio des § 814 Alt. 2 BGB als solche von Bedeutung.

Der Umstand, daß die sittliche Pflicht bei § 814 Alt. 2 BGB sich auf eine konkrete Leistung beziehen muß, grenzt das Anwendungsgebiet der in Betracht kommenden sittlichen Pflichten erheblich ein. Es ist daher denkbar, daß allein die Verknüpfung mit einer Leistung i.S. des Bereicherungsrechts für eine Zuordnung ausreicht. Der Leistungsbegriff würde nämlich zweifellos dann eine zwingende Qualifikation der sittlichen Pflicht i.S.v. § 814 Alt. 2 BGB als „im rechtlichen Bereich" implizieren, wenn Leistungen nur im „rechtlichen" Bereich vorkommen könnten und durch die Verknüpfung mit einer als sittliche Pflicht qualifizierten Leistung die „Rechtlichkeit" auch auf die sittliche Pflicht durchschlagen müßte.

Die Vorstellung, das Vorliegen einer Leistung setze stets einen rechtlichen Raum voraus, erscheint unter dem Gesichtspunkt nachvollziehbar, als jede Leistung für ihren Verbleib beim Empfänger eines rechtlichen Grundes bedarf. Daher wäre es naheliegend, auch die Leistung per se als „notwendig rechtlich" zu qualifizieren.

Allerdings verkennt diese Überlegung, daß zwischen Leistung und rechtlichem Grund zu differenzieren ist. Dabei zeigt sich, daß weder die Leistung, noch der rechtliche Grund rechtlich eingeordnet werden *muß*.

Unter einer Leistung wird die bewußte und zweckgerichtete Mehrung fremden Vermögens verstanden[632]. Dies geschieht regelmäßig aufgrund einer rechtgeschäftlichen Verfügung des Leistenden. Dennoch ist es ebenso möglich, daß die Leistung in einem rein tatsächlichen Handeln besteht. So können auch die Geschäftsführung ohne Auftrag, die Verbindung, Vermischung oder das Handeln aufgrund eines nichtigen Schuldverhältnisses eine Leistung darstellen, solange das Vermögen des Empfängers bewußt und zweckgerichtet gemehrt wurde[633]. Die Leistung selbst muß daher begriffsnotwendig nicht rechtsgeschäftlicher Natur sein, solange sie nur rechtserheblich in dem Sinne ist, daß sie die Vermögensveränderung bewirkt.

Aber auch die Tatsache, daß eine Leistung stets eines Rechtsgrundes bedarf, könnte einen hinreichenden Grund darstellen, daß man die Leistung selbst und die mit ihr verknüpfte sittliche Pflicht dem Recht unterstellt. Wenn nämlich die den nicht vorhandenen Rechtsgrund ersetzende sittliche Pflicht bewirkt, daß die Leistung nicht rückabgewickelt werden kann und sie somit an die Stelle des rechtlichen Grundes tritt, liegt die Annahme nahe, daß diese – rechtserhaltende -

---

632 Vgl. oben S. 128, Fn. 327.

633 Erman/Westermann, § 812 Rdnr. 11; Berg, AcP 160, 508.

sittliche Pflicht rechtlicher Art sein muß. Diese Annahme geht jedoch fehl. Wie oben ausgeführt versteht man unter einem Rechtsgrund i.S.v. § 812 ff. BGB rechtliche Abreden jeder Art, die zu der erbrachten Leistung verpflichten. Für den Ausschluß der Kondiktion genügt jedoch schon eine eigenständige Befugnis zum Behaltendürfen der Leistung. Diese Befugnis darf jedoch nicht mit dem der Leistung möglicherweise zugrunde liegenden Schuldverhältnis durcheinander gebracht werden, denn beide sind weder identisch, noch beruht die Befugnis auf „dem" Schuldverhältnis [634]. Daher vermeiden einzelne Vertreter der Literatur den hierfür geläufigen Terminus der „Rechtsgrundabrede", um dem Mißverständnis vorzubeugen, der Rechtsgrund setze auf der Tatbestandsseite ein Schuldverhältnis (im engeren Sinne) voraus[635]. Die Befugnis zum Behaltendürfen der Leistung resultiert vielmehr aus einem Rechtssatz, welcher vom Tatbestand der Begründung einer Obligation (i.S. einer „Einziehungsbefugnis") unabhängig ist, auch wenn die Tatbestände in der Praxis oft zusammentreffen[636]. Die sittliche Pflicht führt nun dazu, daß der Empfänger zum Behalten der Leistung berechtigt ist. Heißt dies zugleich, daß die sittliche Pflicht damit „rechtlich" zu qualifizieren ist? Da, wie gerade dargestellt wurde, der die Obligation begründende Tatbestand von der Befugnis zum Behalten der Leistung differenziert werden muß, folgt aus der Tatsache, daß der Schuldner in der „Hauptabrede" nicht verpflichtet werden soll, noch keine Wertung hinsichtlich der Qualifikation des die Kondiktion betreffenden Tatbestandes. Der Rechtsgrund muß eben kein „rechtlicher" Grund sein: so besteht beispielsweise bei den „reinen Handgeschäften" zu keinem Zeitpunkt eine Verpflichtung zur Leistung, dennoch kann der Gläubiger diese nach erfolgreicher Abwicklung behalten[637]. Wenn nun die sittliche Pflicht herangezogen wird, um die Begründung zum Behaltendürfen der Leistung für diese Art von Fallkonstellationen zu liefern, folgt hieraus nicht die „rechtliche Art" der sittlichen Pflicht. Es ist nämlich lediglich

---

634 Staudinger /J. Schmidt, Einl. §§ 241 ff., Rdnr. 132.

635 A.a.O., Rdnr. 133.

636 A.a.O.

637 Gernhuber, S. 91 ff.; Willoweit, Schuldverhältnis, S. 912, Kress, Allgemeines Schuldrecht, S. 83 ff.

der Schluß zulässig, daß der sittlichen Pflicht durch das Gesetz eine rechtliche Funktion beigemessen wird. Denn selbst der nicht als sittliche Pflicht qualifizierte „normale Rechtsgrund" muß nicht notwendig rechtlicher Art sein, solange die Parteien einen bestimmten Zweck vereinbart haben. Wenn – wie in diesem Fall – nämlich in der Hauptabrede keine wirkliche Verpflichtung vereinbart wurde, beinhaltet die Befugnis zum Behaltendürfen der Leistung die Geltung eines Rechtssatzes, kraft dessen eine entsprechende Befugnis existiert[638]. Früher wurde diese Konsequenz teilweise noch auf § 814 BGB gestützt[639], was jedoch aufgrund der in der Vorschrift vorausgesetzten speziellen Irrtumssituation dem Willen der Beteiligten nicht gerecht wird. Als Grund für das Behaltendürfen der Leistung wird heute vielmehr die privatautonome Vereinbarung der Parteien selbst herangezogen[640]. Aus der privatautonomen Bindung kann daher selbst wenn lediglich ein Gefälligkeitsverhältnis vorliegt oder ein Vertrag ohne primäre Leistungspflicht vereinbart wird, geschlossen werden, daß das Geleistete beim Gläubiger verbleiben soll.

Die Befugnis, die erbrachte Leistung behalten zu dürfen, besteht demnach unabhängig von der Qualifikation der Abrede als insgesamt rechtliche oder nichtrechtliche Verbindlichkeit. Dies gilt zum einen für die Konstellationen der „ersten Ebene", bei denen vermeintlich auf eine Rechtspflicht geleistet werden sollte, denn hier gingen die Parteien ganz bewußt von einer Vermögensverschiebung aus. Auch die an Stelle des Rechtsgrundes gesetzte sittliche Pflicht auf der „zweiten Ebene" rechtfertigt das Behaltendürfen der Leistung. Dies läßt sich zwar nicht mehr aus der privatautonomen Übereinkunft ableiten, denn in bezug auf die sittliche Pflicht existiert eine derartige Übereinkunft gerade nicht. Es ergibt sich aber aus der gesetzlichen Regelung, die für diesen bestimmten Fall die Kondiktion versagt. Daß dazu gerade die sittliche Pflicht herangezogen wird, hat keine Relevanz für die Qualifikation

---

638 Staudinger/J. Schmidt, Einl. §§ 241 ff., Rdnr. 220.

639 Palandt/Heinrichs, 39. Aufl. Einl. 2 zu § 241.

640 Willoweit, Schuldverhältnis, S. 915 und a.a.O., Fn. 56; ders. Rechtsprechung, S. 96; Soergel/M. Wolf, Vorb. 79 zu § 145.

der sittlichen Pflicht: durch die rechtliche Funktion erhält sie noch keinen rechtlichen Charakter.

Aus dem Kontext des § 814 Alt. 2 BGB ergibt sich vielmehr, daß die sittliche Pflicht in diesem Zusammenhang als nicht-rechtliches Element verstanden wird. Die sittliche Pflicht wird als inneres Gegenstück zum Rechtsgrund eingesetzt. Wenn normalerweise jede Leistung eines Rechtsgrundes bedarf und im Falle seines Fehlens kondiziert werden kann, hätte es einer weiteren Regelung gar nicht bedurft, wenn die sittliche Pflicht als dem rechtlichen Bereich zugehörig und insofern als Rechtsgrund zu verstehen gewesen wäre. Die Tatsache, daß im § 814 Alt. 2 BGB explizit auf sie Bezug genommen wird und sie die Funktion erhält, *so wie ein Rechtsgrund* zu wirken, zeugt davon, daß die sittliche Pflicht eben gerade nicht dem rechtlichen, sondern dem außerrechtlichen Bereich angehört. Auch wenn die sittliche Pflicht sich theoretisch mit konkreten Rechtspflichten decken könnte, muß sie in § 814 Alt. 2 BGB lediglich als außerrechtliche sittliche Pflicht verstanden werden und ist auch nur als solche in ihrer Funktion in Rahmen des § 814 Alt. 2 BGB sinnvoll.

E. Ergebnis

Im Ergebnis setzt die sittliche Pflicht i.S. von § 814 Alt. 2 BGB Folgendes voraus: Es muß eine Leistung geben, die auch bereits vollzogen wurde. Diese Leistung muß einer objektiv zu bestimmenden sittlichen Pflicht entsprechen. Die sittliche Pflicht darf schließlich nur dem rechtsfreien Raum angehören und sich nicht mit etwaigen Rechtspflichten überschneiden.

Die mit § 814 Alt. 2 BGB erfaßten sittlichen Pflichten liegen im Gebiet der Rechtsfreiheit. Es sind Verhaltensanforderungen, die das Miteinander auf einer nicht rechtlichen Ebene prägen. § 814 Alt. 2 BGB zieht diese Verhaltenspflichten durch seine Regelung nicht „in das Recht hinein“, sondern zollt ihnen Respekt, indem er ihnen eine auch vom rechtlichen Bereich anzuerkennende Folge, eine „Rechtsfolge“ gibt. Der in § 814 Alt. 2 BGB Gestalt gewordene Kondiktionsausschluß macht Leistungen sittlicher Art in den Augen des Rechts den rechtlichen ebenbürtig, ohne daß sie dadurch ihrerseits rechtlich werden.

Durch seine Bezugnahme auf die sittliche Pflicht und die auf den Anstand zu nehmende Rücksicht stellt § 814 Alt. 2 BGB damit tatsächlich ein Tor zum rechtsfreien Raum dar. Beide Begriffe finden in der Regelung des § 814 Alt. 2 BGB in einer Art und Weise Verwendung, die nur dann Sinn macht, wenn man hierunter nur die außerhalb der Rechtsordnung gelegenen Bereiche versteht. Durch ihre Verwendung in der Rechtsnorm wird zwischen Recht und rechtsfreiem Bereich eine Brücke geschlagen.

Als derartige Verbindung zwischen Recht und rechtsfreiem Raum verdeutlichet § 814 Alt. 2 BGB gleich mehreres: die Regelung zeigt zum einen, daß es einen rechtsfreien Raum geben kann, ohne daß dies einer Kapitulation der Rechtsordnung gleichkommen muß. Der rechtsfreie Raum ist ein Bereich, mit dem das Recht durch eigene Regelungen in Verbindung stehen kann. Es ist zudem kein absoluter Bereich: sowohl ein Anwachsen der Rechts auf Kosten des rechtsfreien Raumes, als auch die „Rückgabe" ehemals rechtlich geregelter Sachgebiete an den rechtsfreien Raum sind denkbar.

F. Ausblick

Die Arbeit hat gezeigt, daß von der Existenz eines rechtsfreien Raumes ausgegangen werden muß und daß § 814 Alt. 2 BGB ein Tor zu diesem rechtsfreien Bereich darstellt.
Der praktische Anwendungsbereich der Vorschrift ist, wie dargestellt wurde, begrenzt. Damit liegt eine wesentliche Aufgabe des
§ 814 Alt. 2 BGB darin, zu zeigen, daß es neben dem rechtlichen Raum noch den Bereich der Rechtsfreiheit gibt, welcher im heutigen juristischen Gedankengut Kontinentaleuropas nur eine geringe Rolle spielt.

Die Entscheidung des Gesetzgebers, über § 814 Alt. 2 BGB die zum rechtsfreien Raum zählenden sittlichen Pflichten mit Rechtserheblichkeit in dem Sinne auszustatten, daß – bei ihrem Vorliegen - eine Kondiktion ausgeschlossen wird, basiert auf der in den Materialien festgehaltenen Überzeugung, das Recht dürfe nicht seine Hand dazu bieten, das sittliche Bewußtsein eines Volkes zu verletzen. Nachdem die Vorschrift im Laufe der letzten 100 Jahre aus sich heraus keine wesentlichen neuen Aspekte zur eigenen Rechtfertigung hervorgebracht hat, wird diese berühmte Sequenz aus den Protokollen stets wieder bemüht.
Dabei stellt sich jedoch die Frage, inwieweit die damalige Rechtfertigung heute noch tragfähig ist[641]. Das sittliche Bewußtsein wandelt sich mit der Gesellschaft; letztere ist heute strukturell der des ausgehenden 19. Jahrhunderts nicht mehr vergleichbar. Als einzige Grundlage von § 814 Alt. 2 BGB vermag die Bezugnahme auf das damalige sittliche Bewußtsein kaum noch zu überzeugen. Es ist daher nur legitim, sich mit der Frage auseinanderzusetzen, ob immer noch eine allgemeine Akzeptanz dahingehend besteht, daß nicht geschuldete, irrtümlich erfolgte Leistungen bei Vorliegen einer sittlichen Pflicht nicht zurückgefordert werden können.
Die Diskrepanz, die § 814 Alt. 2 BGB in sich trägt – der Einzelne irrt sich und will mangels „sittlicher Sensibilität" zurückfordern, die Gesellschaft hält eine Rückforderung moralisch für nicht tragbar – erfordert letztlich eine Entscheidung entweder für den individuellen Leistenden oder aber für das Urteil der Gemeinschaft. Der Gesetzgeber hatte sich zur Entstehungszeit des BGB für die wertende Gemeinschaft entschieden. Die Wahl, ihr den Vorzug zu geben, erscheint aus damaliger Sicht notwendig. Das soziale Leben hing in weit größerem Umfang von moralischen Bindungen ab – im positiven, wie negativen Sinne – und übernahm damit auch eine Rolle, die heute zwischen genereller Normierung und rein privatem Engagement aufgeteilt ist.

641 Vgl. zur grundsätzlichen Frage, ob die Materialien darüber Auskunft geben können, wie Gesetzesstellen zu verstehen sind: Schröder, Abschaffung, S. 7.

Heute erscheint eine Regelung dieser Art eher als Fremdkörper, als Eingriff in die Entscheidungsfreiheit, wie man als einem Irrtum unterliegender Leistender mit der nicht geschuldeten Leistung umgehen will. Wenn es keine Verpflichtung zur Leistung gibt, besteht in der heutigen Gesellschaft eher der Anspruch, vorrangig frei von „staatlicher Einflußnahme" – und sei es durch ein Kondiktionsverbot – agieren zu können. Es ist schwer nachvollziehbar, daß eine Kondiktion nicht möglich sein soll, wenn die Leistung im rechtlich nicht verpflichtenden Kontext erbracht wurde und weder die Überzeugung des Leistenden, noch ein breiter moralischer Konsens für ein Belassen beim Empfänger spricht. Auch der Empfänger ist nicht schützenswert, wenn er die Leistung gegen den Willen des Leistenden und ohne rechtlichen Anspruch erlangt hat, solange nicht ein starker ethisch-sittlicher Grund für das Behaltendürfen spricht. Letztlich ist der Empfänger einer Leistung, der etwas in Übereinstimmung mit den sittlichen Pflichten, aber gegen den Willen des sich irrenden Leistenden erhalten hat, nicht schützenswert, da er auf die Leistung keinen rechtlichen Anspruch hat.
§ 814 Alt. 2 BGB manifestiert einen Zustand, den weder der Leistende will, noch die Rechtsordnung fordert. Derjenige, der sich mit rechtlich geschuldeten Leistungen nicht auskennt, wird im Ergebnis für seine Unwissenheit bestraft. Der Empfänger erhält etwas, worauf er zum einen keinen Anspruch hat, und was ihm zum anderen nicht aus Überzeugung gegeben wurde.

Aus diesem Grunde hängt die Glaubwürdigkeit und Akzeptanz von § 814 Alt. 2 BGB allein von einer genauen und ehrlichen Prüfung der Frage ab, ob und welche sittliche Pflichten das Kondiktionsverbot tragen.
Im Gegensatz zu § 814 Alt. 1 BGB, der letztlich als Garant der Privatautonomie verstanden werden muß, entzieht § 814 Alt. 2 BGB den erfaßten Sachverhalt der Privatautonomie des Einzelnen. Die „sittliche Pflicht" bestimmt als außerrechtliches Phänomen die Rechtslage. Nachdem sie sich - wie oben dargestellt - weder mit dem Willen des Leistenden, noch mit rechtlichen Anforderungen deckt, muß die sittliche Pflicht letztlich auf ihre Tragfähigkeit für den konkreten zu entscheidenden Sachverhalt untersucht werden. Ein Rückgriff auf das sogenannte „sittliche Volksbewußtsein" allein kann hier nicht ausreichen. So ist in

jedem Einzelfall die in Betracht gezogene sittliche Pflicht daraufhin zu prüfen, ob sie als Ausfluß eines gültigen gesellschaftlichen Konsenses angesehen werden kann. Wenn – und nur wenn – dies der Fall ist, findet § 814 Alt. 2 BGB mit der Folge Anwendung, daß die im Einzelfall bestätigte sittliche Pflicht die Kondiktion ausschließt.

Wenn die sittliche Pflicht jedoch letztlich eine leere Hülle für ein nicht mehr existentes Moralverständnis ist, sollte dem Leistenden die Kondiktion nicht verwehrt werden. In diesem Fall muß man im Rahmen der Auslegung bereits den Tatbestand einer „sittlichen Pflicht“ ablehnen.

Kolibri 360 GmbH
Ferdinand-Jühlke-Straße 7
99095 Erfurt, Deutschland
produktsicherheit@kolibri360.de

Druck:
CPI Druckdienstleistungen GmbH
im Auftrag der
Kolibri 360 GmbH
Ferdinand-Jühlke-Str. 7
99095 Erfurt